房地产
转型与重塑

兔主席 著

探寻中国房地产
新发展模式

中信出版集团 | 北京

图书在版编目（CIP）数据

房地产转型与重塑 / 兔主席著 . -- 北京：中信出版社 , 2023.8
ISBN 978-7-5217-5817-7

Ⅰ.①房… Ⅱ.①兔… Ⅲ.①房地产业－经济发展－研究－中国 Ⅳ.① F299.233

中国国家版本馆 CIP 数据核字（2023）第 109731 号

房地产转型与重塑
著者： 兔主席
出版发行：中信出版集团股份有限公司
（北京市朝阳区东三环北路 27 号嘉铭中心　邮编　100020）
承印者： 宝蕾元仁浩（天津）印刷有限公司

开本：787mm×1092mm 1/16　　印张：26.75　　字数：313 千字
版次：2023 年 8 月第 1 版　　　　　印次：2023 年 8 月第 1 次印刷
书号： ISBN 978-7-5217-5817-7
定价：79.00 元

版权所有·侵权必究
如有印刷、装订问题，本公司负责调换。
服务热线：400-600-8099
投稿邮箱：author@citicpub.com

目 录

第一篇　房地产调控的背景、思路与新业态

第一章　房地产行业的问题及风险溢出 · 003

第二章　房地产调控思路与新业务、新业态 · 017

第二篇　房地产传统发展模式、问题诊断及政策框架

第三章　传统发展模式的七个特征 · 039

第四章　房地产传统发展模式的业务逻辑 · 045

第五章　从保交楼、断供看传统发展模式的核心问题：预售制 · 061

第六章　房地产企业的定位与再平衡 · 091

第七章　行业当前问题的诊断与解决 · 105

第三篇 房地产新发展模式的定义、发展阶段与金融支持

第八章　房地产行业的新发展模式 · 145

第九章　探寻新发展模式的短中长三部曲 · 163

第十章　与房地产新发展模式相匹配的金融关系 · 171

第四篇 探索房地产新发展模式

第十一章　住宅地产与大地产行业的新发展模式 · 227

第十二章　依托住宅物业，触达更广泛的居住服务市场 · 233

第十三章　围绕不同的资产、空间、业态发展垂直能力 · 243

第十四章　转向轻资产模式 · 359

第十五章　拉通各种不动产业态、空间、赛道 · 387

第十六章　构建大会员体系，实现不同业务与业态的融合贯通 · 397

第一篇

房地产调控的背景、思路与新业态

第一章

房地产行业的问题及风险溢出

长期以来，房地产一直是中国最重要的行业之一，贡献并牵动了巨大比例的 GDP（国内生产总值）、税收，带动了许多衍生产业及就业。但中国经济也出现了过于依赖房地产的问题（房地产化），在过去的很多年里，一旦面临保增长、保就业，需要刺激经济的时候，就会放开房地产，把房地产作为某种宏观调控的手段。房地产与金融、地方财政高度绑定，并且自成逻辑，可以超越并引导公共政策。房价高企，房地产的投资化、投机化也给国民经济和社会发展带来许多负面影响。

一、房地产行业的"自我逻辑"

房地产是一个在土地上营造物理空间资产，并为该类资产提供必要的运营及服务的行业。在中国，所谓房地产，其含义在很长一段时间里是狭义的，主要就是"住宅开发与销售"，卖住宅商品房，每年销售规模超过 10 万亿元。房地产企业的业务模式是比较单一的，这种业务的本质就是制造业，把商品房盖好，然后出售、赚差价。大部分房企都是上市公司，要求每年实现业绩增长，不断扩大收入与利润，这就需要不断购买土地作为生产资料，建造房屋并出售。这种业务模式除了需要真实的居住需求外，还需要房价不断上涨的预期，因为只有房价不断上涨，人们才愿意购房。而随着房价（大城市的）不断上涨，不仅老百姓越来越买不起房了，还会产生各种影响。

第一，商品房的投资属性增强，人们会买一些长期来看其实无价值的资产。然而，如果经济基本面、环境、人口因素发生变化，这些资产可能会贬值。

第二，房地产是重资产的，天生具有金融属性，很容易与金融发生过度的结合与联动。这就会导致三个方面的问题：一是挤出其他实体产业；二是个别管理不善的企业可以通过加杠杆而激进扩张、酝酿风险，而金融从中起到了"放大器"的作用，形成乘数效应；三是由于金融在房地产里的布局、敞口、头寸太大，会加大整个经济体面临的系统性风险。

第三，地方政府会过度依赖土地财政。

第四，实体经济无法安心做实体经济，也想投资/投机房地产。

第五，青年人面临巨大的购房压力，在择业上也有更大的压力，可能不考虑进入低收入行业。实际上，一直以来，金融、房地产本身就是吸收就业的重要行业，许多其他行业的人才也进入这些行业来淘金，这也会挤出实体经济获得人力资源的能力。

第六，高房价会提高企业的用工成本/负担。

第七，高房价可能会使年轻人推后婚育年龄，甚至不愿意生孩子。

第八，有产者和无产者的财富差距会伴随资产增值而越拉越大，造成贫富悬殊现象。

房地产"住宅开发销售－金融－地方财政"的三角绑定，再加上房价增长的预期，其实就是传统发展模式。显而易见，这样的发展模式，其实已经形成了一个巨大的"利益集合体"。如果做得很大，在GDP、经济结构里占据很大的比重和影响力，那么它就有了"自我逻辑"，足以驾驭、超越、领先、主导甚至"劫持"公共政策，在制定国家大政方针和公共政策时，总需要考虑房地产的利益，一旦动了房地产的"奶酪"，就会付出很大的经济代价，于是又不得不在大政方针和公共政策上让步。那么，难道就永远无法解决房地产的问题了吗？在新时代，肯定是要解决房地产的问题的，为房地产找到新的发展模式，对此中央有十足的决心，这个决心，可能远远超出许多部委与地方政府的领悟和对短期绩效的考量。

二、房地产的"狭义化"

在中国公共政策及公众话语里，对"房地产行业"的定义已经狭义化，一般来说，人们提到"房地产"时，首先想到的是住宅，指的也是住宅。房地产业主要是关乎解决居住问题的，与其他不动产业态无关。

看看2021年12月中央经济工作会议针对房地产的表述："要坚持房子是用来住的、不是用来炒的定位，加强预期引导，探索新的发展模式，坚持租购并举，加快发展长租房市场，推进保障性住房建设，支持商品房市场更好满足购房者的合理住房需求，因城施策促进房地产业良性循环和健康发展。"

2021年11月，刘鹤副总理在《必须实现高质量发展》一文中，针对房地产有如下表述："要坚持房子是用来住的、不是用来炒的定位，因城施策、分类指导，着力稳地价、稳房价、稳预期，落实好房地产市场长效机制，顺应居民高品质住房需求，更好解决居民住房问题，促进房地产行业平稳健康发展和良性循环。"

这都是中央论及房地产政策时的表述。主要内容都是围绕如何满足居住需求。

其实，房地产可以泛指所有覆盖土地，并永久附着于土地的实物资产与空间，譬如办公楼、购物中心等各类商业地产，以及旅游设施、厂房、场馆及各种公共建筑等。这些建筑物有的对外出租运营，有的自用，但均可称为房地产。此外，还有另一个表述，产生的歧义更少，即"不动产"。只要被称为不动产，没有了"房"这个字，似乎"住房"的意味一下就降低了，现在看来，不动产才是一个用来描述实物建筑资产的更好的概念。

在国家正式的行业分类里，在国家统计局的口径下，房地产都是广义的。

譬如，《国民经济行业分类》里对"房地产业"下"房地产开发经营"的定义是："指房地产开发企业进行的房屋、基础设施建设等开发，以及转让房地产开发项目或者销售房屋等活动。"[①]

这里，"房"指的是广义的"房屋"，而不是"住房"。

---

① 参见 http://www.stats.gov.cn/xxgk/tjbz/gjtjbz/202008/P020200811606493723477.pdf。

国家统计局在统计国民经济时,也将多类"非住业态"放到"房地产"下,即"办公楼"与"商业营业用房"。例如,《中华人民共和国 2020 年国民经济和社会发展统计公报》中表示:"全年房地产开发投资 141 443 亿元,比上年增长 7.0%。其中住宅投资 104 446 亿元,增长 7.6%;办公楼投资 6 494 亿元,增长 5.4%;商业营业用房投资 13 076 亿元,下降 1.1%。"

这里的"房地产开发"就是大口径,房地产开发包含的是住宅、办公楼、商业营业用房、建设单位自建房屋、物业管理、中介服务及其他各类房地产投资。2020 年全年房地产开发投资 14.1 万亿元,住宅占比七成多(见表 1-1)。而看历史数据会发现,在过去 10 多年里,大抵维持在这个比例水平。

同一篇公报里,国家统计局在房地产业的概要指标中也专门把住宅拿出来分析。

表 1-1　2020 年房地产开发和销售主要指标及其增长速度

指标	单位	绝对数	比上年增长(%)
投资额	亿元	141 443	7.0
其中:住宅	亿元	104 446	7.6
房屋施工面积	万平方米	926 759	3.7
其中:住宅	万平方米	655 558	4.4
房屋新开工面积	万平方米	224 433	−1.2
其中:住宅	万平方米	164 329	−1.9
房屋竣工面积	万平方米	91 218	−4.9
其中:住宅	万平方米	65 910	−3.1
商品房销售面积	万平方米	176 086	2.6
其中:住宅	万平方米	154 878	3.2
本年到位资金	亿元	193 115	8.1

续表

指标	单位	绝对数	比上年增长（%）
其中：国内贷款	亿元	26 676	5.7
个人按揭贷款	亿元	29 976	9.9

资料来源：国家统计局。

笔者向前翻了一下历年的统计公报[①]，发现最早把"住宅"专门提出来的是2006的统计公报。这说明之前看房地产业总体的情况还不够细致，要有颗粒度，要专门对住宅加以分析。统计公报是有延续性的，每年大致会延续之前的模板。

在过去的几十年里，中国经济非常依赖房地产的撬动作用。而这里的房地产，主要就是指住宅，房改以来，通过市场化的手段，完成大量的住房建设。上面列示的国家统计局对住宅指标的重视，正说明了政府对住宅开发的重视，需要专门把这个业态的趋势拿出来，作为宏观经济分析的重要指标。这充分体现了住宅开发在国民经济中的重要性。

住宅开发销售之凸显，也反映了其他业态之未被关注。在很长一段时间里，房地产建设主要就是修建住宅，以满足居住需求，并契合中国人置业的文化偏好。商业地产早年也有，大规模建设是后面几年才开始的，并且在中国，有很长一段时间写字楼等商业地产是按照住宅销售的方式散售的，购买者的动机也是投资置业、享受资产增值。

自然地，中央及各大部委、地方政府、开发商和其他市场主体，以及广大居民，关注的都是住宅地产，这就发生了潜移默化

---

① 参见 http://www.stats.gov.cn/sj/tjgb/ndtjgb/。

的改变：

- 在中国的政治、政策及公众话语里，房地产业就被具体化/狭义化为住宅开发；
- 房地产的"房"，由原始口径里的"房屋"，逐渐变成了"住房"；
- "商品房"，让人们联想到的是有产权的、有市场价格的、可以交易的住宅；
- "房地产市场"（或"楼市"），指的是住宅市场；
- "房地产企业"就是专事住宅开发销售的；
- 房地产行业政策的统揽原则，"房子是用来住的、不是用来炒的"里的"房"，指的是"住房"（housing/house/home），而非广义的房屋（building）。

房地产的"狭义化"，会产生一些意想不到的影响。由于居住是关乎基本民生保障及福祉的最根本的基础设施，所以国家需要将其上升到政治高度，作为最重要的公共政策来抓。

房改 20 多年以来，决策者发现，住宅供应完全由市场决定，完全的商业化，其实并不能合理满足最广大人民的居住需求。而且，房价过快上涨，以及与金融及土地财政绑定，还会带来更多的问题，甚至干扰、主导、"绑架"整个宏观经济政策及国民经济与社会的长期发展。因此，政府必须在住房供应里扮演更加积极的角色，承担更多的职能。

于是，过去 10 多年，一直有各种各样的房地产调控政策，其中又以 2016 年提出的"房住不炒"政策最为持续、稳定、坚定。应该说,"房住不炒""去地产化"是近几年中国政治经济模型里最重要、与过去的时代区别最显著的政策。

然而,房地产狭义化带来的结果是,房地产调控政策缺乏精确度和颗粒度,将对住宅地产的调控推广到了所有其他业态(例如前文提及的各类商业地产)。

其背后的原因是,调控政策需要寻找被监管的主体。被监管的主体就是房地产开发企业。而房地产开发企业虽然有一大部分业务是开发住宅,但也负责其他业态的开发(例如写字楼、购物中心、酒店、配套商业及其他公共建筑)。过去20年,房地产企业在城市建设中扮演了极为重要的角色,承担了许多公共职能。

首先,政府通过出让土地获得财政收入,成为预算的来源,这是"第一道"。其次,政府并不仅仅出售住宅商品房,还会为了地方发展及整体规划要求出让综合用地,要求开发商开发各类配套商业及文体设施,并进行后期的运营,这是"第二道"。我们今天看到城市里的许多商业地产,都是这么开发来的。这些年来,政府还会要求开发商自持商业面积(包括租赁住房),迫使开发商专注长期运营,避免短期主义。

住宅开发销售类似于制造业,商业模型非常简单:住宅开发完毕,卖掉即可回款;回款后又可以买新的土地,投资建设,然后出售。开发商通过开发贷、预售制等机制,还可以大大优化资金使用的周期。

但商业地产就不同了,需要招商、运营才能实现土地的价值。散售是短期行为,会伤害整个项目的品质;而整售可能面临监管限制(不到年限不允许出售),涉及巨额资金,买家很少。综合考虑,开发商只能"持有"资产,成为业主。但持有是有成本的，要沉淀大量的资金（而无法实现即期回款），向银行支付经营性贷款的利息；要确保项目能够持续运营，获得一定的收益，而不是日渐凋零，资产贬值。然而，如果运营得当，开发商最终可以享受资产增值的好处。

对开发商而言，真正的商业模型，是用住宅开发销售获得的回款和利润去"补贴"自持的商业地产。开发商可以寻求项目层面的现金流平衡（把项目上的住宅卖了，回款部分盖了购物中心，扣掉购物中心的成本，还留有一部分利润），或者公司层面的现金流平衡（即每年将一定比例的住宅开发销售的回款投资于自持商业地产）。

因此，我们可以这么理解，我们看到的城市里的许多未被散售的商业地产，譬如购物中心、写字楼、酒店等，都是房地产企业过去出售住宅所获利润建成的，它们就好比一栋栋住宅开发销售利润的"结晶"。当然了，如果经营得好，开发商是可以长期获利的，所以并不能说这种安排是不利于开发商的。

商业地产可以带来就业、税收，为城市带来经济、社会、文化活力，这其实也是房地产企业对城市发展建设的贡献。因此，在"第一道"里，开发商通过支付土地款，使地方政府获得了财政收入；在"第二道"里，开发商"放弃"了一部分即期利润，建设、持有并运营了商业/经营性地产，创造了就业与税收。

从本质上看，驱动这个经济模型的还是住宅开发销售——最终提供资金的，就是购房的居民；开发商也扮演了重要的角色，即投资建设及运营这些商业地产（仅仅把建筑物盖出来，不去运营也是不行的）。政府则是总导演。

可以看到，这是一个"你中有我，我中有你"的产业生态体系。

这些年来,许多开发商都看到了商业地产的好处:能够获得长期稳定的收益、享受资产增值、充实资产负债表及评级等。大规模的住宅开发销售总有一天会过去的,届时,如果把房子都卖光了,手里没有一点资产,那么开发商还剩下什么呢?因此,现在的开发商也非常注重建立商业运营能力。

总体上从长期来看,住宅开发销售对房地产企业的收入与利润贡献肯定是会下降的。"房地产企业"并不仅仅是做住宅开发的。房地产企业中的"房",越来越多地涵盖整个不动产领域。

但中国的房地产行业调控却存在"一刀切"的问题。按政策初衷,房地产调控应该是针对住房市场,围绕居住需求的。制定政策,总要寻找监管对象,找抓手。抓手就是"房地产企业"。然后,对房地产企业出台了一系列调控政策,政策的初衷其实是针对住宅地产这一个业态的。但是,我们看到的三道红线、银行贷款集中度限制,以及金融监管机构(包括人民银行/国家金融监督管理总局/证监会)的融资限制等,并不会进一步区分住宅与非住宅地产。这就使针对住宅的政策系统性地误伤了其他不动产。

2021年6月,国家发展改革委印发了《关于进一步做好基础设施领域不动产投资信托基金(REITs)试点工作的通知》(简称"958号文")。在谈到基础设施公募REITs的底层项目时,除了将保障性租赁住房纳入外,又再次明确了"酒店、商场、写字楼等商业地产项目不属于试点范围"。

保障性租赁住房是国家政策明确鼓励支持的;对于酒店、商场、写字楼等商业地产,并不能说是国家不鼓励或不支持的,最多也是中性的。而且,如果能够带来就业与税收、带动城市活力,为何政策会不鼓励呢?而看看酒店、商场、写字楼等商业地产,如果说它们有什么共性,那就是它们的业主往往都是房地产企业。

为何业主都是房地产企业?这是历史导致的:酒店、商场、写字楼的建成,其实就是当年房地产企业做住宅开发销售后"结存"下来的"利润"。

如果在公募REITs里放开对商场、写字楼、酒店的融资,就等于暗示要放开对开发商集团的融资。这么推演也不无道理:开发商最重要的一部分业务仍旧是住宅开发销售。这边获得了钱,那边就宽松一点。这就是左口袋、右口袋的问题:表面上看,酒店、商场、写字楼等商业地产和住宅地产是无关的,但从运营主体看,由于有了同一个"父亲"(房地产企业),所以在资金上是打通的。而且,确实不容易避免有的机构利用这种特性来绕过监管。

如果放开融资,那么自以为聪明的市场会迅速解读:"国家要放开房地产了!"(暗示要放开"房住不炒"了——然后房地产企业股价大涨,楼市蠢蠢欲动。)

这样的市场误读,如此巨大的负面潜在影响,是任何一个监管部门都难以准确把握的,也是无法承担责任的。因此,目前的调控政策,除了对"保障性租赁住房"这种明确上了政策白名单的业态有绿色通道之外,对房地产企业平台层面的融资都有各种各样的监管限制(如三道红线、银行贷款集中度),同时因为难以区分"住宅"与"非住",就不会再做进一步的区分了,干脆就"一刀切"。

如果有这样一个公司，它只做购物中心的开发及运营，不从事任何住宅开发销售，那么能否认定它不应该受住宅地产宏观调控的影响？

按道理说，应该可以这样认定。但监管部门也可能把握不清。万一这家公司又去搞住宅开发了呢？业态能切割清楚吗？

另外，从实践上看，这样的公司极其罕见，因为它不符合中国商业地产的融资逻辑：绝大多数商业地产融资主要依靠的就是住宅开发销售的回款，而不是针对每个业态再构建一个垂直的房地产金融链条，譬如购物中心的开发基金、改造/增值基金、收入基金及REITs。

国家现在的大方向是减少"地产金融化"及"金融地产化"的现象。所谓"地产金融化"，又泛指大地产（即包括了住宅与非住业态），是"一刀切"的。这和前面公募REITs遇到的情况一样。在今天的环境下，除了租赁住房及仓储物流等业态外，通过政策去鼓励、推动在垂直领域（例如购物中心及写字楼）构建完整的金融/资本链条，几乎是不可能的。

这就是中国房地产开发历史上"你中有我，我中有你"的产业生态体系的结果。

- 住宅业态需要房地产企业开发，非住业态也需要房地产企业开发；
- 房地产企业主动也好被动也好，都是既开发住宅，又开发非住业态；
- 对房地产企业来说，没有什么金融工具可以利用，只能用简单的"现金流平衡"去安排资金，例如用住宅开发销售回款去补贴购物中心；从财务/融资上看，这些业态自然也是相互支持、彼此打通、相互依赖的；
- 国家要对住宅市场进行调控，要寻找合适的监管对象，监管对象就是房企；
- 由于房企进行混合业态的开发，所以对房企进行监管很容易"一刀切"，除非极度精细地区分每一种业态，对每一种业态都制定单独的、个别的监管/融资政策（例如使针对住宅的调控政策不至于误伤购物中心）。而且，为了防止有的机构规避监管，甚至需要精细到对房企内部的资金流动进行监管，这在实践中是很困难的。实际情况是，监管发现大部分房企主营住宅开发销售，抓大放小，那就只能先"一刀切"了。

这个问题的背后盘根错节，确实很不好解决，它是历史发展的自然结果。但这也使我们针对住宅地产的调控政策会系统性地误伤其他不动产业态的发展，在市场下行时，给房企造成困境，同时也可能妨碍房企谋求向其他业态的转型。

我们看到中央的政策思路都是围绕住房、面向住房的（"房住不炒""租购并举""租赁住房""保障性住房""长效机制"），但其实房地产行业、房地产市场的内涵远远比住宅开发要广。房地产企业的未来，除了构建住宅产品外，还在于拥抱及转向"住"以外的其他业态、资产、空间，为这些业态、资产、空间里的人群和机构提供更多的产品与服务。

第二章

房地产调控思路与新业务、新业态

一、从房住不炒、长效机制到探索新的发展模式

2016年,中央首提"房住不炒"。之后,房地产行业面临更加严格的调控,但从部委到地方,往往还会沿用过去很长一段时间形成的逻辑与经验去判断房地产在国民经济及政策中的重要性。很多人始终相信,只要经济不好,政府就会放开房地产。这种博弈在反复不断地进行。自2018年以来若干次的博弈之后,调控持续加码,形成了如今三道红线、银行贷款集中度限制、土地集中供应的管控格局。对房地产交易与流通环节也做了许多限制(购房资格、贷款等),基本将房地产行业管理了起来。

同时,中央这几年也一直提出引导房地产行业转型发展。在"房住不炒"之外,还要构建"长效机制",要租购并举,要发展租赁住房,要发展保障性住房。

发展到今天这个时点,应该说"房住不炒"的大目标实现了。

以前人们积累了财富，总是想去买房，现在很少有人提及买房了，因为买房需要购房资格，需要占用大量资金，不一定能加上杠杆，而且流动性很差。人们会选择其他投资标的。把买房作为主要投资（及投机）标的的时代已经过去了。

这也使房地产行业的基本面发生了变化，2021年下半年以来，恒大等激进扩张的企业出现"爆雷"现象。仅恒大这一家企业的负债就达两万亿元之巨（约占GDP的2%），牵扯了无数的供应商（及背后的工人）、业主（购房者）、零售投资者（买了恒大财富产品的人），以及无数的金融机构。以恒大的规模体量，足以使供应链/产业链、金融体系受到巨大的负面冲击，进而影响更广泛的经济。首当其冲的，就是大批房地产民营企业，目前许多房企深陷困境。

中国正在进入房地产行业大的结构转型期。短期还会有不小的阵痛，最终会经过两三年的时间完成"重构"。市场参与者最后将"大洗牌"，同时行业也会涌现许多新的机会，一些企业会找到新生的机会。

2021年末的中央经济工作会议上，首次提出房地产要"探索新的发展模式"，要实现"良性循环"。这些提法，引起了各界的高度关注。从中央部委到地方政府、企业，再到金融机构、研究机构等，都在尝试解读。

那么，应该如何理解房地产行业新的发展模式呢？它体现在哪里？

先回看文本，2021年中央经济工作会议公报中的正式表述是："要坚持房子是用来住的、不是用来炒的定位，加强预期引导，探索新的发展模式，坚持租购并举，加快发展长租房市场，推进保障性住房建设，支持商品房市场更好满足购房者的合理住房需求，因城施策促进房地产业良性循环和健康发展。"

其中提到了"探索新的发展模式"。而伴随监管与行业的摸索演进，到2022年的中央经济工作会议，表述有了一定的发展："要因城施策，支持刚性和改善性住房需求，解决好新市民、青年人等住房问题，探索长租房市场建设。要坚持房子是用来住的、不是用来炒的定位，推动房地产业向新发展模式平稳过渡。"

我们看到，表述由"新的发展模式"，发展到了"新发展模式"——"的"字被拿掉了，这说明监管的思路相较原来更加清晰了。

"新发展模式"，说明传统发展模式行不通了，要探索新的路径。表述上，房地产领域新（的）发展模式，也呼应"新发展阶段""新发展理念""新发展格局"等概念表述。但究竟具体何为"新（的）发展模式"、到底涵盖哪些领域、行业应当如何转型，其实并不明朗，从监管到业界，还存在许多困惑，未来之路还要探索。这条探索之路，需要各方共同努力。如果挖掘顺利、探索成功，那么行业转型重构的痛苦就会更小。

那么，如何理解新发展模式呢？

应该看到，"房住不炒"是一个总括目标，也是一个指引、一个原则、一个要求。但它本身还不足以帮助定义何为"新发展模式"。这几年，在"房住不炒"之外，中央政府惯常使用的一个表述是建立房地产"长效机制"。

从概念上看，长效机制主要是从满足居民住房需求的角度出发的，同时侧重强调时间维度，即长期性、长期主义，但本身依然不足以帮助定位何为新发展模式，因为新发展模式是从房地产市场/行业/企业的角度出发的。承认"大地产"行业依然是国民经济的一个重要组成部分，是要继续为 GDP 做贡献，是要继续发展的，并不是说要"退出历史舞台"，但在新的环境下，不能再依赖过去的模式与方法了，这就要求企业寻求转型，摸索新的发展逻辑与路径，寻找新的增长点。在满足商业化诉求的同时，还要符合国家针对民生与战略的大政方针。如果能找到这样的发展模式，就可以实现"既要又要"：既坚持了"房住不炒"，找到了满足居民居住需求的"长效机制"，又帮助房地产企业找到了新发展模式，使经济能够在平稳中完成转型及重构。

党的十八大以来，中央提出的一个根本概念是"供给侧结构性改革"。在房地产领域探索新发展模式，肯定也要参考这套政策思路与逻辑：归根结底要回到供给侧，要使房地产市场能够真正满足需求端，即满足人们真实的居住需求。这里，也就可以引入保障民生、普惠、共同富裕等一系列概念了。如果不能为人民提供可负担的、有质量的、有尊严的居住，那么"以人民为中心"又从何谈起呢？因此，居住问题是一定要解决的。此外，要把满足住房需求看作国家战略一盘大棋的重要组成部分。房地产作为一个产业不能"过度发展"，不能大到形成"自我逻辑"，使公共治理、政策及其他产业要服务于它或让位于它。房地产业需要"回归本源"，即为人们提供能够满足核心需求的空间。其中最主要的，就是居住。如果能够重新规划房地产与实体经济的关系，那么房地产肯定不能挤出实体经济、伤害实体经济，也不应该去带动和引领实体经济，而是应该服务于实体经济。如果劳动者能够住得好，且负担得起，那就是为实体经济赋能，降低实体企业的成本，提高劳动者的福祉与安全感，并最终推动经济与社会发展。

二、房地产行业新业务与新业态

这些年来,中央政府已经提出了许多鼓励房地产企业转型发展的领域。这些都是引导房地产行业/企业发展新业态、产品、服务,探索新模式的举措。理解这些发展领域,就是理解新发展模式的核心。这些领域主要包括以下六个。

(一)租购并举

租购并举的提法是较早出现的,指的是房企不能只卖房,还要持有资产,然后对外租赁,发展租房市场。为什么要租购并举呢?因为决策者非常清楚,"租"固然重要,但没有"购",就无法支持"租"。要满足居民购置商品房的诉求,就必须要维持房地产行业的经济活力:开发商要通过销售房产得到回款,获得利润,盘活沉淀的资金,打通资本循环,而只有打通了资本循环,才能不断进行新的投资。此外,老百姓也是需要产权的,要自己名下有房子作为资产,即老百姓可以享受资产增值,又可以传给后代,成为一笔遗产。中国人非常注重置业,热衷于购房,只要有能力,都会投资买房,这也是不可改变的。因此,"租"和"购"两者不可或缺,"租"对于满足未来的居民住房需求非常重要,但"租"的发展滞后,就把"租"放在"购"的前面,加以强调。

(二)租赁住房

租赁住房被提到了非常高的位置。站在今天的时点,已经可以判断，未来中国的经济及就业可能会集中在几十个核心城市，其中有超级城市群，也有区域性的经济中枢（多为经济发达地方的省会城市）。这些城市都是人口净流入的城市，可以预想其房价不会下跌，只会上涨。中国有14亿多人口，青年就业者会涌入这些城市，而且这些城市的住房供应相对有限，如果人们的收入得不到快速提升（是显著高于房价增速的提升），那么可以判断，大多数人是买不起商品房的，居住只能靠租房，且预期会长期租房。这里还有一个因素很重要，即非核心城市经历"人口净流出"——青年人群会不断前往核心城市，导致非核心城市出现人口减员及人口结构加速老龄化的现象。那时，在非核心城市持有资产（例如"在老家有一套房"）甚至有可能成为业主的经济负担，因为业主不会住在这些房子里，租也租不出去，然后还需对房子进行打理、维护，交服务费。

只要出现"超级大都市化+少子化/老龄化"，最后的结果一定是，非核心城市的房价会进入一个漫长的下行周期。这个周期很长，可能是20年或三四十年（可以参考日本的案例）。一线城市与普通城市房价的价差会越拉越大，到时候人们也不能再像过去那样，指望父母卖掉老家的房子来帮助其在核心城市购房。这时，在大城市里租房会变得更加常态化。

当购房难成为常态，并持续很长的时间，社会的观念和标准也会发生变化：年轻人"躺平"了，可能不认为购房是必须要做的事情，甚至不认为一定是男女结婚的前置条件。人们会更加理性，安于在人生更长的时间里用租房解决居住需求，推后购房年龄。在发达经济体的核心城市里，这早已是事实。租房是大城市青年人/外地人解决居住需求的重要方式。中国一定会朝着这个方向发展。

因此，有高质量、稳定、可持续的租房选择就显得极为重要。如果真的可以长期通过租一套房解决居住问题，那么笔者也不一定要买房。至少可以等到将来再买。

租赁住房是大政策、大政治。中央及地方政府对租赁住房的政策支持将是全方位的，并成为政府重要的 KPI（关键绩效指标）之一。这里说的租赁住房，包括保障性租赁住房，也包括纯市场化的租赁住房。

作为房地产建设的重要主体，房地产企业当然是国家希望依赖的主体。国家已经在利用各种手段引导房企向这个方向转型，未来预期会有更多的政策出台。

除了土地出让、规划、税收等优待政策外，房地产需要重资产投资，所以还是离不开金融。如果能够给予租赁住房优待的金融政策支持，帮助企业在租赁住房资产方面实现"资本循环"（打通从投资到持有再到退出的链条），并引导社会资本/财富投资于依托租赁住房的金融产品，未来，房企就有意愿、有信心去投资、持有、运营租赁住房，并找到退出的手段。这样，一方面可以帮助和推动房企转型，另一方面又能把这个关系到经济发展大局的住房领域发展起来。这里，公募 REITs 是极为重要的产品——它能够将资产与公开市场的资金连接起来。从长期看，需要将全品类的租赁住房（"保障性租赁住房+市场化/商业化租赁住房"）均纳入资产范畴，将开发商作为重要的原始权益人。

（三）保障性住房

居住是人最基本的需求，是人们福祉所依托的根本，是民生保障与社会稳定的前提，可以说是最根本的基础设施。

结合中国过去几十年的发展及国际经验看，住房不能完全交由市场配置资源，不能仅由市场力量、商业化力量提供资源。如果完全交由市场，可能会发展出一套脱离一定比例人口的商品房市场，而且有出现使经济"房地产化"的危险。金融是加速器，如果房地产与金融再绑定，就会使行业自成逻辑，驾驭经济，限制公共政策与治理的选择。

商品房市场高度商业化、政府公共住房供应严重不足的案例就是我国香港地区。香港地区最深层次的社会经济问题就是房地产，而房地产导致的社会经济问题又被放大。新加坡则是另一个反例，当地住房市场是高度社会主义化的，大部分（80%以上）由政府作为公共产品提供，凡国民均可享有，且产品及模式选择非常多样，不仅可以满足租赁需求（这是最基础的），最关键的是可以提供产权（购房者成为业主，拥有对资产的稳定性，未来可享有资产增值的机会）。新加坡的公共住房制度在保障民生、维护社会稳定、防止贫富差距扩大等方面做出了巨大的贡献，可能是新加坡立国以来所做的最正确的事情。

经过过去20多年的发展，中国的房地产格局已经形成。这套房地产格局是依赖过去的发展模式建立起来的，但不足以满足未来的需求。因此，下一阶段，国家要加大力度建设一整套保障性住房体系，由政府出面（出政策、资金或其他优惠机制），系统性地解决中低收入群体的住房需求。

显而易见，保障性住房与"以人民为中心""共同富裕"等核心政治主题高度相关。

保障性住房在大类上，又可以分为出售产权型、租赁型。保障性租赁住房就是租赁住房与保障性住房的交集，可以满足大部分中低收入群体（特别是青年群体）的需求，因此具有突出的重要性，是目前政策进行鼓励的领域。前面提及金融支持，中国的金融创新产品公募 REITs 已经将保障性租赁住房纳入适用的资产范围。这项举措已经引导不少房地产企业看到了希望，战略性地转向这个细分市场。

未来，如果能建成一套成规模、成体系的保障性租赁住房系统，将为社会带来巨大福利，成为保障民生的最大安全垫。从国家的角度来讲，它不仅解决了广大人口（特别是青年人口）的住房问题，而且因为居住成本降低了，也会帮助实体经济企业降低成本，会使居民提高居住以外的可支配收入，将更多收入用到消费及其他事项上。这样的居住体系，还可能有利于推动生育率的提高。

中国需要重新改革房地产行业的范式与格局，改变原来的"商业化住宅开发销售＋金融＋土地财政"三者之间的关系，构建新的发展模型。在新的发展模型里，金融仍然是关键的联结纽带，这一次只是将庞大的社会资本从投资商品房转向建设"居住基础设施"——保障性住房/租赁住房。

（四）城市更新/改造

前面的新业态都是从满足居住需求来说的，而"城市更新/改造"则是从生产资料/土地载体的角度出发，围绕城市存量的、老旧的土地、资产和空间，对其进行必要的改造升级或局部重建。城市更新涉及的领域当然比居住要宽，能够涵盖从居住、工作、消费、生活、娱乐到文化方方面面的需求。

城市存量资产的特征是，通常地理环境不错（位处城市核心地段），但资产和空间的质量不高，形态也较为落后，其不仅不能满足新的需求，还可能拖累周边的业态与发展。这就需要对存量资产进行改造升级，赋予其新的功能。而依据业态、空间禀赋和条件的不同，又可以规划不同类型的改造，以满足零售、办公、居住、文化、娱乐等方面的需求。

中国的房地产市场中，传统发展模式是不断在新的土地上大规模、产业化地构建新房（按经济总量算，最主要的就是住宅商品房），城市不断向外延伸。伴随大规模的房地产建设的完成，新发展模式一定是围绕"存量资产"进行的，存量资产即已经建成的资产与空间——对大多数资产进行重建是不切实际的，只能进行适当改造。通过改变存量，创造增量，带来新的活力和发展动力，满足人们新的需求，正是房地产新发展模式所要探索的方向。

由于在改善民生、提升活力、创造就业与税收等方面的明显好处，城市更新是各地政府鼓励的，也是房地产行业未来重要的发展方向。

过去，是大规模、标准化、产业化构建新房，每个都是大项目。未来，则是做定制的、按需的、非标准化的项目，每个项目规模都不大，但对运营能力、服务能力的要求会非常高。

我们到发达国家旅行，一般已经看不到大规模的城市建设了，但还有改造项目（当然有的改造项目可能本身规模就很大）。这就是未来几十年中国房地产行业发展的方向。存量时代，房地产更新、改造的经济体量肯定是不能取代新房开发销售的，但会经历一个漫长的转型周期，用几十年时间完成。房地产行业及中国经济有充分的转型时间。

（五）老旧小区改造及社区养老

中国大城市里不少居民楼是在房改/商品房市场出现时修建的，已有几十年的历史，有的长达半个世纪以上。此外，还有历史时间更长的传统建筑，例如北京的胡同、上海的里弄。这些居住区的特征是，居民人口结构偏老龄化。而伴随中国进入老龄化社会，下一步亟待发展的是养老事业。发达国家常见的是机构养老——子女不管老人，老人也不需要子女管，老人自己住到养老院去。这种机构养老并不符合中国的国情与文化。同时，高端的机构养老只能是一个比较小的商业化市场，服务的是高收入群体，这个群体在中国是极小一部分。结合中国国情（包括中国的经济发展阶段、大多数人口的收入水平、人口结构、城市的发展、社会机理格局、文化传统及价值观等），比较切实的解决方案是，发展社区/居家养老，这显然更能满足普惠、民生保障的需求。这也意味着，在养老生命周期内，老人有很长的一段时间就留在自己的社区里，接受身边的家人及社区提供的护理服务。中国的社会结构特殊，大家庭的联系十分紧密，下一代年轻人既要照顾老人，也需要接受老人的支持，譬如由老人照看小孩、接送小孩等，是相互照顾的关系，所以住在一起有好处。因此，社区居家养老是适合中国国情的。

2021年11月，中共中央和国务院印发了《关于加强新时代老龄工作的意见》，提出："创新居家社区养老服务模式。以居家养老为基础，通过新建、改造、租赁等方式，提升社区养老服务能力，着力发展街道（乡镇）、城乡社区两级养老服务网络，依托社区发展以居家为基础的多样化养老服务。""到2025年，老城区和已建成居住区结合城镇老旧小区改造、居住区建设补短板行动等补建一批养老服务设施,'一刻钟'居家养老服务圈逐步完善。依托和整合现有资源,发展街道(乡镇)区域养老服务中心或为老服务综合体,按规定统筹相关政策和资金,为老年人提供综合服务。探索老年人服务设施与儿童服务设施集中布局、共建共享。"鼓励成年子女与老年父母就近居住或共同生活,履行赡养义务、承担照料责任。"

这时,城市里的老旧小区/传统社区就很重要了,这些社区以后就是养老服务的发生地。政府及社会要投入资源,对老旧小区做适当的改造,从安装电梯、提供更好的基础物业服务,到社区运营,以及提供到家及护理服务。

老旧小区改造及社区服务是国家鼓励的行业。它已经极为贴近房地产企业最近几年重点布局并受资本市场青睐的"住宅社区物业管理"行业。

在房地产"存量时代",企业/市场越来越需要围绕存量的资产与空间做文章,这既包括改造存量的资产,使其获得新生,也包括为居住在存量资产里的人群及机构提供产品与服务。房地产企业需要从土地的投资、开发、建设及空间营造,转型到为社区、空间、资产提供运营及服务。

老旧小区改造及社区服务就是一个很好的行业。过去若干年,许多企业在探索"养老地产",最终往往不是搞有旅游度假特征的房地产住宅开发销售,就是搞高端机构养老(高端养老院)。其实,中国养老产业的大方向就是在社区居家养老,它最需要的核心能力,首先是对老旧小区的改造及基础物业管理能力,然后针对居民做一些有老人护理特征的增值服务。除了一般的到家服务外（例如家政、清洁、护理），还有户内装修改造、美居、维修等，经济场景十分丰富。

这些年，那些探索康养产业的房企，应该把注意力投放到老旧小区改造，并将其与自己的住宅社区物业管理及增值服务结合起来。

老旧小区改造及社区养老，与住宅物业管理已经高度贴近了。2021年1月，住房和城乡建设部等十部委联合印发了《关于加强和改进住宅物业管理工作的通知》，文件中表示要提升物业管理服务水平，"扩大物业管理覆盖范围。街道要及时积极推动业主设立业主大会，选举业主委员会，选聘物业服务企业，实行专业化物业管理。暂不具备设立业主大会条件的，探索组建由社区居民委员会、业主代表等参加的物业管理委员会，临时代替业主委员会开展工作。结合城镇老旧小区改造，引导居民协商确定老旧小区的管理模式，推动建立物业管理长效机制。鼓励物业服务企业统一管理在管项目周边老旧小区。暂不具备专业化物业管理条件的，由街道通过社区居民委员会托管、社会组织代管或居民自管等方式，逐步实现物业管理全覆盖"。

做迎合国家大政方针及长期发展方向的事情，既能得到政策支持，又能受到资本市场的青睐。我们接着介绍房企需要并正在重点布局的最重要的赛道。

（六）住宅物业管理及生活服务

近几年来，政府已经充分认识到物业管理公司在基层社会治理及社会服务方面可能发挥的重要角色。因此，2021年1月，住建部等十部委联合印发《关于加强和改进住宅物业管理工作的通知》。这个文件中关于"推动发展生活服务业"非常核心的内容如下。

"（十三）加强智慧物业管理服务能力建设。鼓励物业服务企业运用物联网、云计算、大数据、区块链和人工智能等技术，建设智慧物业管理服务平台，提升物业智慧管理服务水平。采集房屋、设施设备、业主委员会、物业服务企业等数据，共享城市管理数据，汇集购物、家政、养老等生活服务数据，确保数据不泄露、不滥用。依法依规与相关部门实现数据共享应用。

（十四）提升设施设备智能化管理水平。鼓励物业服务企业以智慧物业管理服务平台为支撑，通过在电梯、消防、给排水等重要设施设备布设传感器，实现数据实时采集。建立事件部件处置权责清单，明确处置业务流程和规范，实现智慧预警、智慧研判、智慧派单、智慧监督。

（十五）促进线上线下服务融合发展。鼓励有条件的物业服务企业向养老、托幼、家政、文化、健康、房屋经纪、快递收发等领域延伸，探索'物业服务＋生活服务'模式，满足居民多样化多层次居住生活需求。引导物业服务企业通过智慧物业管理服务平台，提供定制化产品和个性化服务，实现一键预约、服务上门。物业服务企业开展养老、家政等生活性服务业务，可依规申请相应优惠扶持政策。"

这个政策是非常具有前瞻性的，而且由十部委发布，说明中央政府已经形成了比较清晰的看法：物业管理行业/企业是相关经济、社会及公共治理领域的核心组成部分及重要抓手。这个认识与定位，是走在了大多房地产企业的认识之前的，为房地产企业在新时代里谋求转型、摸索新发展模式指明了方向。

笔者以为，政府的考虑主要有如下三点。

一是认为住宅物业管理公司其实是基层社会治理的重要"抓手"，可以配合基层政府组织（街道）完成网格化公共治理的职责。若干年前，政府曾设想将中国特色的住宅小区封闭性围墙打掉，以打造更加开放的社区与空间。2020年新冠肺炎疫情的暴发让人们有了新的认识：封闭式的（或可封闭的）住宅小区非常重要，它才是中国公共治理的最基层。

二是政府有极强的智慧城市、智慧社区、数字化治理诉求，通过数字手段加强及改善公共治理。这种能力完全可以用市场化手段完成，即交由市场化的物业公司发展并构建相关的科技能力，帮助政府完善公共治理。2020年新冠肺炎疫情暴发后，更使政府的数字化治理诉求得到极大的加强。

三是帮助在基层提供民生服务、居住服务。物业公司在住宅社区为居民提供服务，可以直接触达居民的居住/生活场景，决策者列出了许多场景（被物业公司视为基础物业管理服务以外的"增值服务"），包括养老、托幼、家政、文化、健康、房屋经纪、快递收发等。其中，养老被放在第一位，反映了前面所说的社区居家养老问题。其次是托幼与家政，都与老百姓的痛点相关。养老、托幼、家政服务能够处理好，是能够极大改善居民生活、心理健康，以及释放/解放生产力的。养老与托幼也都有公共产品与服务的属性。决策者发现，相较于那些垂直领域的平台公司（不少还受到"资本"的过度驱动），物业公司深耕一线，扎根基层服务，与社区高度绑定，与基层政府组织密切联系，是最安全、最可靠、最可持续、最"跑不掉"、最好的抓手。

房地产企业突然发现，住宅开发销售的主业长期受到政策调控限制，似乎始终"政治不正确"，这下突然发现自己旗下出现了一个受到十部委支持、特别"政治正确"的行业！（设想，今天有多少行业能够获得十部委发文的重力支持？应该是不多的。）当然了，大多数企业其实仍然只是追赶资本市场风口，但并不明所以，不知道这个行业为什么如此受到政府的重视，不知道自己在基层政府治理及公共服务提供中的重要性。

十部委支持物业行业发展的通知是在 2021 年 1 月发布的。笔者以为，政府对物业管理公司及行业的支持，在近两年又得到了许多加强，得益于以下五点。

一是新冠肺炎疫情导致的对基层治理诉求的加强。

二是对智慧诉求 / 数字化治理诉求的加强。这一诉求的来源是多方面的，包括降本增效、获得大数据、加强疫情防控、加强反恐、加强国家安全等。

三是对少子化 / 老龄化问题的担忧，希望通过多种方式解决养老、托幼问题，提升人们的生育欲望，以及解放生产力。

四是对资本驱动的平台经济 / 流量经济的担忧。这些企业往往具有互联网企业背景，居于线上，受资本驱动，带有"无序扩张"和"垄断"色彩。与之相比，扎根基层做服务的物业公司更加安全与可靠。

五是对消费者的保护。许多垂直平台 / 服务提供商是不稳定的，可能过几天就不经营了。但物业公司总是存在的，遇到纠纷找物业，比找某个互联网平台更容易。因此，物业公司可以被问责，是在线下真实存在的"抓手"。由物业公司直接提供服务或统合 / 协调提供服务，有利于保障消费者的权益。

这就使从监管的角度看，同样的生活/到家服务，由物业公司提供会比由其他平台公司（特别是线上/互联网公司）提供更为"安全""可靠"。

这是一种巨大的政治赋能、政策赋能，给了物业公司极大的发展空间：物业是触达居民居住及生活消费与服务的接入点，是一个真正的大赛道，拥有广阔的市场。

自中国有了市场化的房地产行业以来，住宅物业管理大多由开发物业的开发商承担。因此，物业管理大多掌握在房地产企业手里，是房企的一个细分部门。早年，人们将物业管理作为一种手段（物业管理做得好，也是楼盘品质好的组成部分，有利于推动销售）；而所谓的物业管理，也仅仅是为居民小区提供基础的物业管理服务——保修、保绿、保洁、保安。

现在，有了政策支持，在资本市场的青睐下，就变成了一个专注的行业，甚至可以取代传统的住宅开发销售行业。这就是最直观的新发展模式逐渐取代传统发展模式。

新发展模式与传统发展模式之间的关系如何？

传统发展模式（或旧发展模式）主要围绕住宅开发销售展开，并与住宅开发销售行业的一些通行模式和策略（高负债、高杠杆、高周转）相联系。表面上，商品房卖出去之后就和开发商没有关系了，但开发商还会继续从事物业管理。因此，房地产开发业务所营造的资产、空间，所构建的社区，就成为新模式（住宅社区的物业管理及服务）所服务的标的、客户，成为住宅与社区服务的"流量"入口。

再往前发展，房地产企业的重心会变化：在传统发展模式里，住宅开发销售是收入利润的主要来源，房地产企业赚的是开发利润和资产增值的钱，资产增值就是目的。在新发展模式里，企业越来越专注为资产、空间内的人群、机构、社区提供多种多样的服务，企业赚的是服务的钱，空间与资产营造成为手段。

"物业管理"会成为企业真正的品牌，成为"经济流量"的入口、对接资本市场的入口、对接支持性政府政策的入口。

除了租赁住房之外，（住宅）社区物业管理将是房地产企业未来转型发展最重要的领域，可能也是房地产的新发展模式里除了租赁住房以外最重要的组成部分。

当然，现实情况是，很多物业公司连基础服务都没有做好，还没有获得居住者的充分信任。这时，再激进地推动产品将遭到业主的反对。同时，物业公司在社区、居住、生活、增值服务领域还面临着各种垂直/平台企业的竞争。不过要看到，居民需要的服务不仅多种多样，而且都希望获得持续、稳定、可靠、可依赖、安全的一站式服务，由一个最可靠的服务提供者解决所有售前售后服务。垂直平台及细分领域服务提供商并不能解决他们的痛点，因为很多服务提供商售后不好，找不到人，甚至企业过几年就消失了。但物业公司恒久都会在那里，跑不掉，是最为可靠的。因此，物业公司需要结合客户诉求及自身能力，挑选若干领域，发展生活服务解决方案。只要能够跑出来，就可以占据优势地位。

笔者做一个简单直白的形象比喻：新时代、新发展模式下房企的转型，可能是由住宅开发商主导，经物业公司管理，演变发展为全国最大、最靠谱的家政服务提供商。

当然，不是每个有物业管理业务和能力的企业都可以获得成功。机会一定会偏向那些具备规模经济及范围经济优势的大型企业，或具备服务文化与基因、进行精细化运营、实行客户导向、奉行长期主义的企业。

对于房地产企业而言，最大的挑战，莫过于从"资产导向"（靠出售资产或坐拥资产增值赚钱）转向"服务导向"（通过纯粹的服务赚钱）。这需要完成商业价值、文化、习惯、理念上的根本转向，并不容易。

但纵观全球历史，并非没有成功的先例：全球各大酒店管理公司，都完成了由重到轻、由资产到服务的转型。

恒大"爆雷"是中国房地产行业的"时代分水岭"。中国房地产行业的"下一个 20 年"，将是专注为资产、空间、社区提供服务的 20 年。

从以上分析可以预测出"最高维"的房地产公司的发展路径。

1.0 阶段，形成巨大的管理面积，做好基础物业管理服务，获得业主、客户、合作伙伴和政府的信任。

2.0 阶段，通过自营及投资参股上下游企业，构建在垂直领域深耕的能力，特别是那些针对居住/生活消费的增值服务能力（譬如家政护理、美居之类的服务）。

3.0 阶段，拥有对外输出的能力，这种输出，不仅是通过外拓管理第三方开发商开发的小区，而且是直接为中小型物业公司提供硬软件基础设施、咨询及其他能力（SaaS/BPaaS，软件即服务/业务流程即服务）。

4.0 阶段，原本这些第三方中小物业公司只是提供硬软件输出，现在是输出自己已经跑通的社区/本地生活增值服务解决方案，赋能这些中小企业，在终端客户（住宅物业的居民）身上创造更大的 GMV（商品交易总额），并以分账的形式获取经济收益，实现多赢。

　　再做一个比喻，未来新发展模式下房企的转型，可能由住宅开发商主导，经物业公司管理，从垂直做到平台（有"自营+加盟"的家政工人），发展成全国最大、最靠谱的家政平台，并通过住宅社区为全国范围的社区提供服务。

第二篇
房地产传统发展模式、问题诊断及政策框架

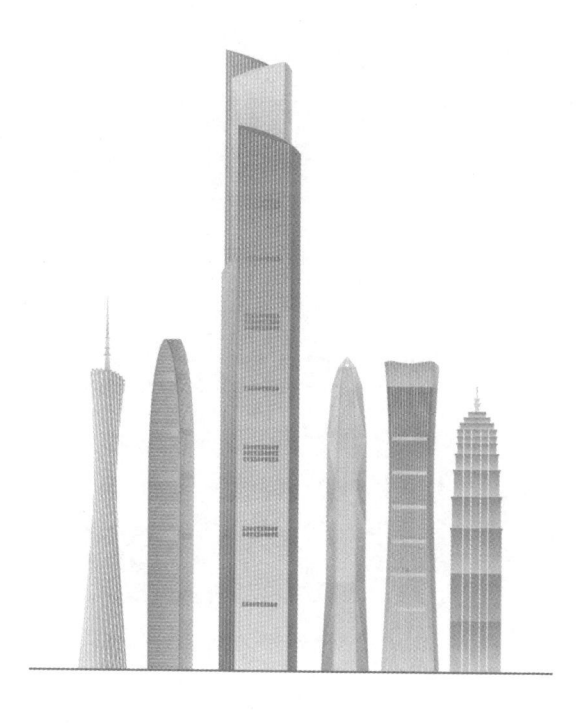

第三章

传统发展模式的七个特征

政府在官方文件里一再提出房地产行业要探索新发展模式。究竟何为新发展模式？理论上，新发展模式应该是在新时代政治经济范式和新发展理念的指导下，能够适应和引领房地产市场（包括广义不动产行业）的新的发展趋势，并且能够实现良性循环的业务模式。

但具体又如何落地呢？现在一切都还处在探索阶段，尚没有明确的定义。不过，新模式肯定和传统模式不一样。要探索新发展模式，可以先看看什么是传统发展模式，把传统发展模式排除。

传统发展模式（或旧发展模式），就是房地产企业拿地，开发建设为住宅商品房，然后出售给有居住需求的居民，获取回款和利润。回流资金后，再拿新的土地，再开发建设，再出售，周而复始，不断循环。这个模式，本质是制造业，但区别在于，住宅商品房并非消耗品，一旦形成，就是稳定的固定资产，不会轻易拆除、废弃。对于一般人来说，住宅的目的就是满足居住需求

（包括刚性需求和改善性需求），因此从住的角度看，不需要买很多房子，而且房子一代人用完，还可以传给下一代人使用。房屋是一个国家的固定资产积累。

总有一天，人均居住面积达到一定水平后就会饱和（"房子总有一天会盖完的"），肯定还会有增量需求，例如地理的结构性变化，人口向高能级城市集中，还有就是对一些破旧房屋的拆除与重建。但无论如何，伴随房屋质量的不断提高，考虑到少子化和老龄化的影响，住宅销售市场总归会有饱和的一天。而且还要考虑到，人口就固定这么多，向高能级城市集中，一定意味着对低能级城市和乡村住宅资产使用需求的下降。从日本等严重老龄化、少子化的发达国家案例看，人口向大城市集中，那么边远地区的人口会递减，资产不仅会出现价值下降的问题，而且可能会成为后代的负担，最终被抛弃和拆除。

因此，在围绕居住的固定资产大建设基本完成后，住宅开发销售业务就会达到峰值，之后注定回落，区别只是时间与速度的问题。长久来看，国家GDP不可能总靠新房销售来维系。房地产肯定也是不能强国的。

但房屋有一个与其他消费品不同的属性，就是有一定的投资价值，中国人本来就有置业心理，房屋产权可以让人有安全感和满足感，人们也希望将房屋作为家产留给后代。在这个基础上，假定居民有足够的经济能力，能够获得一定的金融支持（贷款），房屋能在市场上交易且流动性尚可，同时又找不到很好的投资替代品，那么只要预期房屋价格会上升，人们就会蜂拥购置房地产。对于大多数人来说，达到一定的居住面积后，其实对居住的需求是饱和的，也就是所谓的"边际收益"或"边际快感"递减。越到后来，购房越会趋向挖掘投资价值，希望积累财富。

这就给了房地产行业一个很大的空间：首先不断挖掘人们对居住的需求和向往（"你完全可以住上更大的房子""你在各地都可以有房子""你在海滨一定要有一套房子"）——尽管边际效应递减，但更重要的是强调投资价值（"房屋肯定可以保值增值""把房子留给子孙后代""房子比什么样的投资品都安全""买股票哪有买房产实在""买下来自己不住还可以租出去"），利用人们使用及投资的双重心理，驱动人们买房。这就可以为新房开发销售市场（即传统发展模式）延续更长的时间。问题是，越到后来，需求越有可能是在叠加金融与心理作用之后"创造"出来的；越到后来，新房市场越有可能脱离"住"的基本面，开始走向投资化、金融化、泡沫化，并对国家的经济、社会产生负面影响。

住宅新房开发销售行业的另一个特点，就是与地方政府财政和金融高度绑定，形成三角关系。地方政府靠出让土地获得财政收入，同时也希望借助开发商之力完成一些城市的规划建设及发展功能，金融则通过房地产行业获得投资收益（以地产养金融，同时挤出本可以扶持实体经济的资源）。结果就是构建了一个"剪不断、理还乱"的"地产－地方政府－金融"高度绑定的三角关系。

如果说住宅新房开发销售代表的是房地产企业的传统发展模式，那么"地产－地方政府－金融"在住宅新房开发销售问题上的三角关系及利益绑定，代表的就是房地产行业的传统发展模式。

一些官方表述将房地产行业"老"的发展模式定义为高负

债、高杠杆、高周转等，但这些主要还是围绕住宅开发销售的经营模式及策略来看的。如果进行更宏观的分析，对构建新发展模式形成启示，那么可以将传统发展模式的特征做一些新的归纳和总结。笔者以为，可能包括以下七个方面。

第一，业态单一。房地产业态本来众多，传统发展模式下，房地产就是住宅地产。

第二，模式单一。围绕住宅地产的模式就是新房开发销售，利润来源就是新房售价与土地及建设成本之间的差。

第三，产品单一化、同质化。确实有好的开发商，能开发出不错的产品，但总体来看，开发商的能力主要落在资源整合及落地执行上，产品差异没有那么大，同质化程度较高，最终，对销售影响更大的是房产的地理条件、整体定位、销售能力及推盘时点。推盘时点和开发成本、工程执行、宏观环境都相关，其中是有不小的运气成分的，不以项目一时的意志为转移。

第四，重生产、轻运营。住宅产品销售之后交付给业主，就与房企没关系了。房企留下来的持续性"售后服务"及"售后责任"比较有限，往往就剩"物业"。利润和利益集中在销售端，这也使房企大多侧重于资源整合及执行能力，比较短期主义，缺乏运营文化及长期主义。此外，大型房企都是全国性的，在全国范围快速复制，生产制造往往偏向粗放，很难做到高度精细化。

第五，对于房企来说，非住业务、业态、模式往往都只是新房开发销售业务的辅助，例如把商业、文化等能力作为"拿地""勾地""圈地"的手段，或者依政府的规划要求，不得已要开发某些自持的业态（转而将其视为"成本中心"），抑或是把能力变为促销／推盘的工具（典型的是高端楼盘的住宅物业服务，以及收取较低的物业费），反正最后一切都是为了卖住宅。

第六，收入具有"非可持续"性，所谓"非可持续"，指的是不能假定其永久持续、循环发生。因为住宅销售掉了，又得拿新的土地，周而复始，循环往复，不能假定永远销售下去，总有一天需求会饱和。相比之下，利用一个好的资产收取租金，就属于相对"可持续"的业务。由于传统住宅地产开发销售的这种"非可持续"特征，资本市场对未来看不清，所以也不愿意对未来的现金流及利润进行估值，只看企业眼前的利润，配以较低的市盈率倍数。

第七，资本密集。新房开发不是普通的制造业，而是一种非常"重"的固定资产形成，需要大量的资金、资本支持，这就使房地产高度依赖金融体系，需要金融体系给予资源。在一个房地产行业蓬勃发展，占国民经济很大比重的市场，如果没有政策约束与限制，资金势必会流向房地产，从而"挤出"实体经济所能获得的资源。在大开发、大建设时期，这是很难避免的。

传统发展模式的根本，就是新房开发销售。旧发展模式的背后是"地产－地方政府－金融"的三角关系，而这三个主体的利益共同点，是土地价格与房地产价格的不断提高，也只有这个逻辑不变、预期不变，才有可能延续旧发展模式。

另外要指出的是，"金融"不仅是指商业银行、信托等金融机构，还包括"资本市场"（民间朴素理解的股市或债市）。中国绝大多数房地产企业都是上市公司。在很长一段时间，按市值、规模等指标看，房地产开发企业是中国上市公司的一个重要组成部分，这既和中国房地产企业的发展模式与特点有关（利用资产负债表发展，构建"端到端"的全产业链），也与中国经济的发展阶段（大建设阶段）有关。上市给企业带来诸多好处，企业可以获得资本市场融资，股东可以套现。但上市是一把"双刃剑"，企业会面临资本市场的"输入"与"倒逼"，因为资本市场永远希望公司的业绩及股价不断增长。

但从前文可以看出，新房开发销售的规模是不可能永久持续的——不可能每年都有18万亿元的销售额。中国的新房开发销售市场终究会饱和，需求终究会下降。新房开发销售的规模会从峰值跌落，经历一个逐渐萎缩的过程，人们争议的，只是行业萎缩的速度及所需经历的时间（这些其实没人能准确预测）。

那么，那些要追求业绩增长的上市公司怎么办？

只要"地产－地方政府－金融"的三角关系及利益体还在，那么行业的第一个逻辑，自然是尽可能延续传统发展模式。只有政治与政策强力介入（"房住不炒"），才有可能打破这个逻辑。

行业的第二个逻辑，就是转型。转向何方？转向新发展模式。同样，也只有政治与政策强力介入，才有可能推动行业转向新发展模式。

从市场主体/参与者、监管机构到全社会，其实都需要思考未来一到两年、三到五年、五到十年，房地产行业的发展，思考中国房地产的新发展模式是什么，以怎样的速度和节奏转型，发展至怎样的方向。

只有站在原点，看清楚原点，才能放眼未来。

第四章

房地产传统发展模式的业务逻辑

2021年中央经济工作会议提出了房地产行业要"探索新的发展模式",显示了对新模式的向往,但可以看出缺乏具体方向,还处在探寻阶段;2022年中央经济工作会议明确提出,要"推动房地产业向新发展模式平稳过渡",说明此时对究竟何为新发展模式已经有了更加成熟的想法,至少方向已大致确立。

探索房地产行业的新发展模式,是本书的主旨。但要探讨和定义新发展模式,就离不开探讨和定义究竟何为房地产行业的传统发展模式或旧发展模式。

笔者认为,简单理解,房地产行业的传统发展模式,基本就是住宅开发销售业务。传统模式有两个业务逻辑:一是传统发展模式里的核心业务及底层逻辑是住宅开发销售,业务需要建立在住宅开发销售不断循环的基础上;二是住宅开发销售业务以外的业务,都是支持住宅开发销售主业的手段。

一、传统发展模式里，住宅开发销售不断循环是业务的底层逻辑

传统发展模式里的核心业务及底层逻辑是住宅开发销售，业务需要建立在住宅开发销售不断循环的基础上。那么具体而言是怎样的循环呢？就是购买土地，在购得的土地上投资开发建设住宅物业，对购房者销售住宅物业，获得回款（并赚取利润），然后购买新的土地，在新购得的土地上投资开发建设住宅物业，再去对新的购房群体销售住宅物业、获取回款及利润……周而复始。

从住宅开发销售的业务本质看，其实比较贴近于制造业——购买生产资料，对生产资料进行改造建设，然后赚取附加值。房地产与一般制造业的区别在于：第一，不动产不是消耗品，可以在物理上长期留存、维系，并且具有可交易的商品属性，因此，不动产天然具有投资属性，人们可以通过购买优质不动产储存价值（类似于购买黄金等"硬通货"），并且期待未来享受保值、增值收益；第二，由于不动产的这种投资属性，伴随着社会房屋资产的不断积累、人口条件的不断变化（老龄化、少子化、城市化等），总有一天供需关系可能发生根本改变，住宅开发销售行业难以维系未来的发展动能。

以下从主体角度，谈谈住宅开发销售业务对各方的意义。

（一）对于开发商

对于开发商而言，住宅开发销售为大多数开发商提供了最主

要、最根本、最核心的收入及利润来源，也是推动开发商发展其他不动产相关行业、辅业、综合能力的原动力。许多开发商的基本经营理念、业务逻辑、管理方式、文化基因、人才及激励等，都是围绕或依托住宅开发销售业务构建的，在传统发展模式顺风顺水时，开发商可以受益于这种制度安排（甚至不自知），等到需要转型时，才发现过去的住宅开发销售业务逻辑可能会成为转型新发展模式、高质量发展的掣肘。

（二）对于地方政府

对于地方政府而言，住宅开发销售业务是土地财政来源的根本、地方城市建设相关 GDP 来源的根本。从城市建设的角度来说，改善居住环境固然重要，但更重要的是构建城市基础设施及发展经济。在中国的传统发展模式里，地方城市认识到，可以利用住宅开发销售业务，允许开发商获得一定的利润（"让利"），吸引并鼓励后者开发其他城市的基础设施及不动产业态，撬动地方经济发展。

（三）对于商业银行

住宅开发销售可以在一个经济活动的基础上，提供多个业务场景：左手为开发商提供开发贷及存款业务，右手为购房者提供购房按揭贷款（并期待将购房者吸引、锁定到银行提供的一揽子产品服务里）。其中，个人按揭贷款因依托个人/家庭信用，一直被认为是最高质量的贷款。住宅开发销售是一本万利的生意，也解释了银行体系与房地产传统发展模式深度绑定的原因。

（四）对于资本市场

投资者进入市场的目的，是为资本赚取回报。他们乐见开发商能够专注于住宅开发销售业务，并利用这项相对简单易懂的业务，实现规模收入利润的不断提升。为此，投资者愿意为开发商在平台、资产层面提供股权、债权融资支持，并从中获取可观的回报。投资者也乐见住宅开发销售业务与中国经济金融深度绑定，因为这种绑定关系越深，越会让国家、政府、政策难以改变经济金融对住宅开发销售（传统发展模式）的依赖；而如果经济金融需要继续依赖住宅开发销售业务，也就使房地产住宅开发业务具备了投资的安全性和确定性。

在房地产传统发展模式里，住宅开发销售是业务的底层逻辑，是业务的根本目的，其他一切都是辅助和手段：要么是在地方政府的要求下不得不开发的，要么是用来增加人气、流量，以推高住宅产品售价的。正因为有了这种底层逻辑，也使开发商进行业务转型的过程非常困难。

二、住宅开发销售以外的业务，都是手段而非目的

住宅开发销售以外的业务，包括各种类型的投资性房地产（如购物中心、写字楼、长租公寓），经营性固定资产（如酒店），住宅物业管理等。在传统发展模式里，对这些业务收益的"闭环"都需要通过更高的住宅产品售价实现，例如有好的物业管

理、周边有大型购物中心等，都将转化为更高的住宅产品售价。

如果开发商真的能够自由选择，那么都只会选择简单易懂、能赚快钱的住宅开发销售业务，不会去触碰商业地产业务。那么为什么住宅开发商会开发这些持有型/经营性不动产业态呢？归根结底，还是土地出让方式：地方政府并不只是在出让住宅用地，还希望利用这个难得的一次性开发机会，引导开发商开发城市发展所需的基础设施及商业不动产，并带动经济发展。因此，地方政府偏好的做法是，对土地进行总体规划、总体出让，要求开发商进行综合开发。因此，出让土地里既包括用于住宅销售的土地，也包括其他一些功能用地（例如商业、写字楼、长租公寓、教育及其他公建等）。同时，地方政府还会视情况设定一些限定条件，例如在一定时间内不允许开发商出售（包括整售和散售）特定业态，而必须持有经营。当这种土地出让方式越来越普遍时，开发商为了在核心主业——住宅开发销售上获取收入，也就没有选择了，并且逐渐看清楚了自己和地方政府其实是合作关系。最终，开发商只能将各种用地一并拿下，把住宅开发销售业务的收益装到口袋里，同时按照规划及土地出让要求开发非住用地，走一步看一步，将来再确定非住业态的商业退出计划。

以下继续从主体角度，谈谈住宅开发销售以外的业务对各方的意义。

（一）对于开发商

传统发展模式里的核心要义是，对于开发商而言，所有住宅开发销售用地以外的不动产业态，都是不得已的、辅助的、赋能型的，都是手段而非目的。但开发商也在经历一个逐渐的转型变化。这个转型变化的背后，就是从传统发展模式转向新发展模式。这种转型可以大致分为以下五个阶段。

第一，早期开发商对于大多数非住业态，例如写字楼、零售商业用地等，只要条件允许，都和住宅项目一样处理，能散售就散售，在即期就实现利润，但很少会整幢持有。典型案例如早期的SOHO中国，对开发的写字楼基本散售处理；万达以开发综合体闻名，但对写字楼也做散售处理。这也解释了为什么我国有大量按层或按单元散售的写字楼资产。

第二，如果地方政府设置了限定条件，不允许转售非住业态（包括整售或散售），或转售可能面临一定难度，大多数开发商为了拿下住宅项目，还是会被动地去拿非住项目，将非住项目视为获取住宅开发销售业务所需要付出的成本、代价、利润折损，或不得不支付的某种额外的公共"税"。

第三，慢慢地，一些开发商也逐渐发现，如果拥有住宅以外业态的综合开发能力，特别是购物中心（城市的重要消费基础设施）、酒店（出行及商务基础设施）、写字楼及产业园（办公、招商引资基础设施），将极大满足地方政府的需求，有利于低成本获取住宅用地（甚至可能在前期以隐形方式锁定，即所谓的"勾地"）。这些开发商因此开始着力发展非住不动产的投资、开发及运营能力。

第四，逐渐地，一方面，这些开发商确实凭借综合开发及解决地方政府痛点的能力实现低成本拿地；另一方面，开发商也逐渐看到持有型商业资产（例如购物中心）的确有长期价值，可以带来持续、稳定的租金收入，而且长期还能享受资产的保值和增值收益。

第五，伴随行业的不断发展，越来越多的开发商看到，传统发展模式难以长期维系，转型是必要的。于是，一些开发商开始将持有型／运营型商业不动产作为业务目的，而不再是服务住宅开发销售业务的手段。发展到此时，开发商其实已经开始向新发展模式过渡。其实，过去若干年，开发商之间在战略上最主要的区别就是形成这一战略判定的早晚，以及执行这一战略判定的能力。最优质的企业往往最早发现转型需求，且最具执行力——它们在国家提出新发展模式之前就开始着力耕耘新赛道，积极拓展能力，抢占并确立在新业务、新业态、新领域里的市场地位与份额。

然而，在传统发展模式主导的环境里，绝大多数房地产企业难以摆脱住宅开发销售的底层业务逻辑及"文化基因"的影响：它们已经习惯了产品的同质化，轻视运营，且难以沉下心搞运营，因为它们习惯了房地产项目的高收入、高毛利、高利润（也对应高奖金），很难一下就转变思维去挣细水长流的租金。此外，人才的知识结构、能力构成、激励机制等也是主要因素：一个好的建筑师、工程师不一定有很好的商业触觉或服务意识去做资产运营。这些是传统发展模式的遗产，也是惯性，只能慢慢去克服和消解。

（二）对于地方政府

在城市发展建设的初期，地方政府当然乐见开发商帮助改善居住条件——无论是满足基本居住条件的刚性需求，还是改善性需求。同时住宅开发销售还能撬动土地财政，是地方财政的重要来源。但地方政府也同时背负着城市发展及公共服务的多重职能，因此希望房地产企业能够多开发商业、产业用地，真正拉动地方就业、税收，为可持续的经济发展做贡献。从这个角度来说，地方政府更多是把住宅开发销售视为政策工具和手段：为地方财政、城市基础设施建设及综合开发、产业升级、消费升级做贡献。各地政府在做的，其实是引导开发商在短期经济效益与城市发展的中长期社会效益之间做权衡取舍，说到底，就是要求开发商多开发综合用地、多为产业和消费升级做贡献，在住宅销售上可以赚一些钱，但不妨少赚一点。这里面，地方政府面临来自"同行"的巨大挑战：所有地方政府在做的是同一件事，就是搞好本地业绩，在诸多中国内地城市中脱颖而出。用今天的话说就是，不"躺平"就会陷入"内卷"。

因此，地方政府在政绩及各地竞争压力的倒逼之下，会做一些脱离实际、缺乏协同、最终导致资源浪费的城市规划：每个地方都希望打造金融中心、科技中心、产业基地，而这些目标都非常难以达成。结果，很多地方决策者都认为，只要在地图上圈一块地，做好规划，在住宅销售上足够"让利"，然后坐等开发商前来开发就可以了，其他的支持政策都是辅助。只要搞好房地产，一切都会由平地而起。持有这样观点的人不在少数，而且在市场上广为传播："要引进国际一流企业，首先要有国际一流的写字楼和酒店。"这就造成地方政府主导的不合理规划、不合理的开发要求和条件。但也要看到，地方政府、开发商、银行在这个问题上是"穿一条裤子"（共谋）的，当所有人都相信房价会上涨，住宅开发销售可以永续，所在地方的城市能够在升级发展中胜出的"故事"时，他们就愿意投入资源，并说服决策链的上级相信这个"故事"。这是中国房地产行业及城市发展传统模式的一部分，也解释了为什么主要城市过去10多年会大建写字楼及各类商业地产，导致供应过剩、出租率低下、租金增长疲弱。这导致了很大的资源浪费，各方也在为此付出代价，应该说是改革年代中国城市发展"学费"的一部分。

但无论如何，地方政府背负着综合发展的责任，乐见房地产由单纯的住宅开发销售转向其他不动产运营与服务，因为这些指向房地产新发展模式的新业态、新产业、新模式，对地方就业、税收、产业及消费升级、经济竞争力提升的持久带动效应更大。但也要看到，地方政府虽然是新业态的支持者，但终归不是政策的制定者，无法改变各种外部条件，譬如地方的财政、税收与预算，以及地方上商业不动产的盘活及流转（例如利用公募REITs等金融工具）等。但只要中央给予足够的政策支持，地方政府一定是房地产新发展模式的坚实支持者。

（三）对于商业银行

前面提到，商业银行是喜欢住宅开发销售业务的，因为住宅产品高度标准化、同质化，易于上市流转变现，流动性非常强，是最好的抵押品；个人按揭贷款绑定的是个人/家庭信用，又是安全、高质量的贷款。只要住宅开发销售业务能够始终持续，又没有其他政策限制（例如贷款集中度限制），商业银行一定乐见始终绑定住宅开发销售。那么，商业地产好不好呢？一方面，优质商业地产的租金比较稳定，经营贷款期限也很长，应该是一个安全的贷款去向。但另一方面,商业银行可能会慎重考虑以下几件事情。

一是商业不动产不能直接触达零售客户(2C)。住宅开发销售业务有一个好处,那就是商业银行一方面可以获得高质量的个人按揭贷款业务,另一方面可以借由个人按揭贷款业务,向个人客户推广银行的一揽子服务(存款、信用卡、理财等)。因此,住宅开发销售带来的按揭贷款业务是绑定零售客户的绝佳场景。相比之下,商业不动产的经营贷是为企业提供的,不与零售客户产生联结,没有扩大零售网络的增量价值,因此就不及住宅开发销售业务。

二是商业不动产的流动性及可变现性较弱。一个住宅资产是很容易变现的,总能找到买家,无非是变现价格多少,但商业地产就不好说了,因为总价高,经营有门槛,买家寥寥,可能缺乏流动性。对于商业银行来说,如果真的要处置资产,且时间周期和变现价格不确定,就会有很大的风险。如果资产无法按预期价值变现,沉淀在手里(或"烂"在手里),将是最大的噩梦。

三是对运营高度依赖。住宅单位不需要特别"运营":卖给谁,就由谁来维护。商业不动产则是要经营的,譬如购物中心,经营门槛非常高,如果经营不好,出租率和租金收益就可能节节下降,伴随的是资产价格的萎缩。对于商业银行来说,这更增加了持有资产的复杂性:自持运营是不可能的——商业银行总不能把自己办成华润或大悦城,肯定要找新的投资方接盘。但新的投资方同样面临运营问题,如果运营不好,资产就没有价值了。因此,投资方通常是"业主+运营方",或者一开始就绑定好运营方。这样一来,买卖市场还是很小的,有能力的买家寥寥无几,卖方的议价能力很弱。如果一个资产缺乏流动性，缺乏可变现性，价值就要大打折扣。因此，商业银行对于商业不动产资产是有严格考量的，持有后越是难变现的资产，越要考虑借款主体的信用资质。

四是商业不动产资产价格的"靠谱性"。持有型商业不动产通行的估值方法是收益法，其中，对资本化率的假设非常重要。按道理说，资本化率是通过大量的商业不动产交易形成的市场价格。但如果一个市场的商业不动产交易量很少，就需要用理论的方法将资本化率"推演"出来，例如，国际资产评估机构会借鉴商业不动产交易活跃的发达市场（如美国）的实践，为中国资产的资本化率加以一定的风险溢价或折价。但如此一来，这套估值体系的可靠性是存疑的：它们只是理论值，没有经过大量真实交易的检验。这就是我国房地产/不动产行业的问题：资产定价的方法论及可靠性还有待在实践中验证。诚然，并非所有商业银行和投资机构都能从理论层面意识到这个问题，但不少人有这样的直觉，怀疑资产价值是否偏高。这也使商业银行对商业不动产的资产价格抱有怀疑态度，只要不是一线城市核心地段的资产，就有动力为资产价值打折。如果可以自由选择，商业银行可能还是偏好简单易懂、有大量市场交易提供支持的住宅物业做底层资产。

五是商业不动产"退出渠道"的不确定性。商业银行（及保险等金融机构）布局商业不动产，最希望看到的是商业不动产拥有顺畅的交易及退出渠道，以及合理的定价。而商业不动产最终的退出途径是公募REITs：它使机构和散户可以在证券市场上直接投资购买底层资产的份额，分享资产创造的租金收益。有了公募 REITs，商业不动产的合理定价问题就能得到解决，人们可以根据公募 REITs 的发行价及二级市场交易价所隐含的收益率，建立系统的、可验证的估值体系；有了公募 REITs，商业不动产的资本循环也能得到解决。过去两年，中国公募 REITs 市场获得大发展，这些问题都在被解决：产业园、仓储物流、长租公寓等持有型不动产已经有了首次上市价格及二级市场交易价格，尽管总体规模还有限，但已经开始为一级市场的资产估值提供引导。这些资产的资本循环问题也得到了解决，各类资金正在积极投资布局这些资产类别，并推导资产价格的重置。但截至目前，房地产企业重仓的购物中心、市场化长租公寓、写字楼、酒店等资产还在陆续纳入公募 REITs 的动态过程中，未来，哪些主体能够以何种方式发行何种类型或资质的商业不动产 REITs，还是有很大不确定性的。但可以确定的是，只要内地公募 REITs 逐步纳入购物中心、写字楼、酒店等商业不动产，一、二级市场估值体系初步建立，资产的资本循环逻辑和模式得以确立，增量资本就将开始流入，资本化率可能发生重置，中国的商业不动产也将发生"再定价"。这个过程未必有利于所有资产类别和所有业主，可能有的资产增值了，有的资产贬值了——最终，资产的价值将由市场判定。但对于今天的商业银行来说，这些未来的事件和因素还有比较大的不确定性，如何布局商业不动产，在很大程度上也取决于对未来政策及市场发展趋势的解读。无论如何，商业银行肯定是支持房地产新发展模式中各类商业不动产经营业态的，但它们的支持力度在很大程度上也取决于重点政策（例如公募 REITs）的推出。

（四）对于资本市场

资本市场是欢迎非住商业不动产的，但存在三个方面的问题。

一是在房地产行业的传统发展模式里，对绝大多数开发商来说，住宅开发销售是主导，其他商业不动产业态都是衍生的、非核心的、手段性的，尚不成体系，总体市场规模并不大；资本市场最耳熟能详、能够横纵对标研究的房地产业务，还是住宅开发销售，对其他业态理解有限。不妨如此理解：资本市场对房地产行业的支持本质上也是构建在住宅开发销售体系上的，是房地产行业传统发展模式的一部分。

二是大多数开发商并不清楚商业不动产的业务逻辑：是持有还是散售，或是未来择机退出？如何退出？账面的资产增值能否兑现？对底层资产投资的内部收益率（IRR）到底是多少？房企和投资者究竟应该如何理解这些资产创造的价值？这些问题，究其本质，又要回到商业不动产资产的资本循环问题上：是否有能够帮助开发商/业主变现商业不动产资产价值的金融工具——商业不动产公募REITs。有了公募REITs，上述问题都可以解答：开发商可以利用公募REITs实现资产退出，并保留运营服务能力及收入。但如果没有商业不动产公募REITs，相关资产无法实现退出及资本循环，其价值也就难以兑现。资本市场不会给商业不动产很高的估值，相反会将其视为开发商的累赘和风险，反而更加青睐轻资产运营部分；同时，资本市场对于在资产/项目层面直接投资商业不动产也会极为谨慎，为了保证流动性，会选择只对企业/平台层面进行投资。在这样的环境下，开发商只能做业务调整，先做"轻重分离"，然后在轻资产部分，围绕不同的业态、资产、空间发展垂直运营及服务能力。当然，回头看，如果从一开始资产就可以自由实现资本循环，开发商也就没有动力去培育垂直服务能力了。这一点要辩证地看。从这个角度讲，将对住宅地产的调控延伸到商业不动产领域，也推动了房地产企业向运营和服务方向转型。

三是在传统发展模式的大框架里，房地产/不动产毕竟只是传统行业，业务模式单一，很难实现高速增长，只能吸引那些专业投资房地产（尤其是住宅开发销售业务）的传统投资者。除非政策环境发生大的改变，开发商真的能在底层业务逻辑层面转型新发展模式，否则存量投资者是很难一下改变对房地产行业的成见的（包括其沿用的估值体系），增量投资者也不大可能介入。

但要看到，资本市场是能够支持房地产新发展模式的。这些年，住宅物业管理、购物中心运营及其他不动产资产及空间运营服务企业在香港一度受到追捧（但被房地产行业重组及风险出清"打乱"节奏）。因此，政府所需要做的，无非三条。

第一，要明确区分住宅开发销售（传统发展模式）与其他不动产业务（新发展模式）的关系，避免对开发商"一刀切"，避免调控和限制住宅开发销售的政策诉求影响开发商发展其他不动产业态。

第二，在政策上，要大力鼓励这些新业态，目前，住宅物业、租赁住房、仓储物流、产业园等都能享受政策支持。

第三，公募 REITs 需要逐步向开发商重仓持有的大类商业不动产业态打开，并适度放宽监管，借此引导、鼓励企业转型。只要能够做到这几条，资本就会流入行业，并且不仅流入行业，还会指向符合新发展模式的业务。

三、传统发展模式的路径依赖与房企的转型探索

第一,房地产行业的传统发展模式,就是以住宅开发销售业务为本,其他为辅,重资源整合和快速执行,轻运营与服务,产品同质化,发展模式粗放化,可以被视为"低质量发展"。未来,当社会供需关系穿越临界点,即达到了一定的城市经济社会发展格局、人口格局、住房供应结构、房价水平的时候,有购房需求的人会减少,要维系住宅销售的绝对规模,需要越来越多地向居民"营销"购房需求(营销置业需求,营销房价上涨的预期),将比重越来越大的销售构建在居民非理性的买房需求基础上(房子是"卖"出去的)。从长期看,这样的模式是不可持续的,也并不健康。

第二,不少人强调房地产(住宅开发销售)能够拉动经济,有很强的"乘数效应"。但这只是硬币的一面。房地产会挤出其他行业可能获得的资源。例如,银行将资源导向房地产,被挤出的是其他可能对国家长远发展更有帮助的实体行业及企业。一个社会如果极度看重房地产置业能力,将其作为评价人的根本标准,同时居住空间的供应方式又非常单一(只能选择买房),会给年轻人带来巨大的压力,影响他们的求学、行业选择、城市选择、婚姻选择及生儿育女的选择。依赖住宅开发销售的传统发展模式是在中国人身上压上一座大山。买房对普通人来说是一个巨额投资,许多年轻的家庭可能在未来几十年里每月都要偿还高额按揭贷款。这只会带来一个结果:挤出消费,挤压内需。人们在计算房地产拉动经济的巨大乘数效应时,不会去匡算因为偿还房贷所放弃、折损的消费及其给经济带来的负面乘数效应。此外,住宅开发销售与金融的过度绑定还可能导致系统性风险,影响整

个国民经济的安全。最后要说的是，没有任何一个国家可以靠房地产强大。我们说教育强国、科技强国、制造强国，没有说"地产强国"的。房地产（住宅开发销售）对中国的城市发展建设及居民生活改善有巨大的历史功绩，功不可没，但中国又不可能依托房地产行业强国。渐渐地，人们需要从国家战略目标导向的角度看待传统房地产行业的影响作用。

第三，许多事情是有惯性的，有路径依赖，人们习惯安于舒适空间，并不知不觉构建了一个庞大的、共生的、有机的生态体系，并由密闭的信息茧房所包围。外界很难一下打破这种格局。这正是中国房地产行业面临的问题。其中，有监管的责任，也有市场主体的责任。监管的责任在于没有更早地推出强有力的积极政策，推动行业向新业务模式和形态转型。市场的责任在于惯性，大多数企业骨子里还是安于简单、舒适、安全的住宅开发销售模式的，名义上都说转型，但只要住宅开发销售主业还有利可图，能够主导企业的底层业务逻辑，转型都是第二位的。也正因如此，要引导房地产行业转型，必须有自上而下的、积极的产业政策作为支持。

第四，也要看到，这些年，许多有战略洞见的企业看到住宅开发销售不可能长期维系，因此都在积极尝试开拓新的业务，包括投资运营管理各种重资产业态，例如购物中心、租赁住房、产业园、仓储物流、文旅及写字楼；包括深耕住宅物业管理，一举进入社区服务领域，并打造独立的上市平台；包括对商业地产进行"轻重分离"，大力发展运营服务能力等。这些都是在现有政策环境下实现的，监管尚没有主动调整，但市场主体已经在积极探索，"杀出了一条血路"，为新发展模式确立了基本方向。

第五章

从保交楼、断供看传统发展模式的核心问题：预售制

2021年以来，一些民营房地产企业出现经营困难、资金链困难的情况，开始"爆雷""出险"。在过去一年多，问题开始向更多的房企主体传导，波及上下游的供应商及金融体系，开始对实体经济产生冲击。

伴随越来越多的楼盘停建，越来越多的企业无力开展施工建设，行业里积累的问题，也终于从之前不为公众所知的"B/2B"（开发商、开发商上下游供应商、金融机构）问题，蔓延到更广泛的社会面，即"C/2C"（那些已经购买了期房，处在还房贷状态，等待开发商交付房子的业主群体）问题。这就是所谓的保交楼问题，涉及民生和稳定，是大政治。

而在个人住房抵押贷款市场里，风险敞口还有待评估。尽管目前涉及断供/停贷的个贷规模还很小（大概40亿元），但粗略匡算过去两年的商品房销售额、新增个人住房贷款等指标，再看50强民企的销售贡献率（占销售总额的60%），如果断供就会停

工 / 烂尾（从暂时性停工到基本烂尾），发现涉及的贷款余额会达到数千亿元、上万亿元。本书无意做量化分析，但须提示：不得不对风险进行考量。

此外，断供还会影响更广泛的房地产市场。例如，本想买房的个人不敢买了，本想发放贷款的银行不敢发放贷款了，诸如此类。这都会加剧开发商（特别是民营开发商）所面临的信用和流动性困境，对改善当前的问题显然不会有任何帮助。

现在我们重点从逻辑和观点的角度，来看一下这个问题：传统发展模式里的金融地产关系。

一、金融行业与地产高度绑定

房地产是重资产行业，与金融高度绑定。我国的国民生产总值、资产价值、个人财富都与这两个行业相关。而银行给房地产行业提供的很大一部分金融支持，其实不是"2B"的，而是给到了个人（"2C"）。

据中国人民银行统计，2021年末，金融机构人民币各项贷款余额192.69万亿元，其中，房地产贷款余额52.17万亿元。在这里面，房地产开发贷款余额12.01万亿元，个人住房贷款余额38.32万亿元，个人住房贷款余额占房地产贷款余额的73%，由此可以得出，个人住房贷款余额长期占我国房地产贷款余额的六七成以上。

为了降低银行 / 金融体系对房地产的依赖，减少系统性风险，并将更多的金融资源导向国家扶持（但可能被房地产行业"挤出"）的战略产业，国家也推出了相关政策，限制银行投向房地产贷款的额度/集中度。这就是2020年末中国人民银行、银保监会发布的《关于建立银行业金融机构房地产贷款集中度管理制度的通知》，例如，对第一档的大中型银行，规定房地产贷款占比上限为40%，个人住房贷款占比上限为32.5%；对最末第五档村镇银行，规定房地产贷款占比上限为12.5%，个人住房贷款占比上限为7.5%。从这里可以看出，大型银行网点的资金实力和风控能力强，因此所规定的个人住房贷款占比达到房地产贷款占比的80%以上，而村镇银行的个人住房贷款占房地产贷款的比重就只有60%了。

但金融体系与房地产是高度绑定的，因此现实情况远比这个复杂得多。

银行可以通过证券化的手段，将现有的贷款"出表"，例如，大型银行将个人住房抵押贷款打包制成资产证券化产品，如RMBS（住房抵押贷款支持证券），在银行间市场融资。购买者都是同业银行或金融机构。在这个过程中，发起的银行就实现了对底层资产的"脱表"。RMBS目前的规模约为1.2万亿元，占银行间资产证券化产品的近八成。

银行可以将对房地产行业的联系与敞口由"贷款"转为"投资"。前面提到贷款集中度管理，监管更容易限制银行的贷款项，但对投资端就复杂了，银行可以将资金投资于各种涉房底层资产——从购买房企发行的信用债，到投资于个人住房贷款RMBS。最终收益虽然都来自房地产，但就不算贷款科目了。

银行可以做"表外"业务，例如各种理财产品，并不在银行的资产负债表上，然后将理财产品投资于各种底层资产为房地产的金融产品，从中获取类似于财务顾问的收益。

因此，虽然出台了贷款集中度限制，但银行可以做几个调整。

第一，在结构上，通过将贷款转为投资（"金市"）来规避或突破对集中度的管理。例如，某银行的贷款集中度到上限了，不能给某房企发放商业地产经营贷了，但这家银行对它还有授信额度，那就投资一个 CMBS（商业按揭支持证券），实现突破。这家银行甚至可以主动建议企业做一些腾挪，把经营贷变为证券化产品。对于小的村镇银行，没有那么多网点、区域覆盖、机构客户、个人客户，它们怎么做业务呢？只能做同业。譬如自己做不出个人贷款业务，就购买大型银行的 RMBS，既能享受优质资产带来的收益，又能受益于大型银行的网络、机构客户、风控体系等。在现实中，资本市场越创新（尤其要考虑中国有银行间与证券两个存在分类监管的子市场），银行运作和腾挪的手段就越多，空间也越大。在这个过程中，风险/敞口也会自上而下地由头部银行下沉至整个银行市场。

第二，可以将贷款或投资的底层资产由"2B"转为"2C"。如何理解？凡是提供给开发商、依赖开发商信用的贷款或投资，就是 2B 业务；凡是提供给个人，依赖个人信用的贷款或投资，就是 2C 业务。这里，个人住房贷款（以及 RMBS）就是 2C 业务。因此，虽然银行不能给某个房企贷款（可能达到了授信上限，或者贷款集中度上限），但可以给购房者贷款。其实，在中国的预售制里，预售本质上是开发商向购房者借钱来施工建设，因此，银行向购房者提供贷款，本质上是向开发商提供贷款。这背后的商业实质是：个人用自己的信用，委托银行向开发商提供贷款。

中国的"预售+按揭贷款"制度又颇为特殊，除了银行按揭贷款在尚未交楼之前就介入（成为开发商工程款的重要来源）之外，更重要的是，业主对购房贷款承担无限责任（而非与银行一起承担共同风险与责任）。因此，对于银行来说，2C贷款是最安全的核心资产，一来足够分散，二来绑定个人信用。机构能跑路，但个人是跑不了的。

当然，银行在发放个人按揭贷款时，不会不考虑开发商的经营情况，如果开发商明显已经出现问题，那么是不会为它的项目做个人按揭贷款业务的。但存在两个方面风险，一方面，银行的风险测试可能是不够的，未考虑到系统性风险（包括广度，以及蔓延的速度）；另一方面，由于绑定的是个人的信用，且可以无限追责，所以银行容易出现所谓"道德风险"，对风险和收益形成错判。

第三，在此基础上，银行还叠加了理财业务。理财业务是独立于银行的资产负债表的，名义上，从法律、监管、商业责任上看，银行是不提供刚兑的，但实际上，银行网点在销售过程中，往往会将其与存款混淆，并冠以各种类似于存款的产品名称，强调其"可靠性"；居民在投资理财时，很大程度上也依托银行信用去购买，认为这些就是存款，最终一定会刚兑。显而易见，这里会引申出无数的道德风险和风险收益错配问题。一旦底层资产出现问题，理财不能兑付，居民出来维权，就会引发社会问题。这里面，银行和监管面临两难的局面：如果刚兑了，就会加剧道德风险；如果不刚兑，一来产品在营销时多少可能存在瑕疵，是有违规情形的，二来这是一个社会问题、经济问题、政治问题，不能不解决。

当然，在现实中，也不是非黑即白的，正规的大型银行会将重要的理财子公司/产品的投资纳入自己的授信体制进行统一管理，以防出现问题。但这又会回落到个别银行身上——各家银行的操作、把握都不一样。

由此也可以看到，要管理银行的房地产头寸/敞口，单靠各家银行自建体系、自我规范、自我监管是不够的，一定要在国家层面统筹地进行管理。这一点也非常考验金融监管的智慧、能力与魄力。

但金融和其他行业不同，是会牵动整个经济的。这与疫情防控有点类似：不能靠事后补救，而要靠事前预防。要看到，金融市场是一个复杂结合的有机体。金融最大的特征（同时也是风险），就是传导性、蔓延性。一个机构可能因为追求自己的短期利益，违规操作，带病操作，遭遇了一个"雷"，没有及时处理好，那么问题会迅速传导至其他银行，并影响整个体系。这种发展蔓延的特性很像病毒。我们在讨论新冠肺炎疫情时常常会提到"道德风险"和"负面外部性"问题，即个人健康与公共卫生不对等、不对称的问题：少数人不遵从防疫规则就可能影响全局，尤其是那些最脆弱的群体。金融体系更加如此——如果处理不好局部，就会发生传导，产生系统性事件。

具体而言，例如，一个中小银行的理财产品没搞好，导致其他中小银行发生储户针对正常存款的恐慌性挤兑，就是典型的个别风险导致系统性风险。

中国的房地产与金融绑定极深。又如前所述，除了中国的金融行业外，与房地产/不动产相关的资产众多，例如中国的经济总量、大量直接或间接相关的产业链上下游（包括主体企业及个体）、中国的资产价值——银行资产负债表上的价值及个人财富价值等。其中复杂的关联程度，恐怕没有多少人能够完全说清楚。即便是行业中人（无论是实体企业里的人、金融行业的人，还是国家与地方监管体系里的人），也只能从各自的视角了解一部分，并通过事情的发展，逐步了解全貌。

二、预售制的问题

回到预售制的问题。一段时间以来，断供是一个受到广泛关注的舆情事件，而这个事件本身就与预售制相关。

一般的行业里，最多有定金制，但没有预售制这个东西。

比如说买车、买家具，如果面对可能需要定制的情况，都是先付订金，一段时间后再提货的，届时一手交款、一手交货，买卖关系这个时候才坐实。

购买其他价值较高的标准化产品，如电器、奢侈品等，都是现货交易，一手交钱、一手交货。

只有非常短缺、供不应求的产品，才会出现全款预售。典型的如顶尖/奢侈品牌的葡萄酒：少数客户通过特殊渠道提前购买未来交付的葡萄酒。

对购买者来说，预售是有巨大风险的：因为在做出购买决策时，你看不到最终的交付品。就商品房销售而言，购房者被带到一个经过精心装修的样板间，告知这就是未来的商品（同时开发商会免责说这只是一个样板间，仅供参考），并需要基于此做投资决策。显而易见，交楼后，业主有可能因为对房屋的质量不满意而与开发商产生纠纷，而所有的房地产开发及交付风险、产品质量风险都需要由购房者承担，两者存在极大的不对等。

了解房地产金融的人应该知道，综观全世界，对于房地产的机构投资者来说，开发项目的风险是很大的，有各种各样与开发相关的风险，这些风险都会影响后续的投资回报。一个楼盘，交付晚了一年，也会对投资者的回报产生极大影响。因此，愿意投资于开发项目的投资者，是风险偏好较高，愿意选择"高风险高收益"的投资者，要求更高的内部收益率（譬如年化15%~20%，甚至更高）。风险偏好较低的投资者，则会选择现金流稳定的成熟持有项目，接受更低的内部收益率（譬如年化8%~10%，甚至更低）。两种投资者的风险偏好、投资取向及风格都是完全不同的。简单地说，"不是一种钱"。

开发有风险，是房地产金融里一条最基本的规律、最基本的常识。

但中国内地房地产住宅开发销售里惯行的预售制，并不存在这种理解与实践。我们是按照"短缺经济"的方式去安排房屋销售的。

预售制从哪里来呢？大家上网搜一搜就知道，是从我国香港地区来的。香港地区作为一个人口密集的"弹丸之地"，土地极为稀缺，土地财政是政府重要的收入来源，土地供给速度一直被严格控制，以维持土地、房屋价值及政府财政收入的稳定。此外，众所周知的是，香港的土地供应模式并不以人民利益为中心，这是香港根深蒂固的经济社会矛盾最重要的根源。也就是在这种土地供不应求的环境里，出现了所谓的"楼花"：商品房还在施工阶段，开发商就可以将其以"楼花"的形式出售。在这种不动产期货交易里，开发商获得了好处，能够提前锁定部分现金流，购房者虽然承担了风险，但也获得了收益，即通过先期付款，提前锁定了房屋的额度。显而易见，这种机构与个人投资者/消费者之间不对等的商业安排，只能存在于短缺经济，同时，地方政府的政策是偏向于保护开发商的。

三、内地传统住宅开发销售中的"预售+按揭贷款"模式

内地在引入了香港地区（及国外）的预售制后，又做了进一步发展，形成了目前的框架。这个框架适合房地产和城市建设大发展阶段，然而一旦过了这个阶段，就可能出现问题。

预售阶段即付房屋的全款。但毕竟房屋还没有建成，需要提前支付全款是一种不对等、不对称协议，把好处都给了开发商，很不利于保护购房者的权益。因此，按理说应该先交定金，或者只交一定比例的首付（例如房款的30%），使付款与房屋的建设进度存在一定的钩稽关系。按最简单的逻辑或常识推演，如果开发商与购房者真的是平等"共担风险"，那么最简单、最"一刀切"的安排应当是：购房者在预售时只交一半的房款，待到交楼时，再交另一半的钱，前后各50%。然而，预售制则是，由购房者付全款，所有的开发风险都要由购房者承担。为什么会有这样的制度呢？因为20世纪90年代我国商品房市场刚刚建立起来的时候，开发商没有什么资金，如果仅靠开发商自有资金，是无法满足住房及城市发展建设所需的资金与节奏的。为了解决供需矛盾，就要引入预售制，让购房者在更早的时候支付房款。究其商业实质，全款预售就是开发商向购房者借款，是开发商杠杆的一部分，只不过人们一直没有按这样的经济关系去理解。

通过银行按揭，支持居民在预售阶段全款购房。很多地方

（如香港地区）的银行按揭是在开发商交楼后再进入的，毕竟在这个时候，购房者才能获得不动产的产权，能够抵押给银行，银行在介入时也有底层资产做抓手。但在内地的预售制里，房屋尚未建成，银行即介入为个人提供按揭贷款。为什么这样做呢？因为居民的资金能力有限。如果仅靠居民的自有资金，不足以支持住房及城市建设的发展节奏。那么只有一个办法：引入银行，由银行为购房者提供按揭贷款。但此时房屋尚未建成，个人住房贷款之下没有底层资产。而且实际上，开发商已经把项目的土地/在建工程抵押给银行用来获取开发贷了，并且获得底层资产抵押的银行与提供个人住房抵押贷款的银行，可能还是同一家银行。这时，再给项目的购房者发放贷款，相当于进一步给项目/开发商加杠杆。这时，银行拿什么为贷款提供"抓手"呢？首先是请开发商参与，由其在交楼前为购房者提供阶段性担保/增信（这成了我国"预售+按揭贷款"制里的重要组成因素）。但这个环节并不会改变"预售+按揭贷款"的底层逻辑：在房屋交付、不动产正式转移到购房者名下之前的这段时期，归根结底，按揭贷款是购房者从银行获得的信用贷款。开发商的阶段性增信并不能免去购房者所要承担的无限责任。

在中国房地产与城市建设大发展的时候，在地方-银行-房地产三角联动的时候，这种操作是最符合各方利益的：开发商可以为项目获得更高的杠杆，加速现金回流，提高周转率，让多个项目同时建设；银行可以在一个项目、同一个资产上同时服务开发商（开发贷）与购房者（预售时的个人住房贷款），并用更快的速度提升个人住房贷款余额（这也被视为最优质、最安全的贷款）；地方政府则可以加速城市发展建设，并受益于土地财政。

在房价不断上涨的大发展阶段，这个模式看似完美。

虽然有预售资金监管政策，但各地落实情况不一，实操中并不严格，存在许多规避监管的空间。在我国香港地区（及美国等发达市场）也有预售制度，但预售款一定要存到指定的专门账户，交由律师监管。开发商提取和使用这些款项的规程，远比内地要严格。如果预售资金不能闭环监管，不能专款专用，就不一定能保证物业的建设与交付，最终可能损害购房者的权益。如果发生这种情形，将使预售制从根本上丧失合理性与合法性。

但在中国内地，预售资金监管的灰色地带是非常大的。这里，我们就不去探究开发商究竟如何将资金调离项目了，我们只说结果和逻辑。

结果就是：开发商普遍将项目上的预售资金作为资金池使用。

拿到预售款后，就设法调出来，集团统一调配。哪里要用钱，就先调到哪里去。比方说，A项目刚刚拿到了预售款，但B土地开始招拍挂了，急用钱，就先拿A项目的预售款去拍B土地；或者集团或C项目有供应商要付款，不能再拖欠了，就把款打过去。总之，资金池的核心，就是把所有钱装到一个大口袋，哪里要用钱，就把钱按需投放到哪里去（当然实操比这些例子复杂得多，此处举例仅是方便理解）。

有个通俗的比喻，就是"一个锅盖掩好几个锅"。一直以来，很多人认为，在中国房地产行业，开发商的财务能力是能够中央化、充分且有效地使用资金池，一个锅盖掩过的锅越多越好。什么是财务纪律呢？财务纪律不是指对项目全部封闭管理，而是指对资金池的使用有所克制：明明技巧高超，可以一个锅盖掩十个锅，但结合自己的执行能力做了压力测试，只掩了八个；明明可以边走钢丝边翻跟头，但只让自己低调地走走钢丝，这就算是财务纪律了。

但如果行业运行的基本假设发生根本变化，那么这套逻辑可能是不成立的。

四、预售资金变为资金池背后的机制

这种情况，并不是某一个企业、单位、机构、部委、地方的问题，而是系统性的问题，它是过去20年中国城市发展建设的阶段性产物。也可以如此理解：如果没有这样一个机制，中国的城市建设就不会取得过去的发展速度与成就；但同时要看到，它也是一把"双刃剑"，存在许多弊端，必须对其进行调整，这是大政治、大战略，问题只是节奏、方式、方法、先后顺序等战术问题。

为什么开发商得以将预售资金从项目上抽走呢？以下将从三个角度来分析。

（一）开发商的角度

过去20多年，是中国城市化、商品房、不动产建设的高潮。宏观因素及供需关系因素支持着房价不断提升，也推动了房地产行业的大发展，使房地产成为经济支柱。房地产企业也纷纷上市，成为上市公司后，非常关注自身的规模、市值、资本市场表现。在这段时期，企业核心的KPI就是规模和增长，不断做大销售额、收入与利润。当规模与利润发生冲突时，许多企业不惜牺牲利润；当扩大规模需要公司不断提高杠杆、提升风险指数的时候，许多企业也不惜提高杠杆，不惜提升风险敞口。过去的功绩让许多企业家与经理人真心认为，行业一定会向好，所以必须抓住机会，高歌猛进，否则将来一定会后悔。

扩大规模的核心，就是提高资金使用效率、加快周转、提升杠杆。在这里，预售资金是一个关键的资金来源。尽管预售款本质是开发商向购房者获取的资金支持（相当于开发商向小业主借钱），按说款项只应用来做购房者所购房屋的建设，闭环管理。但大多数开发商为了追求规模与利润，只要地方/监管机构与银行不严加限制，都有动力将这部分资金盘活使用。

资本市场（从债券评级到股票分析师）也一直认为开发商账面的资金都是其总体流动性的一部分，而不会认为这些资金都有保交楼的任务，需要被切割到不同的项目上。也就是说，资本市场、开发商、地方政府甚至许多监管部门对开发商财务健康指数的评估，都基于一个隐含的假设，就是开发商在很大程度上可以自由调配预售资金。如果这个假设破灭，对开发商财务情况的评估会从根本上被颠覆。

（二）地方政府的角度

一方面，地方政府承载着巨大的城市发展建设压力。而在过去 20 年里，最有效承载这部分职能的市场化力量就是开发商，这是一而再再而三被印证的。开发商不仅可以修建住房，还可以修建城市配套基础设施，开发与经营商业地产，创造就业、税收，帮助发展实体经济。另一方面，地方政府承载着大量的公共职能，而土地财政（卖地所获得的收入）又是地方政府极为依赖的财政来源。这些因素，其一，使地方政府对开发商采取吸引的态度，尤其是那些具备综合开发能力、对城市发展能够提供额外价值的开发商；其二，地方之间是存在竞争的（"内卷"），哪个地方的政策松一些，哪个地方就能更好地推动房地产市场的发展并由其赋能地方经济。

结果就是，一个地方面临的城市发展建设压力越大，对房地产行业/市场的依赖度越高，其对房地产市场及预售资金政策的把握和管理口径就越松。反之，一个地方对房地产的依赖越小，其政策也就越严（典型的例子是北京，对预售资金、购房尾款的管理都极为严格）。开发商每时每刻都会比较各地政策，并动态做出选择。

也正是因为各地经济发展不平衡，所以中央政府一直倾向于让各地根据自身的实际情况，灵活把握政策，避免由上而下"一刀切"。

（三）银行的角度

商业银行是我国最重要的金融部门/单位。商业银行一直与房地产高度结合，这反映在银行的表内（贷款去向、投资去向）及表外业务里有很大一部分涉及房地产。表内业务相对比较清楚（大概60万亿元），但各种表外业务就不一定好统计了。笔者没有最准确的数据，但估计房地产占银行业务的20%~30%（总资产口径）。

请注意，这个判断不涉及任何政治、政策或价值判断，仅是描述客观现实。解决金融与地产联系过度紧密的问题，对两者进行适度"脱钩"，是新时代里政治经济学的重要部分，同时也是理解和探寻新发展模式的关键。但如果从存量、业务导向来看，房地产／不动产资产一直都是银行的优质资产，其中最优质的资产或业务来源，当然是高能级城市的核心房地产／不动产项目，以及个人住房贷款。

在一个标准的房地产综合开发项目里，银行可以为开发商提供开发贷，为购房者提供住房贷，为持有的物业提供经营贷，解决了无数的贷款业务来源问题。在房地产行业大发展，一切向好的市场里，银行之间还存在激烈竞争。正如哪个地方如果出台了过于严格的预售资金管理制度就可能"吓走"开发商一样，银行也不希望资金监管过于严格。作为项目的贷款发放行／资金监管行，银行只会根据各地的实际情况，在自身有限的权限和能力范围内活动。同时银行会认为，地方政府（住建／房管局体系）需要承担首要的主体责任。

开发商是业务的根源，只有开发商拿地、建设项目，才会有银行前述一系列的贷款业务，因此，为了更好地服务开发商，银行反而可能有动力配合或默许开发商提取预售资金。银行甚至可以直接参与其中，例如为开发商提供提取预售资金的保函——当然，这个前提也是符合各地的监管规定及窗口指导的。总之，对于开发商的操作，各地银行只关心贷款到期能否还上，只要地方政府没有额外要求，就多一事不如少一事；预售款资金池的事，银行也从不参与，最多是"睁一眼，闭一眼"。

因此，地方政府、开发商（及背后的资本市场）、商业银行在预售款变为资金池的问题上是"合谋"的。各方一起造就了今天的结果。

必须指出，这里并不是要说谁对谁错，并不是说谁就要为此承担责任，亦不涉及政治、政策、法规及道德判断，因为这就是中国过去 20 多年城市及房地产行业、市场发展所采用的模式。

在房地产行业高歌猛进、一切"顺风顺水"、人们看不到风险和拐点的时候，这个模式当然不会有问题，各方都会受益。

但任何一个阶段，都只会是一个历史阶段，总有结束的一天。

在结束的那一天，我们就发现这个模式存在一个"bug"（缺陷），就是"全款预售＋按揭贷款"的模式将购房者置于底部，让他们承担了最大的风险。而他们恰好也是各方中最弱势的群体。

五、预售制本质上是金融安排

销售额下降、断供等问题都与预售相关，本质上是金融问题。中国内地的全款预售制本质上是一种金融安排，其存在的目的是将购房者的资金能力（与信用）纳入房地产项目的开发建设过程中，成为房地产开发本身的一部分。这个模式，是中国城市建设和房地产行业发展初期的客观情况决定的，彼时，各方面资源都稀缺，为了加速城市开发建设，就需要将购房者作为社会资本引入。此举，也决定了购房者需要分担开发风险。

很多人不太会从金融的角度去理解这一经济安排。但理解起来也很容易——设想，如果没有期房预售，完全是现房销售，会怎么样呢？在这种情况下，开发商只能利用"自有资金＋银行贷款（开发贷）"将房子建成；购房者也只会在房子建成后再来看房，再做投资/购买决策。房子建成前的开发风险、资金风险由开发商（自有资金）及银行（开发贷）承担。

期房预售，使开发商可以在项目建成前就向购房者销售、收款，将所获资金用作项目建设资金的一部分。之前我们描述了一个开发商与购房者"五五开""共担风险"的简单粗暴安排：预售时，购房者只交一半房款，交楼时再交剩下的一半。在这个情景中，从开发商现金流管理的角度，50%的房款，就是项目的资金回流，可以帮助项目建设。

因此，越早开始启动预售，越早引入购房者，预售款占总房款的比例越大，对于开发商的资金管理越有利。因此，这一安排的本质是让购房者与开发商共同承担项目建设的资金需求与开发风险。另外，千万不要误会这是开发商帮助购房者（业主）"代建"楼房——这就把经济关系搞错了：因为在交楼前，土地/物权是登记在开发商名下，而非购房者名下的。不仅如此，开发商还会利用该资产做各种融资（甚至不止一项融资）。因此，对预售款商业内涵的正确理解是：购房者在建设阶段为开发商提供了阶段性的过桥资金支持。

这么看来，购房者还应该向开发商收利息。

但在现实世界里，购房者需要自筹资金。假设没有银行按揭，购房者就只能向亲友借钱，或找金融机构借贷（消费贷），甚至找高利贷借钱。购房者在用自己的信用借钱，并且很可能需要向出借方支付利息。出借人只会盯着借款人的信用，因为房屋只是期房，并没有过户到借款人名下。因此，本质就是购房者利用自己的信用筹资，为开发商提供建设所需的过桥资金。

这种关系，从风险、收益、权责等角度看，本来就不对等，还发生在大企业和个人之间，就更加不对等了。

在这样的情况下，如果突然有了银行按揭的参与，反而会让购房者觉得享受了某些福利和好处："哎！找银行就可以了，终于不用自己去跟亲友借钱了，而且银行提供的按揭贷款利率还很低。"那么跟银行借钱靠的是什么呢？由于房屋在现实中还不存在，自然只能靠个人信用，差别只在于，开发商可以阶段性提供担保——相当于开发商为自己使用购房款的过桥资金做了"背书"。在现实世界里，企业/机构的利益是联合的：开发商是银行的客户，双方存在紧密的业务关系；发放按揭贷款的银行，可能正是为项目提供开发贷的银行。开发商和银行联合，将借款买期房的流程进行"优化"，做成了一种类似于"B2C2B"（商家对消费者再对商家）的安排，得以将个人系统性地嵌套进来，分担开发风险与资金风险。开发商提高了杠杆、周转率，提升了收入与利润，银行则提高了贷款余额（而且是高质量贷款）。对这样的安排，购房者马上变得更有信心了：他们不会认为自己在为开发商提供过桥资金，而是真心认为自己是在为名下的房产支付按揭。在开始供款的那一天，甚至还有点成就感、荣誉感和家庭使命感。

尽管这个安排完全偏向机构、企业和资本，在风险、权责、收益上，机构、资本与个人存在明显的不对等、不对称关系，在行业顺风顺水时，这个模式似乎没有问题，满足了各方需要，还促进了城市建设的大发展，是多赢的局面，能够满足历史发展的阶段性需求。但如果行业的监管逻辑变化，市场进入拐点，甚至开始下行，那么这个安排背后的"硬伤"就会暴露出来：从预售、按揭产生到最终交楼之间，购房者的权益得不到有效的保护。一旦风险暴露，还会以乘数效应向外扩散。

（一）增量项目销售额的下降

从表5-1可以看出，2022年上半年，主要房企的销售额都出现了同比下滑。

销售额下滑受很多因素影响，例如宏观经济环境、推盘的节奏、推盘项目所在区域及区域基本面情况、推盘项目的成色质量等。

但稍加观察即可发现，民企的表现显著弱于国企。所有制可能是最大的影响因素。

为什么？因为购房者对民企的期房缺乏信心了，担心民企最后会"爆雷"、出险，交不了楼。如果非要买房，会选择买国企的。

还原其经济本质，其实是购房者不愿意再给民企提供"过桥"了。

因此，这背后是民企的信用问题。民企在预售这个环节，也遭遇了信用紧缩。这个现象的本质是金融问题。（如果所有房子都是现房，是不会在这个环节出现信用紧缩的。）

开发商销售回款的下降，就是"造血"能力的下降。"造血"能力下降，遭遇的流动性问题就更加严重了。

预售制本质上是金融安排，在"信用为王"的时期，自然会对民企造成不成比例的打击，使其面临的问题雪上加霜。

当负面情绪广泛传播时，信用紧缩的问题也会传导到央国企，比如，购房者可能担心个别企业（例如恒大）的"爆雷"会

表 5-1 2022 年上半年主要房企销售情况

排名	企业名称	2022年1—6月全口径销售金额（亿元）	累计同比（%）	2022年6月全口径销售金额（亿元）	当月同比（%）	当月环比（%）	2022年1—6月累计较2021年全年排名
1	碧桂园	2 469.9	-42.1	458.0	-36.7	21.2	0
2	保利发展	2 102.0	-26.3	509.8	1.4	34.2	2
3	万科地产	2 096.1	-40.9	415.0	-38.6	38.3	-1
4	中海地产	1 375.0	-33.6	424.7	-18.0	52.4	2
5	华润置地	1 210.0	-26.6	396.5	2.4	95.4	4
6	招商蛇口	1 188.3	-32.9	412.8	-6.9	154.1	2
7	绿城中国	1 128.0	-34.3	340.0	-19.8	125.0	0
8	融创中国	1 127.0	-64.9	139.2	-82.4	9.9	-5
9	金地集团	1 006.0	-38.2	284.0	-16.5	100.1	3
10	龙湖集团	858.2	-39.8	236.9	-23.1	75.8	1
11	中国金茂	699.0	-46.3	190.0	-5.0	111.1	4
12	绿地集团	684.0	-58.3	186.8	-62.9	86.4	-2
13	滨江集团	683.9	-22.2	232.2	27.6	143.4	9
14	新城控股	649.8	-44.8	138.1	-40.0	21.2	2
15	旭辉集团	631.4	-53.6	135.0	-48.3	25.0	-1
16	建发房产	620.2	-33.6	156.4	-19.7	46.0	5
17	华发股份	493.9	-23.0	144.2	40.6	105.1	13
18	越秀地产	482.0	1.7	135.8	107.7	57.2	18
19	首开股份	450.8	-32.0	110.0	-26.4	69.2	18

20	金科集团	440.0	-56.9	80.0	-53.5	1.3	-2
21	世茂集团	437.6	-71.4	95.0	-69.4	55.5	-8
22	远洋集团	430.0	-17.9	136.9	18.6	82.5	6
23	融信集团	403.4	-51.4	107.1	-27.9	111.3	2
24	美的置业	400.8	-51.5	81.6	-39.4	11.7	3
25	雅居乐	394.7	47.6	82.9	-42.5	35.1	1
26	卓越集团	390.5	42.8	113.6	-32.0	85.8	3
27	中梁控股	387.2	-59.2	70.2	-63.4	16.7	-7
28	仁恒置地	340.0	-5.0	123.9	222.2	708.8	24
29	中骏集团	325.9	-44.8	60.5	-51.3	26.3	11
30	中南置地	325.8	-70.1	64.0	-68.5	37.9	-13
31	大悦城控股	316.5	-27.2	70.4	-13.0	70.3	18
32	龙光集团	305.6	-65.4	39.6	-68.3	1.5	-9
33	新希望地产	290.9	-54.6	73.3	-47.0	36.3	5
34	时代中国	274.6	-39.5	51.8	-36.0	14.3	11
35	合景泰富	262.3	-53.3	46.8	-54.6	13.6	6
36	中交房地产	255.4	-47.3	67.5	-48.2	91.0	8
37	富力地产	248.3	-61.8	30.0	-76.2	53.8	-5
38	阳光城	244.0	-75.9	44.0	-78.0	76.0	-19
39	金辉集团	243.7	-56.3	62.5	-43.1	59.7	7
40	电建地产	232.7	-43.7	62.8	-34.0	22.5	7
41	宝龙地产	232.4	-56.2	42.2	-60.0	10.8	1

续表

排名	企业名称	2022年1—6月全口径销售金额（亿元）	累计同比（%）	2022年6月全口径销售金额（亿元）	当月同比（%）	当月环比（%）	2022年1—6月累计较2021年全年排名
42	海伦堡	225.0	-55.0	43.7	-54.8	12.8	1
43	正荣集团	227.7	-72.3	41.5	-68.3	35.5	-19
44	祥生集团	227.4	-67.1	30.2	-79.5	-7.5	-11
45	路劲基建	220.5	-42.1	40.0	-59.3	0	10
46	联发集团	218.0	-22.1	59.7	-17.9	25.4	13
47	禹洲集团	209.5	-60.3	40.3	-63.4	38.5	-8
48	华侨城	203.3	-54.6	50.0	-40.2	81.8	2
49	弘阳地产	196.1	-60.1	40.9	-57.1	31.7	-1
50	德信地产	193.8	-55.0	43.5	-53.3	64.8	3
前3		6 668.0	-37.4	1 382.8	-27.3	30.7	
前10		14 560.5	-39.7	3 616.9	-29.2	60.3	
前11~20		5 835.0	-42.2	1 508.5	-26.8	64.8	
前21~30		3 835.9	-52.8	935.7	-40.7	62.5	
前31~50		4 827.7	-56.9	980.5	-55.9	39.2	
前51~100		4 903.0	-53.3	1 123.5	-53.5	58.3	

资料来源：亿翰智库，华泰证券研究所。

拖垮本地的上下游供应商，使其他企业在本地项目的工程建设难度也加大，这就导致即便是国企项目，交楼时间也可能存在不确定性。另外，购房者可能担心房地产市场波动，房屋价格下跌，因此暂时选择观望。这就使央国企的销售额也出现下降，造成行业性的信用紧缩和流动性问题。

（二）存量项目的断供

这里的"断供"，指的是那些判定所购楼盘已然烂尾，在可见的未来看不见交付的可能性，信心与希望出现破灭，开始拒绝还月供的购房者。请注意，这里不包括那些已经完成交楼，坐拥不动产产权，只是因为自身财务情况不济，资产出现资不抵债或其他情形主动放弃供楼的群体。

断供的逻辑很简单，就是购房者突然意识到"全款预售＋按揭贷款"这个"B2C2B"模式里面的"bug"，认为商业实质是不合理的，拒绝再为其买单了。

这时候，银行也会变为"弱势群体"，因为交楼前银行也没有底层资产做"抓手"，只能抓住个人住房贷款（同一资产被开发商用于开发贷融资，银行在开发贷上面可能还有敞口）。等到参与增信的开发商躺倒后，银行唯一的抓手就只剩购房者个人了。在今天"断供"的舆论形势下，如果还要求个人为烂尾楼还贷，并对违约的个人进行征信惩罚，是不符合我们的道德直觉的。保民生是大政治。到最后，银行可能只能放弃个人，回头去追开发商。那就要自求多福：购房款有没有打给开发商？开发商有没有把钱提走？银行的压力其实也很大，因为背后是储户的存款，储户的利益更是涉及民生和稳定问题。

由于断供的本质是金融行为，因此也有传导效应。

其实，从正常开工到"暂时性停工"，再到"烂尾"，是一个"区间"和"范围"，不是简单的"0和1"的关系。

有的项目确实烂尾了，有的项目只是暂时停工，状况不尽相同。断供现象之所以有传染性，是因为它涉及人们的经济安全感，会带动很大的情绪：人们有可能纷纷陷入恐慌，认为自己供楼的项目也出了问题，在环境驱动下，也选择断供。而且人们总会这样认为，即只要跟着大家走，形成社会面的问题，引起政府关注，就会得到解决（不断白不断，断了再说）。这些机制就会让风险扩散，由极少数个人住房贷款传导到更大范围的贷款。

风险一旦扩散，会对金融体系形成冲击。例如，银行在给房地产提供贷款时（无论是开发贷还是个人住房贷款）会更加谨慎。而且想都不用想，首当其冲的是信用系数更低的民营企业。

因此，存量项目的断供会影响增量项目的销售，两者会形成恶性循环。

这自然会加剧民企面临的信用紧缩和流动性问题。

银行体系，特别是地方中小银行，还要考虑一些意想不到的传导机制，譬如突然就出现了储户挤兑。

金融风险会横纵传导，局部风险如果处理不好，就有可能演化为系统性风险。

六、为何不能对预售制"一刀切"

行业目前遇到的问题很多，断供引发的首要问题就是保交楼。

保交楼，指的是要确保那些已经预售的楼盘能够完成后期建设，最终交付给购房者。保交楼是一个任务、一个命令，有明确的政策和行政色彩。

实际上，在断供成为舆情事件之前，保交楼已经是各地政府要解决的头号任务：因为涉及民生和稳定，保交楼是大政治，绝不容疏忽。

大多数人对当前房地产行业提的第一个疑问是：项目上的钱都到哪里去了？

当得知预售资金已经被开发商以眼花缭乱的形式抽调出去后，为了满足保交楼的目标，各地给出的诊断与对策是：加强预售资金的闭环管理，不许再把钱随意抽调出去。翻译一下就是：还没调出去的钱就不要再拿出去了，新进来的钱也不许再拿出去。

各地都要完成自己的保交楼目标，因此存在竞争态势，2021年第四季度，全国有30多个市出台政策，加强预售资金监管措施。

通俗地比喻一下，本来开发商是一个锅盖掩十个锅，一个锅盖就是一笔钱，十个锅就是十个地方项目，财务效率高的开发商可以以惊人的速度移动锅盖，掩十个锅不成问题。这十个锅也都相信开发商的技艺，并不担心自己的饭会坏掉。但现在行业环境变了，有些开发商掩不过来了，有的锅里的饭坏掉了，地方就竞相要求将锅盖扣在自己的锅上，可是，来来回回只有一个锅盖啊。掩好一个锅，意味着另外九个锅里的饭会坏掉。

或者用"抢凳子"来比喻。十个小朋友一起抢八个凳子，最后一定会有两个小朋友抢不到凳子，这两个小朋友就是烂尾项目。

这就是各省市同时加强预售资金监管的结果。从地方本位自下而上地看，逻辑上没有问题：既然问题出在预售资金监管过松上，那么解决问题的方式肯定是先加强预售资金监管。至少这可以防止地方上的保交楼形势变得更加严峻。

但此举会颠覆房地产行业的资金使用模式，并在政策目标上产生一些冲突和矛盾。

首先，保交楼与保开发商主体产生矛盾。

开发商"账面上有几百亿元"，但却还不起几亿元的信用债，因为那几百亿元都是预售资金，被限制在项目上用于保交楼。结果开发商主体违约，保不住了。这个问题一定要从地方角度去考虑：假设A市有一个A项目出了问题，那么落实保交楼主体责任的是A市地方政府；假设该项目的开发商是注册在B市或总部设在B市的全国性开发商B公司，这时，A市会关心B公司的主体生存吗？不会的，B公司有自己的行业主管单位，也有自己的地方主管单位、负责单位（B市地方政府），所以A市并不需要为B公司承担主体责任。这时，A市是有可能出台有利于本地项目、本地民生的保交楼政策的，但不一定有利于B公司的存续。

其次，保交楼与保供应商市场主体（包括中小企业）产生矛盾。

保交楼要求资金专款专用，每个项目的资金仅限用于本项目的开发，支付本项目的工程款。但在现实世界里，开发商对资金做资金池式管理，项目之间是打通的，A项目的资金可能被调走应急支付 B 项目供应商的款项。预售资金闭环管理后必然会隔断各个项目，结果 A 项目没钱了，供应商被拖垮。

最后，保交楼与防范金融风险产生矛盾。

金融机构对房地产企业的资金支持是立体的：有的在项目层面，有的在集团/平台层面，本身就假设开发商有资金池，上下资金可以自由调配。金融机构也是基于此来评价开发商的流动性状况的。如果各地资金被闭环管理，就会出现前面所讲的开发商账面上有几百亿元，却还不起几亿元的"信用债"的问题。出现这种情况，自然会诱发金融风险。另外要结合地方视角去看：金融企业有自己的行业主管部门，其经营状况也不是地方考评的 KPI，不由地方承担主体责任。

所有这些问题，一旦出现舆情事件（例如某开发商违约、洽谈展期、重组等，某开发商的供应商被拖累等），就会恶化开发商的楼盘销售（信贷紧缩），进一步削弱其"造血"能力，使其困境更大。

如此，不仅伤及开发商主体、供应商主体、金融主体，而且可能最终伤及初始拟定的保交楼目标。

因此，中共中央政治局在 2022 年 4 月 29 日召开会议，分析研究经济形势和经济工作。会议强调："要坚持房子是用来住的、不是用来炒的定位，支持各地从当地实际出发完善房地产政策，支持刚性和改善性住房需求，优化商品房预售资金监管，促进房地产市场平稳健康发展。"

政治局会议后，许多地方又都开始放松预售资金监管（见图 5-1）。

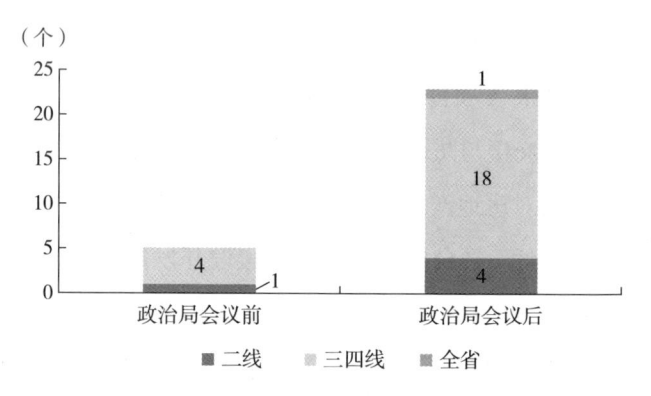

图 5-1　2022 年以来放松预售资金监管的省份分布情况
资料来源：中国房产信息集团（CRIC）。

中国目前的预售制及配套的银行按揭模式是有问题的，这个模式实质上是将购房者（在整个链条里相对最弱势的群体）嵌套进来，承担自身所不能影响、控制的开发风险、资金风险、信用风险，承担的风险与权责、收益不对等。这样的模式只能是一个阶段性模式，最终需要调整。

但这个模式是历史形成的，房地产住宅开发销售和金融体系也早已形成了一个复杂的、有机的、共生的关系，将两者进行适度合理的"脱钩"，并确保过程的稳定和平缓，大概也是人类公共治理历史上最复杂、难度最大的政策议题了，是公共治理的"换心大手术"。对于预售制度的历史经纬与现状，也需要客观看待和评估，不做简单的政治、政策、价值判断。最根本的，还是要本着实事求是的原则。

对房地产开发销售的预售制，包括预售资金的管理方式，以及预售制及配套的银行按揭体系的调整，显然应当进行。恐怕这早就不是一个改或者不改的问题了，而是什么时候改、怎么改、改成什么样的问题。对现有体系的调整，肯定是房地产新发展模式里的组成部分。对这个问题，需要自上而下统筹，循序渐进，充分考量各国经验及我国实际情况，结合市场和行业外部环境，小步调整，逐步优化，要预留充足的时间窗口。当前房地产行业遇到了严峻的问题，但我们应当有这样一个认知：既要客观认识这套体系中存在的问题，同时也要意识到，在目前这个时点，不能寄希望于通过大规模调整、收紧预售制度来解决当前的行业问题。

尤其是，预售制是"牵一发而动全身"的，在行业出现困境、市场存在下行或波动、风险没有得到完全释放和控制的时候，都不能轻易触碰之。一定要格外慎重！一定要格外慎重！一定要格外慎重！（重要的事情说三遍。）

那么如何解决当前的问题呢？恐怕只有一个方法，就是由政府提供流动性。

下文聊聊当前房地产企业的定位、再平衡，行业问题的解决，并探讨新发展模式下，住宅开发销售业务里符合长效机制的房地产金融模式到底应该是怎样的。

第六章

房地产企业的定位与再平衡

当前,针对房地产/不动产行业,市场上和坊间讨论很多的一个问题是,行业是否处在一个"国进民退"的趋势与格局中?到头来,人们最关心的问题是,针对行业/企业的所有制,国家/政府有没有政策导向?政策导向是什么?非公有制/民营企业是否还能发展?行业最后的格局是什么?让我们集中讨论一下这些问题。

一、房地产是我国市场化最早、程度最高,所有制形式最多元化,社会资本参与最深的行业

如果看过去历年的百强企业,从销售收入、面积、企业数量等指标看,非公有制企业至少是行业的"半边天":非公有制企业包括民营企业、混合所有制企业(有重要的国资股东但基本由经理人主导,以市场化的方式治理、运行),还有外资企业(包括港台企业、英资企业、新加坡企业、美资企业等)等。

但行业又不局限于公有制企业，公有制企业在行业内一直发展得不错，里面有中央企业（例如人们熟知的中海、保利、华润、招商），也有大量的地方企业（特别是一线/高能级城市的地方国企）。在市场经济的锤炼下，这些公有制企业高度市场化，成为民营企业强有力的竞争者；另外，大多数头部公有制企业也都是上市公司，有社会资本的介入，遵守市场规则，遵循商业逻辑，在市场上激烈竞争资源。也许可以说，房地产行业集结了中国大量的市场化公有制/国有企业。

各种所有制的企业在市场框架下"同场竞技"，争夺资源，达成各自的业绩指标，提升各自的份额。市场化竞争不仅发生在公有制企业与非公有制企业之间，也发生在各公有制企业之间。

行业的资金面情况也是高度多元化的，房地产行业承载大量的资金、资本，有国有资本（中央企业、国有金融机构、地方平台等），有民间/社会资本，有境外资本等，它们以多样化的方式、载体、渠道（直接或间接，平台或资产，股权或债权，在岸或离岸）投资中国的房地产行业，并进一步增加了行业的商业化和市场化维度。

历史上，房地产行业成就了许多企业家和经理人的事业与财富。一个直观的例证是，过去20多年，许多中国老百姓家喻户晓的"行业大佬""顶级富豪""明星企业家"，都来自房地产行业（唯一可比的行业，可能就是互联网了）。另外要指出，公有制企业之所以能在这个高度市场化的行业里竞争生存，也需要吸引和笼络高质量人才，因此，业内公有制企业经理人的薪酬也比较市场化。

有些行业是非公有制/民营经济占据主导地位的，例如互联网，国有资本也许能够参与，但公有制企业没有太多优势；有许多资源垄断型、关系国计民生或重监管型的行业，则是公有制企业主导，非公有制/民营经济很少参与。但房地产行业常年高度市场化、高度竞争，公有制和非公有制各占"半边天"，这也使人们对企业主体的所有制构成与格局特别敏感。

党的十九大报告和二十大报告均明确了非公有制的地位，"毫不动摇巩固和发展公有制经济，毫不动摇鼓励、支持、引导非公有制经济发展"。非公有制经济已经被确立为社会主义基本经济制度的一部分，将长期坚持。因此，每每提到企业所有制问题，都应当将"两个毫不动摇"视为基本原则与纲领，看作国家要长期坚持及贯彻的主题和方向。为了促进理解，其实可以换一个角度和提法，例如"所有制中性"，即从国家/政府制定法律、法规、政策，确立产业政策，确定宏观目标与行业目标等角度来说，各种所有制企业，只要依法依规、服从国家战略，都能够公平参与国家社会发展建设的事业，在市场上"同场竞技"，贡献自己的价值与力量，并受到法律保护。政策制定者不希望在底层规则上存在"所有制歧视"。在实际运行过程中，如果非公有制经济没有得到"公平对待"，或者因为政治、经济、制度、环境等客观因素，在资源获取上处于下风，国家/政府可能还需要酌情提供帮助，消除社会上对"两个毫不动摇"原则的怀疑或误读，并让资源对民营经济有所倾斜。

但要看到，"两个毫不动摇"除了支持不同所有制经济的发展，在法律法规和产业政策上遵循"所有制中性"之外，还有一个重要主题，就是要求对非公有制经济加以"引导"。其实，就是将非公有制经济纳入国家的宏观战略、框架、体系及目标之内。因此，如果要探讨非公有制经济在特定行业里的角色，就必须考量国家对具体行业存在哪些具体的政策导向。

二、房地产行业及市场有其特殊性

房地产行业及市场有其特殊性，需制定产业政策加以引导与规范，动态调整和确立政府、政策、市场的边界与关系。

"遮蔽、保护、居住"是人类最基本的需求，也是个体追求经济社会生存发展及实现个人价值的前提和物质基础。因此，"居住""居住空间""居住服务""居住资产"都是关系民生福祉的基本基础设施，甚至有公共服务属性。居住资源能否合理形成及分配，也就成为一个带有公共性的问题。凡带有公共性的问题，最后就会变成政治政策问题。

中文的"家"，有"家庭"的观念（对应英文的"family"），也有主要居所的观念（对应英文的"home"），家庭/家族和居所的概念是密切相连的，在日常表述时常常混在一起（"回家""喜欢家的感觉"）。这是中国人非常喜欢置业背后的社会因素和文化因素。居住资产除了能提供财产安全、心理安全外，也是留给家族后人的遗产，是人生在世的某种成就与价值实现。

中国人对购置居住资产的文化和心理渴求，也使优质的居住资产具备了特殊的经济价值：除了一般的使用价值外，它还有帮助居民积累资产、积累财富的效能。从长期看，持有优质的居住资产能够实现资产与财富的保值、增值，未来还有流通变现的可能性。这种财富效应在短期内可能还不显著，但从长期看，譬如经历一两代人，就会产生很大的影响，甚至影响社会财富的积累与分配格局。其实，这就回到谁是"有产"、谁是"无产"这一根本问题。这一点，使居住与其他关系民生福祉的支出和消费有本质差异，最终指向的是"共同富裕"的主题与目标。

如果居住资源的形成与分配不合理，长此以往，可能会导致深层次的政治经济社会矛盾问题（香港案例）；如果居住资源的形成与分配比较合理，则能够成为消解社会矛盾的稳定剂，维护人口的心理健康，促进社会长期健康发展（新加坡案例）。针对这个问题，如果我们在中国经济的粗放发展阶段尚不能完全看清，在今天应该能够看得比较清楚了。

考虑到居住资源的合理形成与分配对于社会的长治久安至关重要，就需要对房地产行业与市场引入公共、社会及政治视角的产业政策与监管。同时，在居住产品与服务的提供上，如果单纯依靠市场力量及商业价值驱动不足以满足公共需求，就需要政府/公共部门来"补位"（包括提供更多的政策引导，以及直接"下场"提供资源）。

住宅物业的开发销售是中国经济"传统发展模式"的核心要件之一。进入新时代，新发展理念成为主导，社会追求高质量发展，需要推动房地产行业积极寻求转型，渐次过渡到高质量、可持续、与新发展理念及模式契合的行业结构和格局，以更好地配合国家战略，为新时代的经济结构与产业结构做出贡献。此时，也需要引入产业政策，引导行业发展。

房地产是典型的资本密集型行业，与金融有着天然密切的联系。两个行业还有相向吸引的逻辑：房地产依赖金融，金融追求房地产。两个行业如果深度绑定，那么一旦房地产行业出现问题，就可能拖累金融，并导致整个经济体陷入更大的系统性风险。房地产与金融的联合甚至可能反过来"挟持"国民经济，使其始终无法摆脱对房地产（这里指传统发展模式里的房地产）的依赖。由于房地产行业的特殊性，也需要对行业进行监管、规范、约束，使其在一定范围内良性循环发展。

重视对普通购房者权益的保护。住宅物业／资产价值高昂，占据居民原始财富积累及未来收入／现金流的重大部分，可能是绝大多数普通人一生中最重大的经济行为。在传统的粗放式发展模式里，住宅开发销售在权益上是向开发商、地方政府和金融机构倾斜的，而对个人购房者权益的保护却不够，尤其要考虑到我国住宅开发销售多采用预售制——除了容易引起质量纠纷外（交付房产与样板房质量差异较大），还要看到预售制存在明显的金融属性（穿透看，预售制本质上是购房者为开发商开发建设房地产提供贷款），使个人购房者不得不分担房地产的开发风险。随着时代的演进以及城市建设的推进，经济结构不断变化发展，国家也越来越需要加强对房地产行业的监管。房地产项目的营销、预售资金的监管、银行按揭安排中对购房者权益的保护、房屋售后和质量保证，以及购房者法律权益的保护等各方面都需要加强。

以上因素，使国家／政府有必要加强对房地产行业与市场的引导和规范，推动房地产行业／企业转型发展。在可选的市场机制之外，也要求监管部门、公有制企业、国有资本等力量发挥更大、更直接的作用。

三、公有制企业的一些特有优势

新环境下，公有制的房地产企业在规避与抵御风险方面确实表现出了一定的优势，但是这些优势并不自动适用于所有公有制企业，也不是公有制企业的专利。实际上，部分民营企业甚至外资企业也表现出了这些优势。同时要看到，所谓"优势"和"短板"如同"一个硬币的两面"，在特定的环境下，优势就是优势，在不同的环境下，优势又可以成为短板。

以下是对公有制企业/国有企业优势的讨论。请注意，本文探讨的主要是市场化跨区域运营的中央及头部地方国有房地产企业，政策色彩及属地色彩极强的城投类企业不在探讨范围。

（一）理解、看齐、跟紧政策

对国家宏观战略与经济产业政策的理解更深，更能"看齐"和"跟紧"，因此，由于政策理解失误而陷入风险的概率，系统性地低于非公有制企业。核心还是由于公有制企业属于"体制内"，上上下下、里里外外距离国家/政府的政策思路、决策及执行都更近。但实际上，非公有制企业只要愿意投入时间和精力，完全可以跟得上政策。进入新时代，国家战略与政策的导向更强，各行各业都需要更多地考虑企业战略、业务、模式与国家大政方针和宏观战略的契合程度。

（二）公司治理

这里并不是说公有制企业的公司治理一定是最有经济效率、最市场化、最现代化或最科学的，而是指公有制企业治理的一些特征和逻辑使其更能规避政策风险，避免过度激进的扩张，并能将政治及社会效益纳入决策框架体系之内。这些因素包括以下八个方面。

第一，集体领导。不同条线、职能、部门的高级管理人员之间，存在一定的分权与制衡。"一把手"看上去权力不小，但对决策失误要承担首要责任，因此遇到重大问题，无论是程序上还是实质上，都非常依赖核心班子的集体决策。如果班子有明显争议，决策就不易推进。这种机制能够帮助企业避免"一言堂"，避免实行过于激进的战略。在行业顺风顺水、一路上行时，这样的机制可能使企业业务思路偏保守，决策效率不高，导致错失机会；但如果行业下行，风险爆发时，这种机制能够保证企业的安全和稳健。相比之下，不少民营企业只是形式上有现代化的公司治理，实际上还是以创始人／老板／家族为决策中心，结果"成也萧何，败也萧何"。

第二，党的体系在企业中存在。党建工作能增加企业对国家战略与政策的理解，党委能够在程序上进一步规范和约束重大决策。

第三，对程序合规性的专注及重大事项决策（"三重一大"）的问责体系。在国有企业，对程序合规及重大决策的规范除了有企业内部的制度保障外，更高度依赖外部机构的监督，除了法律法规、行业监管外，还包括国资体系、地方政府体系（适用地方国企）、审计体系、定期巡视制度等。这些体系往往是非公有制企业不具备的。

第四，国有企业的干部任用体系。干部任期有限制，到龄要退休，不可能是终身制；重要岗位的干部可能被上级部门调走；离任要审计；历史重大决策始终要追责。这些都是对管理人员的约束，使其不愿意过于激进地开展业务。非公有制企业则一般没有这样的约束。如果行业一路顺风顺水，只需要关心高速发展，这样的机制肯定不是效率最高的；但如果行业已经下行，风险正在暴露，需要引入更多的约束机制，那么这种制度又是有效的。

第五，薪酬体系的限制。公有制企业的职业经理人的薪酬收入通常是有上限的，很难做到与企业实现的收入和利润完全挂钩（即奖金不设上限，永远能够在企业创造的超标、超额利润里提成）。这和非公有制企业是有本质不同的。这种体系的结果是，确立了风险与收益的边界：当企业收入和利润达到一定的临界点后，公有制企业经理人的业务导向就会趋向保守，因为超额收益与自己无关（至少在经济上无关），但为实现超额收益所付出的精力成本要自己承担，出风险还会被问责。最终，薪酬体系的限制使国有企业经理人没有动力片面追求或过度追求企业规模、收入、利润的增长。这样的体系可能会限制企业的发展，但也可以规避因为企业无序发展所带来的风险。

第六，追求多重目标。公有制企业是被纳入国家战略及公共治理框架之下的，要同时追求实现多重目标：经济效益和商业价值永远只是一个目标，要"算大账""算总账""既要，又要"，同时追求政治效益、政策效益、社会/公共效益及系统性、安全性等多重目标。这也是全球各地对纳税人负责的公有制企业与对家族/创始人/个别股东负责的私营企业的本质区别。这一条，也使非公有制企业不会单纯地、片面地追求企业的收入利润扩张，还要顾及其他。

第七，对金融资源的获取。同等条件下，公有制企业更有可能获得金融资源（无论是融资的规模还是种类），且成本更低。这并非"两个毫不动摇"政策的初心，但又是中国政治经济模式及基本制度（中国特色社会主义）下很难避免的结果：如果企业真的因为行业系统性风险出了问题，政府/纳税人要出手援救，"抱走自家孩子"，在其他条件相等的情况下，是更有可能指向公有制企业的。由于公有制企业背后有政府信用，所以市场上的金融机构与主体在投放资本时，往往会做出偏向公有制企业的选择。不过，一些民营/非公有制企业将自己与国有企业的境遇的差异完全解释为获取金融能力的差异，又是失之偏颇的，至少不反映问题的全部。其一，市场愿意将资本投放给国有房地产企业，除了信用之外，还有一条，即相信国有企业的业务也能做得不错，不会有什么问题，而如果换作其他一些强调创新、人才、机制的新经济行业和赛道（包括另一个早已高度市场化的行业——互联网），就不是这种情况了：与公有制企业相比，非公有制企业有明显的优势，资本并不看好公有制企业的竞争优势。因此，归根结底，在房地产这个传统行业里，公有制企业和非公有制企业的能力差异并不大，或者至少说，优势和劣势基本可以大体抵消。其二，如前所述，国有企业在治理方面有许多约束与制衡，使其牺牲了效率和灵活性，不太容易实现激进扩张，更难突破合规和风险控制底线。金融的本质是对风险准确定价并换取回报。如果国有企业业务能力不强，但又能做到低成本融资，那么在低成本融资的诱惑和扭曲下，可能会做高风险的事情。如果这样，就说明金融市场的风险定价能力存在系统性问题了，可能引发系统性风险。实际上，国有房地产企业经理人面临的来自内部与外部的公司治理制度约束，已经将许多风险提前消解了（当然这也要归因于行业本身高度的市场化及成熟化）。因此，对投资者来说，投放资本的成本、风险及回报是总体匹配的。其三，外资房地产企业仍然是资本市场上的"香饽饽"，无论是中国香港地区企业、新加坡企业，还是欧美企业，一定程度上甚至可以与国资媲美。归根结底，还是这些企业历史上大多经历过周期，有过惨痛的经验教训，进入中国内地后大多坚持保守经营，严守公司治理，不跟风加杠杆及激进扩张。因此，尽管这两年内地房地产行业频频出现风险暴露、重组及出清的情况，却很少听说涉及哪家外资企业。恰恰相反，在市场遭遇困境时，不少境外企业反而进入抄底，购买土地与资产，成为托底的重要力量。这说明，很多差异其实并不在于所有制，而在于公司治理、理念、战略。经过中国房地产行业这一轮的洗牌，本土民营企业其实应该更加清醒地看到这一点，未来还是要重视公司治理，在战略的设定及业务开展过程中也一定要遵循保守和谨慎原则，始终告诫自己，要成就百年老店，首先要能穿越周期，能够"活下去"。另外，也要相信，不经历挫折，也很难成就真正伟大的企业。

第八，实现国家战略目标的"抓手"。要看到，为了实现国家在房地产及相关经济领域、社会领域的总体战略及目标，政策制定和市场机制固然重要，但肯定也需要有自己的"抓手"，这既包括"存量"问题（保交楼、保民生、保稳定），也包括解决"增量"问题——改善住房供应结构，提供多元化、多层次的居住业态与类型等。此外，在保证行业平稳健康发展之外，还要推动行业转型，过渡至新发展模式。当商业逻辑、经济效益不再是唯一因素，民生效益、社会效益乃至政治效益也是重要考量因素时，自然需要公有制企业/国有资本承担更多。非公有制企业/社会资本当然可以自主选择，但公有制企业/国有资本没有选择，只能"补位",成为行业维稳及发展转型过程中的主力军。

小结一下,过去20年,中国的房地产行业是高度市场化、高度地方化的,基本交由地方和市场主体配置资源。其中,地方政府、开发商(包括各种所有制的企业)及金融机构是核心主体,构成了一个三角共生关系。进入新时代,中国优化、重构经济发展的底层逻辑与模式,在房地产行业开始引入更多的考量因素,包括政治、社会、国家战略,对行业有了更强的政策引导,中长期来看要发力改善与优化居住资源的供应与分配。在这个过程中,一方面需要对所有的市场主体(包括公有制与非公有制经济)进行引导,另一方面也客观要求政府、公共部门、公有制企业、国有资本承担更多的职能,无论是政策鼓励、监管执法、方向引导,还是对产品与服务的生产和供应。在这个高度市场化、公有制与非公有制各占"半边天"的行业,看到公有制因素发挥更大的作用,大概也是必然的。

四、广义不动产行业里的"重新布局"与"再平衡"

前文提到了公有制企业一些特有的治理与管理特征,既是长处,也可能是短板,很大程度上要看所处的具体行业和赛道。

围绕广义的房地产/不动产行业,"两个毫不动摇"是框架、基调、制度底线,但不足以解释和预测我们观察到的行业里的现象。行业最终可能不是一些坊间观察者理解的简单的"国进民退",而是公有制经济和非公有制经济围绕自己的特性、特征、特色、资源禀赋及优势短板等,重新找到自己的定位,在行业里扮演更适合自己的角色。

国有企业可以侧重不动产的投资、开发及持有（即"重资产"领域），这是由国有企业在获得土地、政策及金融资源支持等方面存在的天然优势所决定的。那么非公有制/民营企业是否都会退出呢？当然不是，这完全取决于公司治理、战略定力与规划、市场与监管形象、金融资源获取能力等。一些本土优秀民企以及外资企业仍然会是行业的领头羊，但在本轮洗牌完成后，我们一定会看到国有企业在不动产的投资、开发及持有领域里扮演更加重要的角色。这里要指出的是，民企仍然可以参与开发，但未必是以土地所有者的身份参与，而是以轻资产的方式（即从事代建业务）进行。

民营企业可以侧重为不动产资产、空间及社区提供运营及服务（即"轻资产"领域）。民营企业的优势归根结底在于两个方面：人与机制。历史已经证明，如果不是资源垄断型或与国有金融密集绑定的行业，民企总体来看会更有竞争力。国有企业的许多资源优势禀赋，譬如对政策的理解，对金融资源的获取和把握，以及对治理和合规的坚守等，并不能简单地转化为创新、激励、业务进取心、服务质量与服务精细等（当然我们不能以偏概全——在运营领域也是有不少非常优秀的国有企业的）。这些年涌现的住宅物业管理、社区管理、商业运营、不动产服务、地产科技等行业，不仅符合房地产行业的新发展模式，而且比较适合民企，因为这些行业和赛道都特别要求服务质量、服务理念、运营精度、科技输入等，要求企业能够不断创新发展。其实，许多民营企业已经在积极转型拓展轻资产领域，因为它们发现，自己在房地产行业的下半场可能就是运营、服务与科技。略微遗憾的是，这一两年房地产企业出险及重组洗牌，打乱并暂时性地延后了这个本已在发展的趋势。但我们可以相信，在探索房地产行业新发展模式的旅程中，非公有制/民营经济将会扮演非常重要的角色。

国有企业与民营企业可以构建新的"甲乙方"合作关系。国有企业/国有资本作为资产的投资方、持有方，总需要有好的供应商与合作伙伴为其资产的开发及运营提供综合服务，借此实现资产的价值实现及保值增值。此时，具备运营和服务能力的民营企业可以为国有企业提供管理服务，并由此构建一套"甲乙方"合作关系。要知道，这绝不是什么新模式，酒店行业早已如此，头部中央及地方房企作为业主开发并持有酒店资产，交由国际酒店品牌集团管理，双方分享酒店运营中创造的收益。未来，只不过是将类似的模式拓展到其他不动产业态领域。

混合所有制企业也许可以找到特殊地位。这里所说的"混合所有制"企业，是指拥有一个国资背景股东，但管理团队拥有较大自主权和裁量权的企业。这类企业能够享受公有制企业对重点资源（土地、政策、金融等）获取的优势，在治理上有一定的外部约束，但又能较大限度地保留人才、创新及服务理念所需要的经验机制与激励机制。总之，在新时代下，这类企业也许可以同时获得两种所有制形式特有的优势，将其分别用到重资产与轻资产领域中，取得最好、最全的经营效果。

中国的房地产行业将逐渐由传统的住宅开发销售行业转型为发展多业态、多产品、多服务的新发展模式。长期来看，行业的所有制格局很有可能会重新确立：不同（所有制的）企业将结合自己的资源禀赋及能力特长，在新发展模式里找到新定位和新的未来。

第七章

行业当前问题的诊断与解决

房地产行业是中国经济的重要组成部分,牵动着无数的上下游产业、无数的主体企业、就业、税收,对中国整个 GDP 直接或间接的贡献比例为 10%~20%(依不同口径,没有统一说法)。如果房地产行业及市场不稳,中国经济也不会稳。

中央已经确定了大政方针——"房住不炒",行业也走在探索新发展模式的路途上。本章只探讨当下行业出现的问题(短期问题)如何解决。

本章主要是用通俗的语言帮助梳理概念、逻辑和思路,但不涉及具体的机构、地方、企业,不会涉及过多量化的、技术性的概念和用语,也不会涉及具体方案,更多只是从宏观的角度看一整盘棋。

一、解决房地产行业问题的主次先后是什么?

问题一:解决当前房地产行业遇到的问题,要照顾的议题和利益方的主次先后是什么？

答：首先是保交楼，然后是保产业链/供应商。

在遇到复杂问题时，必须抓住主要矛盾，梳理先后、主次关系。在确立了先后、主次关系后，再逐步、依次解决问题。

问题一其实是一个政治题，可以从执政党的理念推导出来。思路大致如下。

一是保交楼。这是最基本的民生问题、稳定问题，是大政治。首先要把房子盖好。

二是保产业链/供应商。这里涉及中国经济的方方面面，有无数的市场主体（许多是中小企业），涉及基本的就业、税收、居民福祉，因此，也是经济社会基本面问题、民生问题、稳定问题，是大政治。在把房子盖好之外，如有余款，应该给涉及的供应商付款。

三是保债权人。这里可以结合他们距离底层资产的远近先后，分出主次。例如，有抵押的优先于无抵押的（项目层面的抵押融资优于平台层面的信用债）；同一条件下（出险发生之前），"先来后到"，如一押优于二押或后来的融资；在其他条件相等的情况下，境内优于境外（按照与资产的距离的原则）；在其他条件相等的情况下，公开市场优于私募市场（按照市场影响力的原则）；在其他条件相等的情况下，在一定的金额范围内，优先保C端投资者（民生、稳定原则）。前面提到保交楼和保供应商处在优先位置，其实遵循的是同一个原则。在保交楼里，购房者可以被理解为C端"债权人"。在交楼之前，购房者是向开发商提供了"过桥"的，其中，个人还可能运用自己的信用，委托银行向开发商提供贷款（个人按揭贷款）。在保供应商里，开发商欠了供应商的钱，供应商也成了"债权人"，而且可能手里就握着兑现的商票。

四是保开发商经营与法律实体。这个主体，指的是一个形式上的法人主体。它可能拥有员工、资质、品牌、专利、沿革等，可能拥有上市主体（作为一种工具）等。但此时，主体是手段而不是目的：对主体价值的判断，取决于主体的存在到底是否有利于保障前述目标的存在（譬如保交楼、保供应商等）。如果综合评估答案是肯定的，那么就要保主体；如果综合评估是中性甚至负面的，那么可以不保主体。

五是保开发商的股权投资者（首先是股东，然后是实际控制人/老板/高管等）。

这个排序，是根据各个主体在当前问题里的"政治重要性"做出来的。

实操里，保交楼是第一位的。保交楼不仅解决了最核心的民生和稳定问题，而且意味着要给供应商付款，同时也能部分解决金融机构债权人（例如银行）的问题，因此，是一切的出发点，一切的聚焦点。

二、保交楼是不是钱能解决的问题？

问题二：保交楼是不是钱能解决的问题？
答：是的。
要对某一问题的解决方案定性——无论是个人、家庭、社会还是国家层面的问题——都可以用一个切入角度：这个问题是不是钱能解决的？

有些问题不是钱的问题（或不仅仅是钱的问题）：资金是影响因素，但不是全部影响因素。很多公共问题都属于此类，典型的如新冠肺炎疫情防控、老龄化/少子化、素质教育等。领土与主权、外交、地缘政治等问题也多属于此类，因为涉及政治、意识形态、文化价值的因素与金钱有关，但已经超越金钱，甚至可以反过来影响金钱。

房地产行业的问题——特别是当我们把问题聚焦为保交楼的问题后——是不是钱能解决的问题呢？答案是肯定的：只要有人能提供资金，让供应商开工，房子就可以建成，其本身并不需要其他因素介入。而且，从预售到交付，历史上来看，一般就需要一两年的时间。这是一个典型的短期资金面问题。

如果是钱能解决的问题，那么接下来的问题就是需要多少钱、谁来出钱，以及钱怎么花等一系列问题。但无论如何，只要已经判断这是钱能解决的问题，就对问题有了初步的定性和定位。

三、钱到哪里去了？

问题三：保交楼所需要的钱到哪里去了呢？

答：主要沉淀在开发商的土地、在建工程（未售）及持有物业里。

交楼所需的房屋工程建设款到哪里去了呢？如果说预售资金被开发商调走了，那么被调到哪里去了呢？能否再追回来呢？如果能追回来，那不就可以解决保交楼问题了吗？羊毛要出在羊身上。

这里需要看资金是流出了房地产体系，还是留在了房地产体系里。

如果闭环留在房地产体系内，资金无非有这么几个去向：被拿去拍地（化作了土地）；被拿去其他项目开工建设，付了工程款，形成了一些在建工程，但尚未达到预售条件（比保交楼涉及的已经预售的楼盘阶段更早）；被拿去建设持有型物业/投资性房地产（如酒店、购物中心、写字楼等公建）。

另外还有一些流出体系的资金，但只是小头，例如，各种总部费用开支，给金融机构支付利息，给国家缴纳税款，以及多元化/跨界投资（对房地产以外其他产业的投资）。

对于大部分开发商来说，业务总体是留在房地产体系内的，建设资金主要被沉淀到"保交楼"项目以外的土地和资产里面了。

四、是流动性问题还是偿付能力问题？

问题四："羊毛"还够不够呢？换言之，在保交楼问题上，开发商面临的是流动性问题，还是偿付能力问题呢？

答：这个问题是接着上一个的，但并不好回答，开发商既有可能面临流动性问题，也有可能面临偿付能力问题，并且两个问题是相关的。

首先，为免歧义，需要定义一下，本文所指的偿付能力问题，指的是开发商即便把除了保交楼以外的全部资产都变卖掉，也没有资金完成已经预售项目的剩余建设，无法交楼。请注意，这里仅指完成保交楼建设，并不指偿还其他债务。

同理，这里所指的流动性问题，指开发商只是出现了暂时性的资金周转问题，一下腾挪不出那么多的钱，但如果把其他所有资产都处置变现，还是能拿回足够的资金（"羊毛"），把未交付的工程完成的。请注意，这里也只是指完成保交楼建设，不是指偿还所有债务。

虽然个别开发商可能有偿付能力问题，但大部分开发商面临的应该是流动性问题。我们把全行业拉通来看，应该也是流动性问题。

但这里要做三个假设。一是"羊毛"还在，资金没有被调离房地产体系，基本留在体系内。这个假设应该基本成立。二是"羊毛"还有价值，假设土地及房产价格（存货价值）没有出现显著下跌，或者没有因为进一步的加杠杆使这些土地、房产成为负资产。三是"羊毛"能够"割"下来变成钱，即假设土地与房产价格能够处置变现，转化为现金，重新用于保交楼。如果这三条都满足，就可以"羊毛出在羊身上"了。从行业角度看，如果拉通所有企业（并不考虑个案），把所有资产变现（净资产），应该能解决保交楼问题。

不过，在现实中，问题要复杂得多，"羊毛"的价值及变现会面临四个方面的问题。

第一，中国各地的房地产市场一直在发生结构性变化。人口因素、地方经济发展因素、"房住不炒"政策因素都在影响供需关系，从而推动资产价值的调整。举例而言，一个低能级城市如果经历人口老龄化，即便没有新的供应，资产价值也会逐步下降。这样，开发商手中位于低能级、低线城市的土地或资产可能就不如最初那么值钱了。并且，在行业出现问题的时候，资产波动和贬值往往会加剧。

第二，市场环境会严重影响买方投资的信心与意愿。如果人们对市场不看好（无论短期、中期还是长期，无论宏观还是微观），都会谨慎投资，不愿给出好的条款与价格，会持观望态度，而且可能期待价格进一步下跌。

第三，"有价无市"问题。中国其实并没有可比发达经济体的活跃的大宗/整栋商业地产买卖市场，围绕许多非住持有型业态（例如购物中心和酒店），有资金能力和投资需求的投资者/买者数量并不多。这类资产的价格很多只有"理论"上的评估值，但缺乏大量交易的检验。因此，对于资产的价值是否可能存在系统性高估，无法验证。实操中，买方和卖方对价格的预期差异可能很大，使成交难以发生。另外，假设资产价值存在高估，但它已经依照公允价值计价方式反映到了上市房企的报表上，这样，低价出售就会造成亏损，是卖家最不愿意做的。

总之，如果真要处置/交易资产，卖家可能需要面临较大的流动性折价。这就和住宅市场里卖高总价二手房时，每平方米单价会下降一样。

第四，如果有许多机构同时对资产进行处置，就会使市场呈现供大于求的景象，变为纯粹的买方市场，并推动交易价格跳水。另外，如果有了许多大宗商业地产交易实例，就会对资产估值参数资本化率产生影响，使资本化率提升。这就会导致社会面所有资产（包括那些未参与交易的资产）价值都发生下跌。显而易见，这会影响所有人（特别是银行）的资产负债表，对经济将产生连锁反应。

如果全由市场定价，那么土地/资产的价格归根结底是由供需关系决定的，也应当由供需关系决定。在这样的环境下，开发商当前到底是流动性问题，还是偿付能力问题，只有通过实践才能验证，就是将其所持有的土地与资产的价值通过交易变现，看看能转化成多少钱。

问题在于，前面提及了，很多资产（例如非住资产）其实只有理论估值，还有许多土地和在建工程的价值有待评估。所有土地资产在集中处置时一定会导致价值下跌（甚至是踩踏式下跌）。那么社会能不能承担资产价值踩踏式下跌的风险呢？显然是不能的。因此，当问题发展到一定阶段，越过了临界点，就不能再交由市场自下而上、自发性地解决了，而需要统一部署。

这时候，也可以看到，只有一个主体，是既能够提供资金/流动性，又有能力和意愿维护资产价值的稳定性（"护盘"）的——这就是政府。

有人说，政府不是一直在参与吗？

这里涉及的问题，不只是主体的问题，还有机制的问题。

五、什么是市场化机制？

问题五：什么是市场化机制？什么是非市场化机制？

答：建立在自发性基础上的、自主协调的、主要依赖市场方式确定商业条款的、依赖市场力量而非行政力量的机制，就是广义的市场化机制。

非市场化机制，就是行政机制。

在这个问题中，要明确一下"市场化"的定义。

"市场化"，包括两个方面。

一方面是市场化的主体及市场化的决策。

市场化主体是指，一切结合宏观环境、行业判断、供需关系、商业化的估值逻辑、自主的风险收益偏好、自主的业务战略与诉求、市场接受的实操管理及监管规则等因素做出独立决策的主体。以国企为例，如果一个国企要考虑进行对自己的业务、战略、业绩有影响的收购，考虑对重大投资决策的追责，追求对自己最有利的商业化条款（包括定价），可以根据需要随时放弃谈判，那么它就是市场化运行的主体。可以看到，这个行为模式是"所有制中性"的，它可以用来描述国企（或国资运营平台）、民企、外企等。

另一方面是市场化手段，"旨在通过调整、改变供需关系引导市场参与主体经济行为的政策"。

一切旨在通过改变监管环境、资源导向（例如金融）、交易环节的成本等因素改变供需关系，从而引导和推动市场上的经济行为的政策与手段，都属于广义的市场化手段。举例而言，各种宏观/产业/金融政策，提供具体的金融资源支持（例如发放并购贷款），允许某些监管准入或加快某些审批节奏，减少某些交易环节成本等，通属此类。这类政策可以促进经济行为的发生，但不能强迫经济行为的发生。

综上，那些自下而上的、自主谈判确定商业条款、自主决定是否推动或搁置、高度遵循市场成规的机制与手段，都是市场化手段。举个例子，金融部门为并购制定了优惠的金融政策，行业相关监管部门从简审批，大大减少了交易成本与费用；地方政府亲自出面协调，撮合央国企与民营开发商进行商业谈判。但谈不谈得成，以什么方式谈成，谈成什么样子，就交由各方进行。这就是所谓市场化机制。

那么"市场化以外的机制"是什么呢？就是行政化机制。其定义如下：行政导向的主体（拥有政治/政策授权及行政指向的国资或国资指定的主体），行政导向的政策（以保交楼、保民生、保稳定为必须完成的目标），行政导向的决策（在撮合、确定商业条款，推动落实执行中完全是结果导向，以在既定时间内按照既定方式完成指定任务为目标）。

综上，自上而下，统一部署，以行政命令驱动执行的机制与手段，就属于行政化手段。在特别时期，行政化手段往往还需要带有一些"超法律"的因素与色彩。

近期保交楼带出的"断供"问题，可能已经说明房地产行业问题的解决不能再简单地、单纯地依赖市场化机制了。

六、为什么市场化机制不易解决房地产问题？

问题六：为什么简单的市场化机制不易解决行业里的问题？

答：因为缺乏核心目标、统一的思想、统筹部署、时间要求，允许各方自由博弈。

背后的原因非常复杂，只能尝试列举部分原因，尽可能写得概念化、抽象一些。

第一，参与各方对当前所需解决的问题（主要矛盾）之优先、主次，缺乏清晰的认知与共识。行业目前的主要矛盾即本文前面所述的保交楼问题。地方政府虽然认识到了这一点，但企业、金融机构及各类债权人却未必认同，各方还在就利益进行博弈。

第二，缺乏能够承担并压实牵头主导责任，而且具有执行力的主体。导致这一问题的原因有很多，但如果各方对行业主要矛盾（保交楼）及承担责任的层级与主体都缺乏统一的、清晰的认识,那就一定找不到能够承担并压实牵头责任的一方。譬如,央企是有实力的,但它为什么一定要介入地方的保交楼责任呢?它要承担多大的责任呢?反过来,地方也很难要求央企介入。另外,如果央企以市场化机制介入与某个开发商的谈判中,谈到半路因为商业条款没谈成,拖延了地方保交楼的任务,那么责任算谁的?考虑到这一点,地方可以排除央企介入吗?可以统筹央企介入吗?再者。遇到跨区域的全国性开发商,项目分散在各地,那么各地的保交楼任务该落实到哪个主体完成?这个主体能得到什么样的授权,要承担什么样的责任,能协调出什么样的资源?这些都是很具体的问题。

第三,参与方是平等关系,均可以离场。前面说了央国企作为市场化的买方,可以随时离场。民企开发商"爆雷"、出险,遭遇保交楼问题,已经在承担民生和稳定问题,在谈判桌上却可能依然是平等的市场化主体,可以从谈判中离场,继续留下来博弈,这样自然使交易的推动变得困难。

第四,缺乏成形方案。自下而上的市场化机制运作里,虽然确实可能产生不同的方案和点子(而且不乏好的点子),但不容易快速复制为成形的、成熟的、统一的、可供普遍参照和遵循的方案,因此执行速度很慢。

第五,交易方案可能存在结构性不匹配——是选择自下而上/资产端方案,还是自上而下/平台端方案?出险企业/卖方为了保护主体和股权投资者,可能倾向于自上而下/平台端的方案,例如一揽子合作方案、在集团/平台层面引资入股,以保企业主体的存续经营;而援助企业/买方无论是出于收购安全的考虑,还是保交楼的考虑,都会倾向于自下而上的方案,就是永远贴在资产上，只看资产，不考虑在平台入股。这里存在的结构性差异，是市场化交易参与主体的利益诉求决定的。这一情况自然也会增加交易落地的难度。

第六，深入、全面的尽职调查对交易节奏的影响。在市场化机制里，买方会做深入、全面的尽职调查，以求为己方实现最大商业价值。尤其是央国企，需要对国有资产负责，不能贸然投资。这时，一定要详细比较各种方案。对资产组合百般挑选、挑剔，需要做减法的时候一定要做减法，同时，还要关注市场环境，关注可比交易，谈一谈可能还得停一停。如果市场环境变差，节奏还会放缓。房地产是非常本地化的，要去各地看项目，有些因素就可能影响到尽职调查和交易谈判的进度，但行业问题的解决是等不起、经不起慢节奏的缜密谈判的。在非常时期，市场主体（包括央国企）的个体利益考虑可能与更大的公共利益产生冲突。说白了，为了公共利益，"宜粗不宜细"，买方需要承担一些风险，把交易尽快"办"了；但如果考虑的是个体利益（这里也包括国资企业对自己负责的国有资产的保护和考量），则需要极度谨慎周密，不求快，但求稳。然而，如此机制很难满足解决行业问题所需的节奏。

第七，资产缺乏流动性。很多土地、未售在建工程、持有型物业的流动性本来就不好，价值认定也存疑，很难在短期内变现。如果市场下行（隐含资产价值下行）的速度超过重组谈判的速度，那么交易就会变得越来越难，空间越来越窄：买方倾向于博弈市场变差，卖方倾向于博弈市场变好，两方预期相反，成交自然很难。

第八，稀缺资源的惜售问题。有的流动性问题是客观造成的，有的则是主观造成的。一些开发商手里有一些不错的资产（包括核心的土地和持有型物业等），但并不想低价处置。原因很简单，好资产就这么点，卖一个少一个，过了这个村没这个店。当然希望一次卖个好价钱，但市场下行、资产总体供大于求的时候，买方一定会博弈低价。结果，两边价格谈不拢就不放。

第九，如果交易方涉及国资／政府主体，则方案需要有较长的决策周期，包括更高层级的政治、政策决策与授权。其他条件相等的情况下，交易涉及的资产规模越大，涉及的区域越广越复杂，方案的影响力越大，涉及的利益攸关群体越多，市场和舆论关注度越高，相关方就越有可能需要向更高的层级获取政治与政策授权及背书。这往往会使决策流程变得更为复杂，因为它会涉及中央与地方、各监管体系之间的讨论与博弈。这里要提一提市场化机制和行政化机制的差别。

市场化机制往往有自下而上的性质，在推动中发现了需要决策的事项，发现了之前未考虑的因素，因此需要层层向上汇报，并且一路做动态调整，确保程序没有瑕疵。这里，每上一层都涉及更复杂的沟通，以及信息可能出现的层层递减／折损，效率相对比较低。

行政化机制有更多的自上而下机制。如果将当前的行业问题上升到最高度，由高层做政治／政策的诊断、决断，全国一盘棋，中央牵头，由上而下统一部署，那么从一开始就已经获得了最充分的政治政策授权与动员，效率自然是不一样的。

以上并非穷举，只是试图说明一些有代表特征的场景。

解决当前的行业问题，我们最迫切需要的是时间与效率，需要尽快解决问题。但市场化机制并不是时间的朋友。

行政化机制才是时间的朋友。在特定的场景下，需要行政化机制。

市场化机制能否向"行政化机制"转变呢？可以转变。

市场化机制如何向行政化机制转变呢？当发现市场化机制无法按时、按质、按需解决问题，并会导致更大问题的时候，就要向行政化机制转变了。

七、为什么不宜再单纯依赖市场化机制来解决问题？

问题七：为什么不宜再单纯依赖市场化机制来解决问题？

答：因为市场化机制不能按时、按质、按需解决核心问题（保交楼及保产业链市场主体），相反，市场化机制会拖延时间、传导问题、蔓延情绪，使问题更加严重，导致后续解决的代价更大。

上一小节回答的是"为什么不能"，这一小节重点回答的是"为什么不宜"。

依赖市场化机制的第一个问题是，执行主体与责任担当主体错配的结构性问题。

前文已根据政治重要性，对当前行业的主要矛盾进行了梳理、排序。第一，保交楼；第二，保产业链/供应商/市场主体；第三，保金融机构/债权人；第四，保开发商经营实体；第五，保开发商的权益投资者/股东。

前面我们也做出了诊断：保交楼是一个"钱"可以解决的问题。但只要一天拿不出钱，问题就一天得不到解决。

在市场化机制里，开发商是一个有自主能力，可以自主决策、自主承担责任的主体。政府主要通过改变外部环境、供需环境等因素影响结果。

为了解决流动性问题，开发商一般来说会启动与"重组"相关的谈判。这里的重组是广义的，泛指债务重组及资产处置等。实践中，债权投资者并没有太多选择，博弈之下，往往还是愿意先接受展期安排，希望"以退为进""以时间换空间"。而为了防止风险暴露导致的硬着陆，宏观和微观的政策在先期往往会对展期予以支持和鼓励，开发商一旦做了展期，解决了最迫切的问题，压力似乎就变小很多。一方面，可以看看在市场化政策的鼓励下销售回款能否改善、"造血"能力能否复苏；另一方面，可以坐下来，市场化地谈一谈企业平台或项目层面的股权投资者，在这一过程中，针对对手方及交易商业条款等还可以有选择和纠结的余地。

依据心理因素分析，大多数主体/人是理性的，与其自己先处置资产，放弃利益，为拯救行业"做嫁衣"，那是不是可以等待其他玩家"先走一步"呢？如果其他玩家把自己"贡献"出去，做了一些重组示范案例，也许市场就能看到信心了，行业就能企稳了，下行趋势就可以止住了。这样，自己就能活下来，笑到最后了。这就好比"鱿鱼游戏"：所有玩家都希望其他人走在前面，自己走在最后。

这里，开发商们希望做的博弈，就是享受其他玩家重组所提供的"正面外部性"。

问题是，开发商的局部利益与公共利益（从保交楼的民生到经济金融稳定）是存在矛盾的，并不完全是一个问题，而通过市场化的手段并不能解决里面的冲突。这就是经济学家常说的"公地悲剧"和"市场失灵"问题。

这一过程很耗时间,但始终没有增量流动性的注入。

首先,销售回款方面,即便有增量销售回款,也不一定能给开发商的保交楼提供流动性,因为只要预售资金来自新项目,都会被从严限制:各地当然要防止新项目的预售资金被抽离调到老项目,因为这等于是在制造新的保交楼问题,并且使问题的性质突然带有了"庞氏"属性。存量项目方面,许多项目都欠了供应商的款,有限资金的注入,可能可以用于偿还部分欠款,但尚不足以推动向前开工。

其次,债权投资的再融资或展期本身是无法为保交楼提供资金的。

最后,开发商资产包、项目的引资或出售,或者开发商公司/平台层面引入战略投资者(需要增资入股,否则无法提供流动性),如果这些市场化操作谈来谈去都不能落地,那也不能转化为资金,无法帮助保交楼。

停留在谈判层面是没用的。只要没有资金,房子就没法建设下去。可购房者还在还房贷呢!一开始,他们只是观望等待,但看到企业/行业问题始终没有解决,买的房子始终不开工,就会逐渐失去耐心和信心,最终导致断供问题。

断供是保交楼引发出来的问题。但只要允许购房者对停工或烂尾的项目暂停还房贷,虽然银行要承担一定的压力,但至少可以缓解短期情绪。不过,要根本性解决问题,还是要把房子建起来,这就涉及保交楼问题。

保交楼是大政治,是首要问题,也是根本问题。

在市场化机制下推动保交楼,存在执行主体与政治目标及政治责任错位、错配的结构性问题：政府最关心的是保交楼（以及保产业链/供应商），并要为此承担公共责任、政治责任及相关的风险；而开发商最关心的往往是局部利益，以及开发商企业主体及股东的利益与安全。

如此一来，问题就更加清楚了。如果说保交楼是行业第一要务，政府需要承担终极责任，但却把解决问题的责任交给开发商（及其在市场化机制下选择的对手方），就会存在执行/履行主体与风险/责任主体错配的问题。

从动力、利益、激励、时间要求、问责性、政治责任等维度看，开发商（及其市场化的对手方）不是解决保交楼问题最合适的负责主体，市场化机制也不是解决当前问题的最佳机制与手段。

因此，要解决保交楼问题，只能把问题交给最关心保交楼的人、最大的利益攸关者、最大的责任主体去牵头解决。这个主体就是政府（尤其是地方政府），同时需要采用行政化手段。

依赖市场化机制的第二个问题是，买方和卖方的局部利益与总体利益的冲突：维护资产价值稳定的问题（"护盘"问题）。

这里说的资产价值，并不是某一栋楼、某一个购物中心、某一家酒店，或某个地方某住宅项目的价值稳定问题，而是全市场的不动产资产价值。显而易见，它涉及的不是某一家开发商（及其对手方）的资产负债表，而是央行、商业银行及金融机构、企事业单位、家庭/居民等全社会主体的资产负债表，也会影响千家万户的经济安全感和福祉感。

这个价值稳定，不仅是金融稳定、经济稳定问题，还是最大的稳定问题，因此，是一个最大的公共产品。维护资产稳定，是公共职能、治理职能、政治职能。

前文分析了不动产资产价值中存在的问题：许多资产的价值可能存在结构性高估，或至少说并没有经过市场的有效检验；许多资产存在供需不对称、供大于求的问题，例如各类商业物业／持有资产；行业／市场下行时，市场主体（金融机构、企业等）会谨慎控制资金进入（有资金没资金的"0和1问题"），或要求较低资产收购价格（风险溢价）；"供大于求＋集中放量供应（许多主体同时处置资产）＋市场下行"，会加剧资产的踩踏式下跌。

前文也提到，开发商是保交楼里的关键主体：只有开发商获得资金，才能用于保交楼。因此，开发商需要引资及处置资产。如果我们发布行政指令，要求开发商必须在指定时间里处置资产，那就相当于把市场化机制里的一端——供应方——强迫关闭。在这种情况下，开发商会集中"放量供应"，改变不动产的供需关系，导致资产下跌。

在这种情况下，开发商的买家／对手方会愿意支付更高的代价吗？不会的，每一个主体都是理性的，只会考虑自己的局部利益。因此，他们不仅不会护盘，而且只会担心：现在是不是买早了、买贵了？"底部"到底在哪里？如果买贵了、买错了，是否会有投资决策责任？要不要再等一等？

在当前的环境里，任由买方和卖方博弈，只会推动资产价值下跌。市场不能帮助按时、按质、按需解决问题，相反，会导致情绪的传导和蔓延，导致负面循环的出现。要特别强调的是，在市场化机制里，时间不是我们的朋友。

而资产价值如果破位下跌，一来将从根本上使本篇所述的开发商保交楼的"偿付能力"问题被颠覆——开发商沉淀在土地、持有型物业、未售在建工程等资产上的价值不足以支持保交楼任务；二来会诱发更大的系统性风险。

有动力、能力、资源去维护资产价值稳定的"护盘力量"只有一个，就是政府，政府的意志、驱动力、决策也不是市场因素驱动的，而是政治和政策驱动的。

如果要把市场化机制里的供方因素"关闭"，就需要同时把市场化机制里的需方因素"关闭"，两个动作要同时操作。供需方都关闭了，那就是非市场化机制，即行政机制了。

本文已经表达了观点：解决当前的行业问题，很难也不宜单纯依赖市场化机制，而只能转为采用行政化机制。当我们将其重新定性为一个迫切需要解决的公共问题、民生问题、稳定问题和政治问题的时候，自然就会想到需要匹配更加有效的政策工具与手段。

行政化的机制不一定需要覆盖全行业、全市场，所起到的作用，主要是在初期提供流动性、提供引领、扭转情绪、建立信心、构建一条通往正向循环的通路。我们希望的当然是通过有限使用行政化机制，推动市场化机制。但决策者可能需要更大的决心，即行政化机制在解决当前行业问题时可能要扮演一个更加核心的角色。

最后，如何看待一段时间以来所采取的市场化机制的意义？肯定有意义，而且有积极的意义。实践出真知，不进行尝试，也就无从知道结果，所以看问题一定要辩证地看。在市场经济的体制里，遇到经济问题，往往首先会尝试用市场导向的政策、手段、主体去解决问题；遇到先前没有遇到过的问题，也只能"摸着石头过河",边实践边学习,再适时地、动态地调整。如果市场化机制能够一举解决问题固然好,但即便解决不了,或解决不好,也可以在尝试解决问题的同时发现更多的问题,加深对问题的理解,加深对政策和手段的理解,并积累实践经验与认识,这对于后续采取更多的手段、采取不同的手段应对问题都是有裨益的。

当然,最根本的,还是要有实事求是的精神和勇气。

八、如何通过行政化机制应对当前的行业问题?

问题八:通过行政化机制应对当前的行业问题,本质要做的是什么?下一步先要做什么?

答一:本质要做的是,通过强力、强制、有效的行政化机制与手段,一方面推动及敦促开工,另一方面从市场上(涉及问题的开发商)获得保交楼所需的资金或可以转化为资金的土地、在建工程、物业等资产,作为保交楼的财政手段。

答二:下一步要做的,首先是在全国层面,客观分析梳理房地产行业复杂的历史经纬及发展脉络,对当前的问题及解决问题的手段形成基本共识。

在前面的几章里,我们对行业当前遇到的问题进行了剖析和拆解,得出了若干观察及结论。

房地产行业/市场面临的问题很多,背后有复杂的历史经纬,涉及大量的利益攸关方,不可能一下解决所有问题。必须根据不同议题的政治重要性,对其主次先后进行划分,循序渐进地解决。

这个先后顺序就是保交楼、保产业链/供应商、保金融机构/债权人、保开发商的经营实体，最后，才是保开发商的股东/权益投资者。

从全国范围来看，保交楼问题有一个坏消息和两个好消息。坏消息是：需要巨大的资金投入（数千亿元，乃至数万亿元——本文未做进一步的量化分析，只侧重梳理逻辑）。好消息是：第一，保交楼是一个钱能够解决的问题；第二，行业在保交楼上的问题主要是流动性问题（一时拿不出钱），不是偿付能力问题（彻底没钱）。

钱去了哪里？本应用于工程建设的资金被开发商调离原项目。其中，尚留在房地产体系里的资金被沉淀为土地、在建工程、持有型物业等，只有将这些资产盘活变为现金，才能完成保交楼的任务。

能不能用开发商新开盘销售项目的预售资金去支援已停工项目的建设呢？不能。因为新开盘销售所获得的预售资金一定会被严格监管，被用来保证新开盘项目的交楼，很难被调出来。如果开发商对新项目的预售资金还能按资金池管理，对于很多购房者来说就有"庞氏"属性了。但实操里，这也不是一个问题：由于行业问题在过去一年里并没有得到解决，在预售制下，购房者购买困境/出险企业楼盘的意愿很低，因为担心后面出现交楼问题。

过去一年多的实践证明，市场化机制（包括市场化决策及运行的主体，以及市场导向的政策）并没有及时地为保交楼提供所需的资金、流动性，没能解决当前的行业问题，相反，演绎了"市场失灵"，使行业问题不断地上下左右传导、蔓延、扩散，直至停工烂尾引起了尚在还房贷的购房者（C端）的关注，引发了断供问题，并成为舆情事件。这个新情况使行业问题变得更加严重，并纵深影响金融及其他行业。

同时需要看到，要满足保交楼任务，就必须把这件事交给为保交楼担负政治主体责任的一方来牵头、驱动，也就是政府。只有这样，才能避免执行主体与政治责任主体权责不对称、不匹配、不对等的情况。

我们看到，行业问题已经穿过了某个临界点，市场化机制已经不足以解决行业当前的问题。如果能看到这个情况，就应该意识到，市场化机制不宜再被用作解决行业问题的主要及主导手段，在市场化机制下，"时间不是我们的朋友"。如果继续任由问题按照市场内在逻辑和动力去传导、发酵，将会制造新的问题，并引发更大的系统性问题，并使后续解决问题的成本代价更高。因此，必须破位思考，形成围绕行业问题的共识，并尽快决策行事。

围绕行业问题，政府/监管/决策者要形成哪些"共识"呢？

一是需要实事求是地看待历史——看待过去20多年中国房地产行业及城市发展模式的历史经纬，客观分析导致目前问题的原因。

二是需要看到当前问题的迫切性，把自上而下、统一部署、充分授权、强力有效的行政手段作为下一阶段解决问题的核心。

那么"决策"具体需要做什么？即决定以下八个问题。

第一，行动的牵头/参与主体——政府。此处的政府，指的是广义的"政府"，包括党与政、中央与地方、条条与块块，以及在市场上运行的国有金融机构及企事业单位等主体。

第二，行动的目的——先满足"保交楼"及"保产业链/供应商"，再依次考虑后续的任务。

第三，行动需要涉及的对手方：困境/出险的开发商。

第四，行动的本质与内涵。从开发商手里/市场上获得可以转化为保交楼及保产业链/供应商所需资金、流动性的土地与资产，将这些资产在先期/事前或后期/事后转化为资金，即推动保交楼开工建设、偿付供应商欠款的财务资源与手段。

第五，具体的行动。由政府（广义的政府）牵头主导，以行政化的机制与手段完成，充分考虑但又不受制于市场因素，并且需要充分且创新地运用政治政策和法律法规框架内授予政府的一切权力、能力与空间。

第六，行动的时间表。在限定的时间内推动完成任务。一定要快，在最短的时间内形成市场影响力、引导力，防止因为市场自发运作导致负面因素的进一步传导与蔓延，加大既有的行业问题。

第七，最核心的问题。对交易价格如何考虑：必须以一定水平的价格完成，其目的是维护我国不动产资产价值的稳定，维护我国金融及经济大局的稳定（"护盘"）。

第八，确定要覆盖多大的范围。初始的决策一定是自上而下、统筹部署的。覆盖多大的范围呢？要解决全行业的问题吗？一开始未必要回答这个问题，但要考虑这个问题。解决行业问题的手段可以是"试点"，视执行情况逐步扩大。理想情景是，以"四两拨千斤"的方式解决，通过行政化的机制与手段，振奋市场，带动、推动、拉动市场力量一起解决问题。悲观情景是，政府出手了，但市场在观望，甚至还引发了一些道德风险，最终，政府自行完成了大部分工作。从战术/策略上，应该循序渐进，稳妥推进，以点带面，动态调整；从政治/战略上，应该一开始把各种情景都考虑到，为悲观情景做好预案，然后再做决断及充分授权。

房地产行业当前遇到的问题，其实是中国过去 20 年城市发展模式里积累的问题（甚至可以说是"痼疾"）所导致的。这一发展模式，既取得了很大的成绩，但也带来了问题，必须实事求是、客观、辩证地对其加以分析。也只有正视房地产问题、解决房地产问题，中国才能在城市建设里迈向新发展模式。

九、政府机构考量的因素有哪些？

问题九：政府机构通常会考虑并纠结什么问题？如何解决？

答：政府机构不得不考虑博弈。

前面说了，简单依赖市场化机制不能解决当前的问题，那交由政府，就可以形成共识、解决问题了吗？

答案是否定的，因为政府是一个广义的主体。党与政、中央与地方、条条与块块、监管者与被监管者，还有在市场上运行的、相对独立的、各自承担政治及经营责任的主体——那些中央与地方的国有金融机构及企事业单位等，在老百姓眼里，都可以被划作广义的政府。

改革开放以来，中国模式的一个重要特征是，各种各样的政府机构／单位（包括监管者与被监管者）都在市场里运行、博弈。我们的许多政策、经验、实践、导向，也都是在这些博弈中逐渐形成的。

围绕房地产行业的问题，当然也有博弈。所谓博弈，就是政府机构不得不去考虑的问题。大致归纳为如下类别。

第一,"主体责任"的问题。

往往会变成"过去的问题算谁的""如何归责"等具体问题。针对房地产这样复杂的行业,在建立"共识"之际,在统一部署之前,通常先要把过去及现有的问题进行复盘,得出结论。如果复盘,是否需要归责呢?当代中国政治体制对单位与个人是强问责的,基于此形成很强的政治约束与导向。人们不免总有这样的印象:问题责任主要归哪方,就会责成哪方主导解决问题。因此,涉事机构主观上都会希望把问题讨论清楚。这里,主要涉及中央与地方、条条与块块的问题。

第二,谁出钱以及钱从哪里来?

到底由哪个主体牵头提供资金与流动性呢?有的主体可能没有富余的资金/财政能力解决问题(如地方政府);有的主体已经"半个身子在水里",还有不少存量问题没有解决,并不想再扩大问题(如国有银行)。总之,对大多数主体而言,需要更高层级的单位提供资源支持。

第三,如果搞不好,或再出问题,算谁的?

大多数机构是理性的,不希望主动承揽更多责任,不希望"蹚浑水",不希望解决自己解决不好的问题。如果参与其中,一定会考量:如果搞得不好,再出了问题,责任归谁呢?自然希望规避责任与风险。

第四,政府出手就面临"权衡取舍",权衡取舍就会影响大的利益。

如何决断呢?其实,这就是"保谁"的问题。保交楼涉及许多项目,涉及许多开发商主体,涉及许多省市。同一个地方可能有多个项目,同一个开发商在不同地方也有项目,情况不尽相同。该保哪个呢?"保这个项目,为什么不保那个项目?""为什么先保这个项目,再保那个项目?""为什么保交楼方案会存在差异?""我的开发商和他的开发商有不同吗?"这些问题都是触及购房者(C端)的,沟通协调成本很高,大多数政府机构是不善应对的,也没有精力和能力应对。这也解释了为什么相关政府单位不愿轻易把问题接过来。

第五,是否存在道德风险?

比方说,某开发商本来还在努力,但看到政府要出来保,直接就躺平了,这样反而加大了政府的负担。还有一些政府官员想先明确的:政府出来保了,不就等于把行业"国有化"了吗?是否合适?政治上如何考量?还有,这次政府出来保,会不会给所有企业都造成政府最后会为企业的激进行为买单的印象呢?那不就成了鼓励/奖励激进,或者"大而不能倒"吗?这样,是否属于道德风险,是否不利于树立市场规则?

第六,对大政治、大政策的判断问题。

现实中,很多政府单位及个人对新时代的政治理念、政策尚处在一个逐步理解与学习的过程中,由于在落实到具体问题的时候,可能不能完全看清,没有自信完全准确地把握。在"学习还在路上"时,具体/个别的政府单位与机构在得到更加清晰的指导前,会倾向于避免做出决策,以防政治站位及政治判断出现问题。

第七,已经认识到房地产行业问题的背后复杂的历史经纬的顾虑。

还有一种情况就是,具体的政府机构已经看到房地产行业问题背后的历史经纬非常复杂,知道自己与其他部门/机构在历史上所发挥的作用，同时并不想"甩锅""免责"，不想把问题推到其他部门（"于公于私"都不愿意），或认为"甩锅""免责"其实没有意义，因为板子总会打回来。这个时候，政府单位可能选择等待，并期待更高层级的领导人能够发现和理解问题。

第八，"老领导"很难解决"老问题"。

一般来说，解决一个问题，找新任领导比找老领导容易。所谓"新官上任三把火"。新领导容易发现问题，且没有包袱。老领导多少是有些包袱的，个中问题肯定非常复杂，有特殊的历史背景，跟外人一下也说不清楚。同时，老领导也不愿意自我批评，否定自己在过去的实践，因为这就是否定自己。特别是，如果自己和同一时期其他共事的领导、其他条线、其他地方的人所做的事情一样，就更加不能否定过去了。因此，在大多数情况下，老领导很难积极解决老问题，需要等待新领导的到来，才能重新审视和解决问题。这也是常见的问题：无论中国还是国外，无论政府还是企业，都是一样的。不破不立、新人新气象，讲的就是这个问题。因此，有的时候，得"让子弹飞一会儿"，让时间解决问题。

以上解释了为什么真的交由各个政府机构自行"博弈"推出解决方法，也很难有好的结果。

在社会主义市场经济体制里，市场对资源配置要扮演决定性因素。这个时候，部委和地方的官员/技术官僚会有强烈的动力把那些紧迫的、需要承担政治责任与风险的问题交由"市场"解决。这时，他们可以制定市场导向的政策，或呼吁市场导向的央国企采取某些行动。

即便市场不能最终解决问题，他们也做出了贡献，即提供了一个正确的试验田。

公共部门在中国的政治经济社会里占有非常重要的角色地位。公共部门所要解决的诉求是非常复杂的（既要，又要，还要，更要），根据具体的场景，这些目标可能发生冲突。

由上可知，依赖市场化的机制不能解决当前的问题；依赖具体的政府单位各自博弈，也无法形成好的、有力的、有效的行政化方式解决行业遇到的问题。更多的情况是，政府/监管机构选择"退让"，希望先由市场力量发挥作用。

但实践说明，市场力量不足以解决问题。

处理当前的问题，重要的是以下几条。

第一，实事求是。实事求是地分析中国房地产与城市发展的历史路径、模式及当前的问题。

第二，把问题搞清楚。达成了共识后，就不要专注于追究具体的责任了，而是要由中央自上而下地决断，考虑更大、更宏观的解决方案。

第三，对待中国房地产行业的历史问题，应当是"宜粗不宜细"，对历史不要有太多的争论，不要有太多的纠结——因为它们都是中华文化及历史的产物。还是要朝前看，要形成共识，凝聚力量，形成正能量，大家一起迈进、发展。

后面，我们讨论解决行业问题更加具体的思路，以及中国要建立的长效机制。

十、解决地产问题的框架是什么？

问题十：采用行政化机制解决房地产行业当前的问题，大的框架是什么？

答：当前房地产行业遇到的保交楼问题，表面上看是因为预售资金管理所导致的资金问题、流动性问题，实际上已经是一个系统性的信用紧缩问题，无论是购房者不愿再支付房贷或暂缓购房决策，还是金融机构不愿再增加对困境/出险房企的投入，以避免进一步扩大风险敞口等，都是信用问题。现在的问题已经超出了房地产行业，正在传导、蔓延至其他行业，影响到产业链里的市场主体、金融系统的稳定与安全，乃至民生福祉及老百姓的财富安全感。

因此，解决房地产行业的问题就刻不容缓了。行动目标也聚焦到保交楼上——确保购房者能够住上停工烂尾的房子。如果我们把保交楼问题的解决看作一个信用问题，那么最能够提供信用的单位就是政府——政府是最大的信用方，能提供最大的信用背书。政府以强有力的方式出手，可以一举改变事情的发展方向，帮助市场重振信心。

但由于房地产行业就是中国过去20多年城市发展的缩影，其历史经纬及现状都异常复杂，并涉及不同的区域与地方、不同的开发商主体与项目、不同的监管部门、不同的金融机构、庞大的上下游产业链，问题千差万别，情况异常复杂。鲜有人能够站出来，并且愿意站出来把复杂的问题拆解透彻，因此也很难进行顶层设计与决策。一段时间以来，对房地产行业的问题有点"走一步看一步"，遵循市场化、法治化的总原则、大框架，依靠各监管体系、各地方和各种主体自行摸索、研究、撮合、磋商、决策，尝试解决行业问题。但在这个过程中，又暴露并发现了更多的问题，并使既有问题进一步传导、蔓延、放大（遂才有了断供问题）。但这个过程也是必经之路，它可以总结经验，可以帮助我们把问题看得更全面、更透彻，帮助我们在下一阶段聚焦到更有效的方法论上。

在本书中，笔者提出的是"行政化机制"，认为它应该是下一步的主要力量、主导力量、牵头力量。市场化机制（包括市场化的主体以及市场化的政策）可以作为补充，并期待它们在下一阶段发挥更大的作用。

关于所谓的"行政化机制"，本文只停留在宏观层面（甚至是抽象层面）讨论大框架、概念性的问题，注重实质而非形式，也不会探讨颗粒度更细的具体方案。这样做的好处是，可以适当脱离、跳脱具体的技术细节，落位宏观，并且能够帮助拥有不同经验、实践、教育、训练及话语体系的人一起看清问题的实质，形成一些共识性看法。

第一，要解决的核心问题——保交楼。

为各个在建楼盘项目输入新的资金，复工复产，解决保交楼问题。保交楼是第一位的，保交楼问题本身也已经不小了。先设立一个"小目标"，解决保交楼问题，再考虑依次解决其他问题。

第二，涉及的房地产企业／开发商。

主要是指旗下已售楼盘项目实质停工至烂尾，项目上资金枯竭（甚至有欠款），并且开发商凭借自身的资金周转、资本市场新增融资及在平台及资产层面进行市场化引资或资产处置均无法在短期内解决困境的企业。要特别注意最后一点：市场化引资或资产处置。其一，开发商可能存在引资或资产处置的"状态"，但实际情况是永远找不到投资者／下家，要么根本就没有投资者／下家，要么商业条款永远谈不拢，开发商仍在博弈，计算自己的利益。其二，如果开发商真的打算在给定时间内，不管不顾地处置/出清资产，则有可能推动整个市场资产价格下跌（尤其当许多卖方同时操作的时候）。在现实中，有经验的人把开发商手里的土地、存货、持有型物业进行粗略盘点，就可以大概推断这些项目短期变现的可能性。当然实际情况更复杂，即这些资产可能做过多笔债权融资，甚至净资产为负。但无论如何，如果认为短期变现难度很大，这些开发商是没有办法通过处置资产获得流动性以完成保交楼任务的。这时，政府就需要从市场化模式切换到行政化模式来解决问题，宜早不宜迟，防止问题进一步蔓延。

第三，需要在什么时间表内解决？当然越快越好，但大约有两年的窗口。

从购房者的角度来看，只要不用还房贷，还可以拖一拖。购房者通过预售制购房，本来也做了等待的准备。并且一般而言，从预售到交楼本来也有一两年的时间。当前行业与许多开发商主体遇到问题，人们都是知道的，所以只能调整预期。在这样的情况下，换位思考，假设自己是购房者，如果两个条件被满足，可能还可以"坚持"一下：一是在项目复工完工没有时间表的时候，暂时免除还房贷（在购房者与银行的利益之间，政府要偏向购房者）；二是能够看到并相信政府正在有力介入，项目复工、完工有望。如果这样，大概还可以拖一段时间，譬如两年。但也不能无限拖延。

从行业/市场/经济的角度来看，要尽快。但要看到，保交楼及断供问题会带来全行业的信用紧缩。只要保交楼问题不解决，行业就相当于被按了"暂停键"。尽快完成保交楼，这不仅是民生政治，也是稳定市场、稳定经济。

第四，保交楼的资金不能、不宜从哪里来？

保交楼要解决的是已售项目的复工复产。之所以存在保交楼问题，就是因为预售制下的资金监管有问题，资金没有被闭环到项目上。在这个背景下，新开盘销售项目的资金是一定会被从严管理的。其一，政府要确保新开盘不会再因为资金被抽调而导致新的保交楼问题。其二，如果新购房者发现资金又被调走去支持旧有项目，信心也会坍塌，整个事情就有"庞氏"属性了。因此，对新项目的预售资金进行闭环隔离保护，虽然不利于开发商盘活、调动资金，无法缓解眼前保交楼所需要的流动性问题，但对政府来说，是维护更大局面之安全、稳定的必要手段。

第五，保交楼的资金最终应该从哪里来？

之所以存在保交楼问题，就是因为开发商对预售资金是按照资金池的模式管理的，资金被抽调拿去拍地或用于支付其他项目的工程款，结果预售资金就沉淀为开发商持有的其他土地、在建工程、物业等。"羊毛出在羊身上"，既然钱被调走了，那么最符合伦理直觉的做法，就是要求开发商将那些土地、在建工程、持有型物业处置变现，换回资金，重新用于保交楼。但如前所述，在市场模式下，通过市场化的机制，开发商可能一时间无法变现这些资产，甚至可能永远都无法按照理想的价格变现某些资产，并且其尝试变现的过程本身，就可能影响资产价值（集中处置会导致资产价值下跌）。因此，尽管说"解铃还须系铃人""羊毛出在羊身上"，"保交楼"的资金最终应该来自项目对应的开发商，但短期内，需要有其他的渠道提供过桥、过渡的资金。

第六，短期内，保交楼的过桥、过渡资金应该从哪里来？

房地产转型与重塑 / 136

短期内的资金来源只能是政府。这个"政府",指的是广义的政府,即公共部门的概念,可以包括中央与地方政府、国有金融机构、国有企业及其他政府机关及事业单位等。政府/公共部门的背后无他——就是纳税人。为什么是政府?因为政府是法币发放者,有能力改变我们的货币环境;因为政府能够提供最大的信用;因为政府能够颁布和诠释法律、法规、政策;因为政府有许多行政手段可以使用;因为政府有足够的资源和能力,旗下也有许多平台可以分担各种功能、职能……但归根结底,还是因为政府要承担公共职能,要维护经济社会大局及民生稳定,是最有义务、动力也最有能力解决问题的主体方。因此,保交楼问题只能先由政府出面,暂时提供流动性。

第七,政府为保交楼提供了过渡性资金,填补了短期流动性,那么后面如何从开发商手里收回资金呢?政府不能平白无故接盘,纳税人出钱把开发商没盖完的楼给盖完了,然后开发商就可以全身而退了吗?没有这样的道理。需要特别注意的是,这不是拿纳税人的钱去救开发商,这是为了大局不得已的暂时过渡。这个定性,一开始就要格外注意。

第八,政府/纳税人最终需要从开发商的手中获得保交楼所需的资金(也就是土地、在建工程及存货、持有型物业等)作为补偿,这是实质。至于具体如何操作,就是形式问题和技术问题了。但如果要稍加拆解,大致可以分为两个环节。

环节一:政府从开发商手里"收回"土地、在建工程/存货、资产。怎么收回?当然是在法律、法规框架下进行(这个问题是技术问题,本文就不予探讨了)。但核心在于,这个环节是由政治授权、政治导向、行政驱动的,从定价、商业条款、决策到执行周期，都不是简单的商业化经济行为，也不能是商业化经济行为。同时，要特别指出的是，交易定价要充分参照市场价格，不能大幅偏离。这就使交易本身自带"护盘"功能。（这一条是重中之重！）

环节二：政府将"收回"的土地、在建工程/存货、资产重新"释放"，收回资金。如何释放？具体方法可以有很多，也是技术层面的问题。包括重新出让土地（并且可以适当调整规划）；调整资产的职能、功能，例如将原本的住宅调整作为保租房；进行证券化，例如保租房公募REITs，或者利用优质自持资产发行ABS（资产支持证券）等。政府单位内部还可以进行一些"腾挪"，例如让有富足资金及资产负债表空间的企业（如央企）接走部分资产。方法很多，也都是技术问题。只要大方针确定了，从来都不缺乏技术解决方案。

环节一和环节二并非绝对分开的。两个环节可能非常接近，甚至有可能跳过环节一直接到环节二。但核心要义是，两个环节都是自上而下部署，且由政治授权、行政驱动的，要在指定时间内完成。要避免市场化机制中的友好磋商、自主商业谈判、自主商业决策，以及因商业化所带来的一切不确定性。我们说得直白点，在战场上，在生死存亡的一线，有时确实不能有这么多的温文尔雅和繁文缛节。

第九，不同政府/公共部门机构的大致分工是怎样的？

大致轮廓可能是这样的：中央判定大方向，做政治决断，给予政治授权。政治决策一旦完成，后面的事情就是"船到桥头自然直"了。

中央工作组。中央层面可以有一个高级别的工作组，相关部门委派成员参加，专门负责此事。工作组应该有国务院主管部委（发改、国土、住建、国资、财政等），也应该有党体系参与（例如纪委、宣传部等），在政治授权上不能有"盲点"。成立工作组的目的，就是为后面的决策与执行提供充分的政治授权，能够协调一切有关的部门、地方及职能资源，并使中央对进展时刻知情。

国务院主管部委（例如发改、国土、住建、财政等部委体系）。一是该方案可能涉及土地的收回、转让、再出让、再规划或调规划等，需要这些部门的参与、授权、推动落实执行；二是如今很多开发商是全国性跨区域经营的，地方政府有动力解决本地的保交楼问题，但恐怕没有能力也缺乏意愿解决跨区域问题。涉及跨区域主体的问题，少不了中央/国务院牵头。

金融监管机构。一是对初始的保交楼提供全面的政策支持，二是对政府"收回"资产（环节一）及政府重新"释放"资产（环节二）提供全面的政策支持，三是在政策上全力支持优质企业的融资（例如三道红线下的"绿档"开发商）。

商业银行。负责提供短期的资金/流动性支持。涉及的问题很具体，就是如果要复工复产钱从哪里出。短期内，要再对困难项目"垫资"，各种国有金融机构、企业、地方政府都可以发挥作用，但在关键环节指望得上、不掉链子的，还得是商业银行。而提请商业银行支持的这个环节，必须是自上而下、行政驱动的，对负责主事的单位、团队和个人要有充分的政治授权及免责。因为商业银行已经在房地产行业里"伤得很深"，不希望再扩大风险敞口，不希望"蹚入新的浑水"。总之，要发动商业银行，就不能再是一个简单的市场驱动的经济行为，而是要完成中央指定的特殊任务，这是其中的关键。过程中地方政府可以给予某些增信，但这也都是技术问题了。

央行。在短期内，为商业银行提供底层的流动性支持。换言之，短时间内，如果商业银行能力不足，可以借助央行获得流动性。

其他国有非银行金融机构（从主权基金，到社保、险资、不良资产管理公司，再到其他各类非银行金融机构）可以在过程中给予必要的资金支持，同时也必须有充分的政治授权及免责，由行政机制驱动。否则这些机构参与的动力会比较有限。对于所有的金融机构（包括银行和非银）而言，难点都集中在保交楼阶段，而不是在后面的环节（政府收回资产，或重新释放资产）。

地方政府。保交楼问题往往都会被拆解落实到各地的项目上。其一，因为关乎民生稳定，主体责任会层层拆解，最后落位到地方政府身上，地方政府会担负主体责任，因此解决的动力强。其二，地市一级的政府距离项目最近，最能了解情况，最能协调资源，相比省而言可能也更有实际的财政能力，因此，也是最能督办落实保交楼任务的主体。在整个大棋盘里，地方政府就是落实保交楼的一线。无论中央部委一级如何牵头全国性开发商解决问题，最后都免不了地方政府的有力支持。具体而言，地方政府利用的工具手段可以有很多，包括地方平台、地方房企、地方建筑公司、供应商，以及地方专门为保交楼及行业纾困成立的专项基金等。

央地国企（包括房地产企业、建筑公司、地方平台等）。主要负责具体完成停工烂尾项目的工程建设（类似于代建）。在这个过程中，央地国企可能还需要做到以下三条：一是有可能需要提供部分垫资（"有钱出钱"），当然有地方政府和商业银行支持最好，另外最终"羊毛"最好出在"羊"身上，央地国企直接参与困境开发商土地与资产的"收回"；二是出来做信用背书，把困境开发商的项目贴标换为央地国企自己的项目，并且接管所有与供应商及购房者相关的事务；三是不能指望从中获取太多收益（要当成"公益事业"来办）。由于央地国企都有自己的国资监管及问责体系，因此，参与保交楼事业也要有明确的政治授权、指令，以及必要的免责，不能仅通过市场自发驱动。

行业协会。事业单位，属于广义的政府体系，由于没有实质的行政权能，无法作为行政机制的推动主体，只能做倡导、游说、问题反馈等辅助功能。

以上各个环节，总体而言就是，中央决策、统一部署、授权；商业银行提供，地方政府督办。各环节都必须是政治授权、行政驱动的行政模式；各个单位、机构都是在指定时间内完成指定任务的，并需要得到一些政治免责。这也是这套方案与市场化机制的本质区别。另外，行政模式下，必须坚持政治导向，遵循保交楼、保供应商的目标，不能变形走样，变成了保开发商主体甚至保原始股东。

第三篇
房地产新发展模式的定义、发展阶段与金融支持

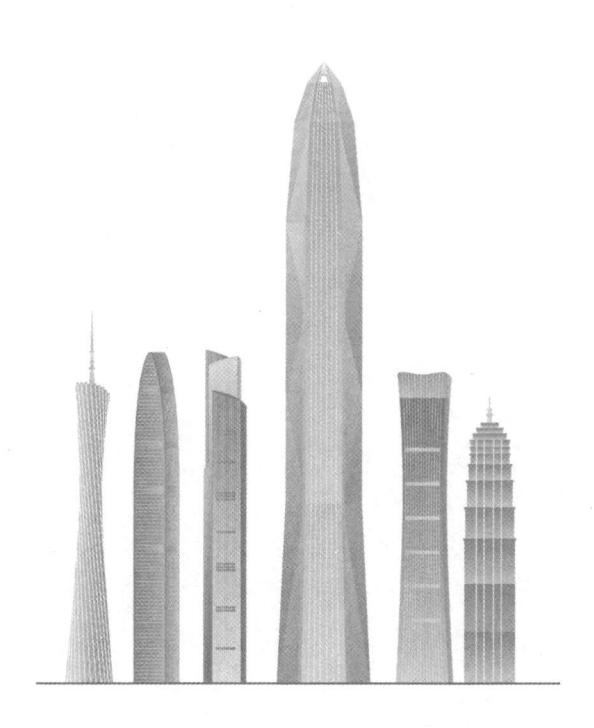

第八章

房地产行业的新发展模式

一、衔接新发展理念

党的二十大报告强调,"贯彻新发展理念是新时代我国发展壮大的必由之路"。2022年中央经济工作会议强调,"坚持稳中求进工作总基调,完整、准确、全面贯彻新发展理念,加快构建新发展格局,着力推动高质量发展"。

房地产行业应该如何探索并转型至新发展模式呢?找寻新的、可持续的、高质量的业务模式是一方面,同时,也需要兼顾、体现、贯彻国家提出的新发展理念。能够融合新发展理念、融入新发展格局,才是长期可持续的新发展模式。

何为新发展理念?新发展理念即创新、协调、绿色、开放、共享的发展理念。其中,创新注重解决发展动力问题,协调注重解决发展不平衡问题,绿色注重解决人与自然的和谐问题,开放注重解决发展内外联动的问题,共享则解决社会公平正义问题。

对房地产/不动产行业的从业者来说，要回答行业如何与新发展理念衔接这一问题，需要结合自己的行业与业务特性。

（一）创新

创新是多方面的，包括业务创新，也包括技术创新，业务创新可以带动技术创新，技术创新反过来又能驱动业务创新，两者相辅相成。从业务创新的角度，行业不再单纯依靠住宅开发销售驱动，不断探索新业态、新产品、新服务，创造新的收入利润来源。租赁住房、零售消费、办公、文旅、产业、仓储、体育等都是可布局的不动产业态，企业围绕各类资产、空间、业态发展运营、管理及垂直服务能力，并由资产导向（2A，to Assets，面向资产），延伸至为空间内居住、工作、生活及娱乐的人群与组织提供服务（2C/2B）；从技术创新的角度，企业可以探索沿着不动产物理空间及业态的建造、运营及服务场景与链条，研发及应用各类新技术，包括新能源、互联网、物联网、人工智能、数字化等具有国家战略高度的新经济行业。在建筑和不动产领域，也不乏"卡脖子"工程及关乎国家系统安全的战略领域，如建筑行业数字化/BIM（建筑信息模型）和CAD（计算机辅助设计）等，坚持创新发展，才能找到行业发展的新动力。

（二）协调

协调也涉及多方面的关系，譬如房地产行业与国民经济的总体关系（国民经济产业结构问题）；房地产行业与其他产业的关系（需要形成一套健康的循环关系），房地产行业与金融的关系（不仅关乎各行各业获取的金融资源，还关乎经济金融系统性安全），房地产行业内部传统发展模式（住宅开发销售主导）与新发展模式的关系（要逐步转型到新发展模式），区域与城乡发展问题（房地产/不动产的开发建设需要与国土空间发展格局，区域战略与功能，地方资源禀赋、特色、定位、优势及短板等匹配，因地制宜，合理开发匹配的业态），不同不动产业态、空间之间的协调关系（统筹结合国家及地方视角，鼓励发展某些业态，同时限制发展某些其他业态）。

（三）绿色

绿色与房地产行业关系密切。首先，房地产开发建设需要土地，只要涉及土地，就可能影响生态环境。所谓"绿水青山就是金山银山"，建成了房地产项目，以为这就是金山银山，但从长期看却破坏了真正的金山银山。这些年，在自然资源保护区违规开发房地产项目的问题引起了社会关注，有关部门做了许多整改和补救。这些其实也是传统发展模式留下的问题。其次，在房地产的建设及持续运营过程中，也需要管理污染物排放、碳排放及资源使用问题，和生态环境保护问题息息相关。房地产行业转型新发展模式，无论是在不动产的空间营造，还是持续的空间管理与运营上，都需要紧扣绿色发展主题，以绿色低碳循环为原则，以人与自然和谐共生为价值导向。

（四）开放

房地产/不动产行业长期鼓励外资进入，开放程度一直较高，具体体现在：第一，许多开发商是有外资背景的，例如，人们可以看到中国内地许多大城市有中国香港、英国、新加坡等地的企业投资开发和持有的品牌购物中心；第二，许多细分业务领域有大量外资运营商，例如品牌酒店经营、甲级写字楼的物业管理、主题公园、仓储物流及房地产资产服务（五大行）等；第三，内地开发商的资本运作有"离岸化"特征，许多国资及民营企业搭建了离岸结构，在香港上市，积极利用境外市场筹资支持业务发展；第四，境外资本一直是不动产行业的参与者，通过私募基金或公开市场、股权或债权、资产或平台的方式投资中国不动产。新时代，强调要以国内大循环为主体，大力吸引、利用包括资本在内的全球资源要素，以实现国内国际双循环相互促进。房地产/不动产行业是推进高水平对外开放的重要领域，吸引境外资本投资租赁住房、零售消费、产业园等多种业态，帮助中国进一步推进城市发展及基础设施建设，同时也可以引入成熟的运营经验和能力。

（五）共享

在新发展理念里，共享主要解决的是民生、普惠问题，以人民为中心，幼有所育、学有所教、劳有所得、病有所医、老有所养、住有所居、弱有所扶，使发展能够惠及全体人民。落位到房地产行业的新发展模式，又可以从多个维度理解，例如，从住宅来说，未来不断丰富住房供应结构与层次，更多提供普罗大众所能担负的可出售物业及长租住房；从非住业态类别看，要引导开发和经营能够满足人们生活、消费、娱乐、文化、体育等多层次需求的业态；从产品定位来看，不仅要有高端定位的物业（例如高端商场），也要多开发运营能够惠及一般民众的中端消费场所；从民生服务的提供来看，可以以住宅物业管理为载体，大力发展社区/居家养老；从金融及财富积累的角度讲，要推动金融创新，利用公募 REITs 等工具帮助民众分享不动产及基础设施创造的安全、稳定的收益等。此外，不动产空间是人们每天居住、生活的场景，能够最自然、最便利、最直接地触达终端消费者。不动产运营商稍加心思，就可以将社会效益与经济效益做一定的结合，例如，笔者最近在一些写字楼和住宅物业都看到了定点扶贫产品售货专柜，这就是很好的操作。因此，不动产行业在推动普惠和共同富裕方面也大有可为。

新时代下，各行各业都需要考虑与国家总体战略及导向的契合。新发展理念提供了一个比较好的切入点，各行各业可以结合自身特性，探讨并实践如何与新发展理念进行衔接。

以住宅开发销售为主导的房地产行业是我国经济的传统支柱产业，但也伴有传统发展模式的一些特有问题。随着国民经济不断转向新发展格局、新发展模式，也势必需要摆脱对传统房地产发展模式的依赖。新发展理念主导社会经济发展，也对房地产行业的转型发展提出了要求。未来，国民经济与房地产行业在各自转型后将建立新的关系：国民经济希望更多依赖房地产行业的新发展模式，并将房地产行业发展为新时代的支柱产业。

二、定义新发展模式

"房住不炒"的说法,一方面提出要还原住宅资产的原本功能,另一方面对房地产行业转型向新发展模式提出了要求。回答何为新发展模式,可以从新发展理念(创新、协调、绿色、开放、共享)找到一些引导原则和启发,但企业(作为供给侧)最终还需要结合行业实际情况(需求侧),在实践和经验中找到答案。

笔者以为,可以通过不同的角度、维度与房地产传统发展模式进行比较,理解、定义房地产行业的新发展模式。

(一)租购并举——住房由"购"向"租"扩充

房地产行业传统发展模式的核心是住宅开发销售;行业要转型至新发展模式,就要求企业从单纯的住宅开发销售拓展到投资、开发并经营租赁住房/长租公寓,帮助实现住房供应的租购并举。从市场角度看,"租"同时涉及供应和需求两端。供应端,即"有房可租",市场上要有不同类型的租赁住房供居民选择;需求端,即"租房也行",居民认为租房是解决居住的一种可接受方式——无论是从生活便利、安全稳定、财务状况的角度来考量,还是基于社会观念、社会接受度和心理因素等角度。中国人崇尚置业,向往拥有住所产权,因此需求要在与供给的长期互动下发生作用:一方面,核心城市的优质住房的价格稳定在高位,大多数年轻人难以担负,同时价格进一步上升的空间又有限;另一方面,市场上有大量经营良好、质量有保证、类型多样、能够满足不同家庭需求的租赁住房。慢慢地,人们才能逐步接受推后购房年纪（甚至晚于结婚和生育），甚至选择将租房作为长期的居住解决方式。

（二）从出售资产到持有资产

传统模式下，房企偏好将投资开发的不动产资产对外出售，一次性套现，并着力通过加快周转提升公司的规模和利润。这种模式不仅适用于住宅，也适用于办公和商业，而且为了加快流转、提升单价，开发商不惜将物业散售（进而降低整体品质）。新发展模式下，房企将更多转向持有资产，寻求获取长期稳定的经营收入。持有资产必然要求企业有较低的融资成本，在房地产行业本轮洗牌重组后，能够存续发展的大多也是优质企业，能够以较低成本融资，因此也能"拿得住"资产。最终，房企的收入结构，将从"一次性"的销售收入更多地转向重复性经营收入。

（三）从依靠资产增值赚取收入，到依托或围绕资产赚取经营性收入

传统模式下，房企做不动产投资、开发及出售，本质是通过赚取开发前后的差价，获取资产增值收入，将资产增值收入作为核心业务模式；新发展模式下，房企将转为通过资产获取各种类型的经营性收入，最基础的是自有资产，获取的是租金收入；然后是为资产引入权益投资者，或"基金化"，获取资产、资本管理收入；最后是受委托管理第三方业主的资产，获得的是经营管理/品牌收入。

（四）从"房地产"转向"不动产"

在中国，"房地产"一词往往被"狭义化"，指代住房及住宅开发销售，这是因为住宅开发销售是传统发展模式的核心。进入新发展模式，企业对各种类型的房地产业态更多选择持有经营，为与传统发展模式有所区分，在行业的概念和称谓上将更多地转向"不动产"，泛指在土地上开发的一切建筑实物资产。

（五）从将资产作为"目的"，到将资产作为"手段"

当赚取资产增值收入是终极业务模式时，资产即目的，其他一切都是手段，在这个过程中，企业也会走向金融化。这就是在大多数时候、大多数地方，房地产/不动产业务的真谛。但在新时代，中国政治经济模式及中国式现代化要求房地产与宏观经济、金融、民生福祉具有和原来不一样的关系，房地产企业也一定要谋求中国特色的发展道路，建立与资产不一样的关系，这就要求不再单纯地将不动产及不动产的资产增值作为"目的"，而是将不动产空间作为拓展产品及服务的"载体""舞台""平台""手段"。

（六）从"资产""不动产"，转向"空间"

资产主要指建筑、楼宇、设备等有形实物，不动产则主要指建筑楼宇本身。资产和不动产都是房地产、财务、金融领域使用的概念，空间的内涵更广，其虽然也依托实物，但有以下几个特点：第一，并不局限于楼宇和建筑，可以泛指一切人群停留的物理环境；第二，可以包括资产，但也可以涵盖、辐射周边的物理环境；第三，相较于实物资产本身，更关注其所营造的物理及非物理环境、场景、氛围要素，并关注这些要素与空间使用人群、社区之间的互动；第四，在提供产品和服务的想象上，依托但又超越不动产，指向空间内的人群及社区，凡是在特定不动产空间、场景（例如酒店、公寓、办公、商业）下产生的产品服务需求，都有可能是不动产空间运营者及管理者业务发展的对象。

（七）从传统的重资产模式，到以多种形式开发及持有资产的轻资产模式

传统发展模式里，房企主要自行拿地，进行投资建设，再将建成的资产出售；过程中，房企虽然会引入商业银行提供贷款支持，但仍然与资产有最直接的权益关系（业主），做的是重资产的生意。在新发展模式里，房企将结合不同不动产业态的特征，摆脱对重资产模式的依赖，与资产建立更加多样的关系。例如，一方面，以合资或基金化的形式，引入金融类的权益投资者。房企虽然仍负责开发运营，但减少了自身资本金的投入，并承担了为权益投资者提供资本管理和资产管理的功能。另一方面，完全依托品牌及运营管理能力，为第三方资产所有者/业主提供服务。此模式在酒店管理行业早已跑通，目前，只是将类似的模式拓展到代建、商业运营、物业管理等其他领域。

（八）从建造到提供垂直产品与服务

从房地产企业的服务对象看，从不动产／空间的建造，转向为不动产／空间提供服务（资产导向），到指向为占有或使用特定不动产空间的机构、组织、社区、终端用户（2B/2G/2C）提供垂直产品与服务。房企最终可以由不动产空间的营造者、创造者，转为空间和资产的运营者，并不断演进发展，与不动产空间内的机构、组织、社区、人群和终端用户发生直接联系，为他们提供围绕或依托特定的不动产类别（可视为"场景"）的产品与服务，发展垂直能力。

（九）围绕不动产及空间的收入来源，从单一发展到多元

传统发展模式下，房企的收入来源是出售资产获得回款收入。迭代模式下，房企持有资产，对租户收取租金及基础物业管理费。在新发展模式下，房企作为空间运营管理者，将直接触达不动产空间的使用机构及人群，为其提供在空间场景内所需的服务，例如，为住宅物业居住者提供维修、家装、家政服务，为办公楼的使用者提供办公解决方案，为仓储物流的使用者提供库内运营服务等。所有这些租金及基础物业管理费以外的收入，统列为"增值服务"，都是房企未来可以拓展的收入来源。房企所管理的各类资产及空间具有不同的特征，有的可以进行资本循环（通过基金化、公募REITs等金融手段），有的则完全无法进行资本循环（如住宅物业小区）。房企围绕不同空间业态构建垂直能力，也将受到资本循环的影响。在其他条件相等的情况下，越能

对底层资产进行资本循环，房企发展垂直/增值服务能力的动力越低；底层资产越难以进行资本循环，房企发展垂直/增值服务能力的动力就越强。最终，各家房企将依托自身的资源禀赋及战略，确定围绕各类不动产业态及赛道的业务模式。

（十）从粗放式经营，到精细化经营

房地产开发虽然在形式上看类似制造业，但房地产企业的核心能力多在供应商资源整合及流程管理上，在产品研发和服务端方面的核心能力差异不大。房地产企业里不乏有理想的建筑师、工程师和专业人员，但为了追求规模、速度、效益，往往放弃精细运营，转向粗放经营。这不仅是房地产传统发展模式的特征，其实也是中国经济传统发展模式的普遍特征。未来转向新发展模式，房地产企业必须向产品差异化、创新能力、科技驱动力及服务意识等方面转化，并尝试在不同的不动产业态里构建有竞争力的垂直能力。房地产企业的业务模式也将由过去的资本和资源驱动，逐渐转移到由运营、产品、服务、创新和人才驱动。

（十一）从偏向"制造业"，到偏向"服务业"

从"制造业"到"服务业"，只是从多种维度探讨房地产新旧发展模式差异时的其中一个维度。有人说房地产的上半场属于"空间营造"，下半场是"空间运营"和"空间服务"。在传统发展模式里，开发商将土地和建材作为生产资料，不动产在开发建设完毕后就对外出售，开发商获得销售回款，赚取利润，然后再不断重复这一进程。这个模式类似买面粉造面包一样，本质上更接近制造业。新发展模式要求房地产企业更多围绕不动产的业主、使用者及终端用户提供产品与服务，因此更加偏向服务业。

（十二）房地产/不动产业态类别，从"住"更多地转向"非住"

这里，"住"泛指一切用于长期居住的不动产业态，包括用于销售的住宅，也包括用于租赁的公寓；未来，开发商将更多地转向开发并经营非住业态，包括但不限于商场、写字楼、产业、酒店、文化、旅游、仓储、体育等业态。停车场、数据中心及其他公建也是开发商可以涉猎的领域。虽然不同的开发商不可能顾及所有业态，但都会结合自身的资源禀赋和历史条件，找到属于自己的业态类型。

（十三）其他不动产业态，由"手段"变为"目的"

传统发展模式下，开发商核心的收入利润来源是住宅开发销售，虽然也会开发及持有其他不动产业态，但大多数是"机会主义"，往往也有"被动"成分，即认为开发其他业态（例如商场、酒店、文旅项目等）能够获得地方政府的青睐，是获取大片住宅项目的手段。最终，开发商仍然希望通过住宅开发销售获取核心利润，对于其他业态，能售则售，不能售则先自持。短期来看，这些业态都是为了获取住宅开发销售收入要付出的"成本"和要"牺牲"的利润，都是"手段"而非"目的"。当然也得承认，长期来看，这些业态、业务也有可能派生额外的价值。但在新发展模式下，伴随房企积极开拓"非住"业态，并将持有及运营作为主业，整个逻辑可能就要"本末倒置"了：其他不动产业态及服务逐渐地变成"目的"，而不再是支持住宅销售的"手段"。这一点，首先也是从住宅物业管理价值的释放开始的，并将拓展到其他业态。有朝一日，住宅开发有可能变成支持其他不动产业态（例如住宅物业、商场等）的"手段"。

（十四）从增量市场到存量市场

到中国大城市看看，会发现依然有高楼建设，一些过去几十年建设的老旧房屋有待再建，城市有再开发的空间，但要承认，核心城市的建设大部分已经完成，这包括主要的不动产功能业态及基础设施等。中国可能在短短的 20 年里，完成了发达国家 100 年甚至更长时间完成的事情。城市建设的完成，也意味着房地产市场将由创造增量市场的时代，转为经营、管理及改善存量市场的时代。一些房企高管闲时会感叹：未来，中国的开发商会化简为许多小的建筑公司，大规模的开发建设不复存在，只会有一些小的修葺改造和城市更新项目，只需要一些工作室就可以了。可能确实如此。各种业态的增量市场都会萎缩（不仅是住宅，还包括商业、办公等其他公建），剩余的增量市场可能会趋向本地化，例如地方平台/类城投公司可以负责租赁住房的开发建设。全国性房地产开发商的空间会萎缩，其间所伴随的是运营、专业、产能、品牌向存量市场转移并集中。围绕每种存量不动产赛道，都可能涌现全国性的品牌运营商。

（十五）由住宅开发销售，转为资产管理、运营及服务

房地产企业的流量入口、收入/利润入口、品牌价值等将由住宅开发销售，转为不动产的资产管理、运营及服务，传统房地产企业的一切利润入口、流量入口就是住宅开发销售：企业业务的根基在于住宅开发销售，无论是其所发展的住宅物业管理（按管理面积及覆盖人群计算），还是商业不动产（按管理面积、覆盖人群、租赁商户及年度销售额等计算），或是其他业态，归根结底，都可以追溯到住宅开发销售：住宅开发销售是房企立命和发展的根本。没有住宅开发销售，就没有其他业务。在房企内部，业务重要性和地位主次也不言而喻。然而，未来伴随中国房地产进入存量时代，企业的流量入口及收入/利润入口也将转为存量不动产业务——对商户的租金及增值服务，对金融机构和业主的资产管理收入，对终端用户的增值服务，这些将成为房企收入构成中越来越重要的组成部分，甚至将逐渐超越并取代住宅开发销售创造的收入。最终，房地产的不动产及社区运营服务品牌价值将超过开发价值，不仅能够形成更大的品牌价值，还能反过来赋能传统的开发业务。例如，房企能够中标一片包含可售住宅的综合用地，最终不是因为其住宅开发能力，而是因为其物业管理或商业管理能力及品牌。

（十六）发展企业生态群

从大而全的全产业链型公司，发展出深耕各细分领域、具有优势垂直能力的专业企业生态群。传统发展模式是资本和资源导

向的，开发商的主要角色是资源整合及流程管理。但由于所涉及的产品和业态不多（住宅开发销售为主导），各地供应商的能力和质量参差不齐，开发商有动力在产业链上汲取更多价值，并对要求快周转的整体流程形成更强的控制，因此选择围绕房地产开发构建一定的垂直能力，发展出一些本来可以外包的职能，例如有自己的设计院、自己的建筑公司、自己的物业管理公司等。最终，我们看到中国形成了一批全国性的全产业链超级开发商，大多数完成上市，成为产业与金融的一道风景线。这可谓中国传统发展模式下的一个历史产物，也颇具中国特色。未来，伴随房地产行业进入新发展模式，大规模开发项目逐渐减少，具有高度差异化的小型项目增多，需要覆盖的"非住"不动产空间与业态越来越多，所需提供的产品与服务越来越多元化，对开发商的服务能力、意识、文化等要求越来越高，涉及的细分技术领域越来越复杂（人工智能、大数据、物联网、新能源……），就给深耕细分领域以及具有"专精特新"、差异化特色的服务商及运营商提供了空间。资源整合型开发商也发现没有必要在所有领域构建垂直能力，而可以高度依赖供应商，通过股权投资的形式培育并构建产业生态圈。在新发展模式里，大公司与小公司、国资企业与民营企业，都可以找到自己的位置。

（十七）从单体服务到全覆盖服务

从服务单个不动产资产，到服务一片不动产资产；从高度依赖单个资产的不动产特质，到降低对单个资产不动产属性的依赖。传统房地产企业运营或服务的不动产资产往往是当年自行开发的，具有单体、独立、离散等特征，资产的运营水平及房企的产品与服务能力建设很受单个资产的地理位置、规模、体量、人流等的限制。（当然，这也给专注综合体开发的房企提供了一定的先发优势，因为它们的不动产空间已经连成一片。）在新发展模式下，房企将转型至不动产资产运营及管理机构，围绕各不动产业态均可能出现一批具有全国能力的品牌运营商。一些优势企业将同时拓展多个核心业态及空间的管理能力（例如住宅物业、商场、写字楼、租赁住房等），凭借其突出的服务质量、科技基础、品牌效应等，不断提升市场份额，最终在局部实现将所管理、服务的不同类型的资产与空间连成一片。若如此，则企业的规模经济、广度经济、网络效应都将大大提升，有助于企业继续提升科技、管理及服务能力。最终，这些有优势的不动产运营企业可以为在空间停留及使用空间的机构人群提供多种多样的产品与服务。其中的秘诀在于，一是要提升覆盖不动产空间与社区的浓度和密度；二是要丰富覆盖不动产空间与社区的类型（包揽居住、工作、消费、娱乐等场景）；三是要将房地产企业内部不同业态及系统全面打通，协同运作；四是要积极推动会员体系，将停留及使用空间内零售消费、办公及居住服务的终端用户纳入会员，鼓励重复消费。例如，对于酒店模式，会员体系是打破酒店运营对"不动产特性"（即地理区位的优劣）依赖的最佳工具。最终，有能力的不动产及空间运营商可以依托会员体系，吸引人群到自己的空间消费，"拉近"各不动产空间之间的"距离"，并弱化单个资产对"不动产特性"的依赖。

(十八) 竞合模式的重构

　　由房地产企业之间的竞争合作，转为与线下服务机构的竞争合作，并转为与线上机构/互联网平台的竞争合作。第一，在传统发展模式里，房地产企业的竞合主要在彼此之间发生：在项目上，两个企业要么对抗、要么合作。房地产企业视界中的市场及竞争对手都是同行。第二，当房地产企业由"空间制造"转向"空间服务"，开始考虑为不动产空间内的社区、人群、机构提供垂直产品与服务时，就会与线下服务机构产生竞争合作关系。举例来说，住宅物业管理公司利用对居住用户、居住场景的触达，发展自己的家装及家政服务，从而与传统的家装及家政公司发生竞争关系——但也可以是合作关系。此时，房企早已脱离了传统意义的房地产行业，成为线下实体服务业的一部分。传统上，住宅物业管理是大多数房企内部最重运营、最接地气、最具服务意识和基因的细分板块，同时具备天然场景（触达居住用户、"到家"和"渠道"）。因此，房企的跨界服务能力往往会从旗下的物业平台诞生，是线下服务机构不可忽略的竞争对手。第三，当房企迭代为不动产空间运营管理平台，能够服务住宅社区（含公寓）、商业、办公等多种业态，将服务空间连成一片（或者构建有机联系），同时发展出有一定黏性的会员体系时，就会与线上机构/互联网平台产生竞争合作机会了——从快递、外卖、社区商业与团购，到家装、家政、教育、养老，线上平台都可以与房企产生竞争合作关系。过去，人们认为互联网将统治一切，但有朝一日，房地产企业通过为资产、空间、线下社区提供产品与服务，将重新回到人们的视野，并与互联网、传统零售及科技平台产生竞争与合作关系。发展到此时，房地产企业不仅进入了新发展模式，而且找到了真正的新生。

在前文中，从不同的角度进行了新老模式对比，勾勒了房地产行业新发展模式的轮廓和方向。要看到，房地产行业/企业转型新发展模式，是新时代中国经济产业结构重构，寻求高质量发展、构建新发展格局极为重要的组成部分。房地产行业/企业能否顺利转型至新发展模式，也将影响中国经济转型的节奏和效果。

要看到，房地产企业转型新发展模式这一趋势其实一直在发生，并不是一件新事物，也不是政策倒逼的产物，毕竟这是中国改革开放以来市场化程度最高的一个行业，拥有大量具有创业精神及创新精神的企业。随着行业及市场环境的转变，房企一直在积极谋求转型，并在2019年后伴随大批物业企业分拆上市，呈现了加速趋势。本书也围绕不同业态如何探索新模式有很多探讨。然而，2021年以来，中国房地产行业开始经历系统性的重组及风险出清，对于许多企业的发展是有较大干扰的，行业模式转型似乎暂时放缓。但同时，本轮行业重组和风险出清，也让人们更加清晰地看到了新发展模式是行业未来的必由之路。

我们希望房地产/不动产行业/企业，在转型至新发展模式后，将成为中国国民经济更加坚实、可持续的支柱产业。

第九章

探寻新发展模式的短中长三部曲

究竟何为新发展模式？其实没有人确切知道，只有大概的轮廓。但可以确定的是，要守住"房住不炒"的底线——这是房地产行业最大的底线，是根本。或者可以这么理解："房住不炒"是"纲"，其他都是"目"，纲举目张。

新发展理念中的基本概念——创新、协调、绿色、开放、共享——都应该是房地产行业新发展模式的指导理念。这些概念都带有价值导向，都是原则性的，具体如何适用，也是大家可以思考的问题。

在这个前提下，再去有侧重地推动市场的供给侧（房地产企业/行业）改革，引导它们更好地响应、契合、服务、满足市场的需求侧（居民的住房需求），逐渐地建立一个可持续发展的业务发展模式。

以下是一些更加具体的内容和方向，层次和颗粒度可能有所不同，笔者做一个罗列：从"增量经济"转向"存量经济"；从不动产空间的制造/开发转向不动产空间的服务运营；从单一业态（住转向多业态（非住）；从获取"非持续收入"转向获取"持续收入"；从服务相对殷实的少数人群体（例如中高端住宅市场），到服务最广大的群体（租赁住房、社区服务等），践行开放、共享、共同富裕等理念；从粗放、资源整合性的传统行业转向创新行业，包括商业模式、理念、技术、工艺等的创新；模式上，从重资产转向轻资产，此亦可作为改变行业与金融的关系的动力；重新界定并适度弱化与金融及资本的绑定关系（"金融去地产化""地产去金融化"）；确保行业总体的平稳、健康、良性发展，不至于导致系统性风险及"干扰"国家战略；更加配合、服从、服务整体国家战略（在这一点上，与其他行业一样，只不过房地产行业还更加重要、敏感）。

对于如何找到新发展模式这一问题，需要企业、市场、监管机构"摸着石头过河"，最终探索出一条带有中国特色的房地产行业转型发展道路。

探索新发展模式，可能包括短期、中期、长期三个阶段。以下是各阶段的一些特征，不特指市场主体（房企），也包含各类参与主体，包括监管机构、地方政府、金融机构等。

一、第一阶段：即期/短期（1~3年）

第一阶段：即期/短期（1~3年），围绕居住市场初探新发展模式。

（一）传统发展模式仍然是基础，在转型发展中扮演支持角色

第一，大目标是"三稳"——稳地价、稳房价、稳预期。

第二，同时需要满足多个具体政策目标。保民生（包括保交楼、保上下游产业涉及的农民工等），这是稳定问题；保供应链及衍生产业（不少为中小企业，同时覆盖广泛就业人群）；保市场主体（房企），给予民营房企一定的政策倾斜，特别是流动性支持；保金融体系的安全（因金融与地产深度绑定，其中还涉及境内与境外金融）；保地方财政（需"因城施政"，给地方一定的自主权）。

第三，底线是不能发生系统性风险，不能出现"硬着陆"。

第四，不能因为防范风险而放松政策，引发新一轮的房价上涨，或者为市场主体制造道德风险，或者反而加大了金融与地产的绑定，结果形成新的系统性风险因素，并使近年来严格贯彻的调控政策"前功尽弃"。

因此，最终还是要重申："房住不炒"是"纲"，是理解一切的出发点。

无论如何，当前遇到的问题，是对政府治理能力与智慧提出的考验，因为上述各项政策目标是存在内部的矛盾与张力的（很难做到"既要又要"），受不同的情形、情景、主体、地方、时机的影响，在优先、主次上要有所差异。

目前的形势，仅靠自下而上的、纯粹市场化的力量，纯粹靠金融政策，是不足以解决问题的。最终，一是需要中央对情势有比较清晰、统一的认识，自上而下地牵头各部委及地方统筹协调完成各项目标。二是房地产行业也不能"独善其身"，需要宏观经济基本面平稳向好。目前房地产行业已经陷入一些负面循环，例如，"地产不好，经济也不好，经济不好，地产也不好"……行业的向好，最终需要居民购房能力与意愿的提升。行业/企业仍旧能够依赖传统发展模式"造血",才能避免行业"硬着陆",帮助中国房地产行业顺利过渡至新发展模式。

(二)由供给侧(房企及地方政府等市场参与主体)驱动,推动新发展模式

第一,围绕居住市场(房地产企业最熟悉的领域)试水探索新发展模式,包括租赁住房、老旧小区改造、城市更新(与上述两项不是互斥关系)、住宅物业及社区服务等。

第二,广泛尝试、应用轻资产模式,增加服务业维度,增加服务业导向,包括代建、代运营/委托管理,企业服务与SaaS,围绕社区/居住物业提供的基础物业管理以外的增值服务,资产管理/基金化。

(三)金融领域的资源投入及支持

第一,在从传统发展模式向新发展模式过渡的过程中,注意防范(而非增大)系统性风险。

第二,重新确立金融与房地产行业的关系。具体可以分为三个步骤。一是适度减少两个产业的深度绑定关系(去除过度"金融化")。二是改变金融支持产业的结构与方式(去杠杆):以公募REITs为契机,逐步增加股权投融资的比重,培养股权/权益性的投资者,帮助不动产行业去杠杆。三是战略性地转向那些符合新发展模式的业务、业态、赛道、领域。

二、第二阶段：中期（3~5 年）

第二阶段：中期（3~5 年），围绕广义不动产行业探索新发展模式。

（一）房地产市场进入平稳健康发展及良性循环阶段

在第二阶段，房地产市场（主要指住房市场）将解决行业风险问题，进入平稳健康发展及良性循环阶段。

第一，构建多元化、多层次、多主体、多形态、能够满足居民刚性及改善性等合理需求的住房供应模式。

第二，租购并举。在住房的增量供应里，租与购的比例相当，或逐渐接近；在住房的存量供应里，租的比重不断增加；最终，形成一个符合长效机制、满足最广泛人群利益的住房供应结构及模式。

（二）逐步转型发展至新的模式

一方面，在"居住"方面的转型包括以下三点。

一是租赁住房，包括提供住房单位及提供与租赁居住相关的生活服务。

二是住宅物业，为住宅社区提供生活及更广泛的民生服务（增值服务）。

三是对城市的老旧小区持续进行改造，并构建能够自负盈亏、良性循环的业务模式。

另一方面，在"非住"方面也涵盖三点。

一是大力支持一切符合新发展模式的业务、业态、赛道、领域。

二是可以首先从国家政策支持的不动产领域开始，例如基础设施（仓储、产业园等）。

三是在各类型不动产业态与空间中，构建轻资产的服务能力，包括代建、代运营、企业服务/SaaS、租金及基础物管以外的增值服务、资产管理等。这些能力，不仅指向基础设施业务，还应包括购物中心、写字楼等一般不动产业态。

（三）金融领域的资源投入与支持

第一，继续做大公募REITs市场，将适格资产的范畴不断扩大——在房地产市场进入平稳健康发展，初入良性循环，以及新发展模式的路径探索更加明朗，政策支持的核心业态（租赁住房、新基建）资本循环已经比较成熟后，在监管的主导下，开始探索对其他不动产业态领域提供融资政策支持，例如探索购物中心（消费基础设施）、写字楼等的公募REITs。

第二，融资结构的优化，核心不是解决直接融资与间接融资的关系，而是股权融资和债权融资的关系，即"上股下债"。

"上股"即企业/平台层面的融资，主要进行股权融资（而非单纯乃至过度依赖信用债）。

"下债"即资产层面的融资，可以继续以债权融资为主（例如商业银行提供的有抵押贷款）。公募REITs等工具，也可以增加资产层面的股权融资。总体方向是增加权益投融资的比重，实现产业的去杠杆化。

三、第三阶段：长期（5~10年）

第三阶段：长期（5~10年），完成在广义不动产领域构建新发展模式。

（一）总体良性循环及平稳健康发展

房地产市场（含"住"与"非住"的广义不动产行业）实现总体的良性循环及平稳健康发展。

（二）依赖新发展模式进行可持续的发展

主要市场主体都已找到各自的新角色、赛道、定位，进入比较平稳的增长通路，能够依赖新发展模式进行可持续发展。

（三）行业在几大领域实现转型及平衡

第一，住房供应及结构方面。"租"与"购"之间的平衡，照顾最广泛的人群。

第二，政策方面。在住房调控（"房住不炒"）及针对广义不动产的政策之间找到平衡，不至于因为"房住不炒"政策而影响其他不动产业态的投融资及业务发展。

第三，业态方面。在"住"与"非住"的业态之间找到平衡，摆脱业态和模式单一的问题。

第四，与资产的关系。在"轻"与"重"之间找到平衡，更大比例的业务是轻资产化的。

第五，增量与存量、制造与服务的关系。由增量/房地产/不动产/空间制造，转型为存量/不动产及社区运营和服务，市场主体在两种业务模式与类型之间要找到平衡。

第六，资产与人。从服务不动产资产/空间，转向服务不动产资产/空间里的人群。

第七，国有企业与民营企业的关系。因资源优势及机制问题，国有企业可能更加侧重开发、投资、持有，民营企业更加侧重运营、服务、创新，两种所有制主体可以各有侧重，但并非绝对。

（四）金融领域的资源投入与支持

金融也要匹配新发展模式，实现转型。

第一，摆脱对新房开发销售模式的依赖，面向广义不动产的开发、投资及运营服务。

第二，能为不同类别的业务、业态、模式（重与轻、制造与服务、住与非住等维度）等提供金融支持。

第三，在股、债融资上实现更好的平衡（实现不动产行业整体的去杠杆化）。

第四，金融与房地产的产业联系，应当是有效率的、市场化的、严守金融风险底线思维的、符合房地产行业政策纲领的，以及服务国家战略的。

以上，是房地产行业迈入新发展模式的三个阶段，是概念性的。具体所需的时间，当然还是要在现实社会里推演出来。

第十章

与房地产新发展模式相匹配的金融关系

在探讨金融问题时,本章将继续侧重讨论概念、逻辑、方向、思路,但不拘泥于寻求量化与技术细节。笔者的目的是开题,尝试对未来的方向做出判断,但也是提出建议。后续还需要进行更多的实证研究,以对相关政策的制定及执行提供借鉴。熟悉行业的人应该都可以做相应的展开研究,补全实证基础,开展更有颗粒度的研究。

房地产/不动产是一个典型的资本密集行业,没有资本支持就无从发展,也正如鱼离不开水一样。因此,房地产/不动产一定是与金融行业有天然密切联系的。这里我们可以看到几个方面的效应。一是通过深度绑定金融,甚至撬动金融,房地产行业可以对整个国民经济产生超比例的重大影响。其中,既可能有"好"的方面,也可能有"不好"的方面。二是任何一个国家,只要对金融和资本加以规范,就一定会对房地产/不动产市场及行业发展产生重大影响。三是由于房地产与金融是一种"鱼和水"的关系,因此仍然是具有主动性的:政府只要通过监管和引导，调整金融和资本在房地产问题上的方向与逻辑，自然就能对房地产行业与市场产生影响，并推动其转型发展。

在新时代的新发展模式下，对房地产和金融都有新的时代要求，这些行业都需要被纳入新的政治经济范式，服务新的国家战略，服务新的政策逻辑。对于房地产行业而言，还需要逐渐脱离旧有模式，积极探索新发展模式。在新时代里，金融与房地产应当如何构建一个良性互动、良性循环的关系？这套新型关系，自然也应该有利于推动两个行业各自找寻契合新时代的发展道路与模式。

在这个过程中，还需要考虑两个问题。

一是不仅要探索未来的模式，还要解决传统发展模式中积累的存量问题，在当下，集中体现为保交楼问题，以及行业整体的重组出清。只有妥善解决了存量问题，行业才有可能大踏步向前发展。

二是探索中国式现代化，就要结合中国实际、实践及传统社会文化价值，找寻中国特色发展道路，不能照抄照搬国外模式，但可以同时从正面和反面参考一些发达市场的实践经验。有几个情况值得注意一下。

首先，本轮房地产行业/企业出险及保交楼问题，涉及的外资企业很少（这里指英资、新资、美资等，也包括中国港澳台地区的房企），一个主要原因在于业务战略方面，外资企业多经历过大的经济周期，在战略上比较保守审慎，注意做减法，有的项目做，有的项目不做，避免走钢丝。中国内地企业多年来顺风顺水，没有经历过大的周期。只有经历过周期，才能成长。

其次，大多数外资企业在财务上不会像内地企业一样激进，譬如公司整体层面将杠杆率控制在较低水平，也注意避免大搞资金池。它们对项目资金更多采用闭环管理，不会跨项目抽调使用。同时，发达市场，特别是美国这种金融较为发达的市场，房地产项目开发大多数是高度"基金化"的，大量依赖私募股权（PE）融资，如此，运营资金被安全地分离在不同的基金和项目里，不会被跨项目、跨基金抽调，使项目与平台公司之间形成了较为有效的风险隔离。因此，美国黑石集团肯定不会因为旗下某一只私募基金出了问题而整体出现问题。那么，为什么企业会整体出问题呢？还是因为企业整体过度加杠杆，最终导致流动性或偿付问题。综上，只要把资金在项目里做闭环管理，平台层面不过度加杠杆，就能够避免保交楼问题或企业整体出险的问题。当然，这种模式不利于实现快速周转和规模开发，而我们过去的发展模式主要依赖企业加杠杆及资金池管理，借此达到快速发展的目的。房地产行业顺风顺水时自然没问题，但如果大环境发生变化，风险马上会暴露。

最后，像美国这样的发达市场，上市公司里"开发商"并不多，与房地产/不动产相关的主要都是基于成熟的不动产资产的REITs、不动产服务与经纪机构、运营商（从酒店品牌公司到做共享办公室的WeWork），以及房地产科技类公司等。开发商与金融/资本的关系主要落在项目端，主要为"私募股权投资+商业银行贷款"，而非依赖公开市场/上市公司。因此，我们可以看到，特朗普虽然也是一个房地产商，但和大多数同行一样，他旗下的企业并非上市公司，而依赖私募股权融资，这些企业通常也不会追求上市，而会享受非上市公司带来的好处（譬如隐蔽性）。那么何时才会考虑上市？一是如果有一大堆经验特别好的成熟资产，可以以 REITs 的形式上市；或假设特朗普公司的品牌酒店运营做得特别好，也可以以酒店运营平台的方式上市。这就是典型的美国房地产企业与中国内地房地产企业的区别。

这里也可以看到，美国等发达市场的情况和中国内地与香港有很大不同：在中国内地与香港，开发商是上市公司及资本市场的重要组成部分，从资金来源看，开发商主要通过两头筹资，一头是资本市场，另一头是项目层面，而项目层面融资又主要是债权融资。有一个很大的领域一直缺失，就是项目/资产层面的股权融资，这里既包括开发项目，也包括存量的成熟运营项目；既包括私募市场，也包括公开市场（REITs）。

美国房地产和中国房地产有很大的差别，譬如中国住宅开发销售市场更大，而美国是存量投资性房地产市场更大；中国不动产业态比较单一，运营能力也还在培育中，美国的业态更加丰富，运营能力更强，品牌化和集中度更高等。这些是业务层面的差别。如果要在房地产金融领域对中美进行比较，那么差别主要在于金融与房地产结合的方式与触点不同。美国有两个特征：一是股权融资市场更有深度和广度，尤其是项目端；二是公开市场（即上市公司）与房地产的结合主要针对持有型不动产、经纪与服务、资产运营，多围绕存量项目。

这些对中国而言是有借鉴意义的。今天的中国并不需要复制美国的房地产金融模式，而且要避免房地产行业过度金融化、资本化，但中国可以参考一些发达市场的实践，不断优化金融与房地产的结合关系，目的是更好地服务我们的国家战略。

一、做减法：金融去地产化、地产去金融化

"房住不炒"四个字其实已经一语点破了我国金融和（住宅）地产之间的矛盾。房子是用来"住"的，即强调住宅产品的服务和使用功能；"炒"，指的是利用资本进行投资炒作，试图通过资本增值赚取额外回报。"房住不炒"，必然要求重新梳理和定义房地产与金融的关系。

新时代的国家战略下，金融需要复归本位，更好地服务实体经济。在我国的政治经济及政策框架里，房地产在政治和政策上其实被排除在实体经济之外，表明国家其实并不希望金融资源过度向房地产倾斜，因为这会导致房地产挤出其他对国家长久发展、国际竞争及居民生活更有价值的战略产业所能获得的金融资源。

从"地产"到"不动产"及资产运营与服务方面，既然"地产"的概念已经狭义化，那么不妨"约定俗成"，用"地产"指代传统发展模式里的"住宅开发销售"，但地产企业转型发展所导向的持有型不动产、与不动产/资产/社区相关的运营和服务等，应该被排除在狭义的"地产"之外；相反，它们应当被纳入实体经济，成为金融服务的对象。

如此便更加清晰了，金融去地产化指的是从长期看，金融（无论是资本市场、直接融资，还是银行、间接融资）要减少对住宅开发销售业务的绑定和依赖。但除了投向国家明确支持的战略性新兴产业外，在广义不动产行业内部，金融也可以积极转型，投向不动产行业新发展模式里涌现的业态与业务，包括持有型商业不动产及各类资产与社区运营服务。

同样，地产去金融化指地产（包括住宅开发销售）也要复归本位，更加专注产品、设计、品牌、质量、品质及后续的运营与服务，而不是以金融和财务考量为优先，例如对各种金融资源的整合、对高杠杆的追求、激进的资金池管理手段、对利润的追求等。要避免把业务变成一种由金融驱动的、粗放的发展模式。这一条是针对业务思维而言的，其实不限于住宅开发销售，也适用于其他不动产业态的投资开发及运营服务。

始终把防范与化解金融风险（及其他衍生系统性风险）放在第一位，此为国家交给金融行业的基础底线与基本任务。博弈房价永恒上涨，需求永恒存在的住宅开发销售行业是有风险的，此条在大部分（非所有）发达市场均被证实过，这是一个赛道问题。如果金融行业不加辨识，降低自身标准，盲目投入住宅开发销售行业，那么肯定会把自己变成问题的一部分，使风险以乘数效应叠加。顺风顺水时不会显现，一旦市场下行，或者监管条件变化，风险就会急剧暴露，彼时，不仅仅是金融体系的风险，还有基本民生的风险与安全（保交楼问题）。

追求高质量投资，重新确立风险-收益偏好，赚取风险调整后的收益。经历这轮周期，市场一定会加深对住宅开发销售行业的风险甄别能力，认识到收益也是需要经过风险调整的。在广义的不动产行业内部，市场也会发现，通过成熟的不动产获取稳定的租金收益及运营回报，虽然不一定会有暴利，但风险远比住宅开发业务要小。新时代下，不能再盲目追求规模，而是要寻求质量，有更强的风险意识，以更加成熟的心态赚取风险调整后的收益，也可以说是做高质量投资。

在减量的同时，要保持适度适量，避免快速减量导致的硬着陆及其他系统风险。中国的金融与传统地产（住宅开发销售）有较深的绑定关系，这是传统发展模式所决定的，不可能一下改变。而且这些绑定关系不仅在项目层面（例如开发贷款、个人按揭贷款），还落位在房地产开发企业上，而这些房地产企业还承载着许多其他不动产业态，并正处于谋求转型发展的路途中。如果过快减量，可能会加大既有风险，导致"硬着陆"，甚至衍生其他系统风险。

二、调结构：调整金融／资本对广义不动产行业的布局

（一）转向广义不动产行业

从布局于传统的住宅开发销售业务，转向布局于隶属新发展模式里的广义不动产行业。我们很清楚何为住宅开发销售业务，但不动产行业的新发展模式是什么、有哪些？简单来说，应当是国家战略支持、有社会效益、有商业价值的不动产持有、运营、服务及科技业务，包括但不限于租赁住房、社区与物业、消费零售、产业办公、仓储物流、文化旅游、公共空间与服务等，可以投资于资产（不动产属性），也可以投资于运营及服务（现代服务业、消费零售、科技等）。

（二）从增量转向存量

总有一天，不动产的投资开发会达到饱和（"房子都建成

了"),市场逐渐转向存量("已经盖好的房子")。何为增量业务?住宅开发销售肯定属于增量业务,但不单是住宅开发,商场、办公、产业、物流、酒店,甚至租赁住房,有一天也会饱和,到不需要再建的地步。待中国发展成为发达经济体,一定高度城市化,基础设施完备,城市建设不仅完成,而且非常成熟。彼时,不动产业态一定也相对饱和,只有改造加工,没有大规模建设,正如我们到发达国家,不会看到到处都有工地一样。那么,金融该如何布局广义的不动产行业?一定是由增量(开发)转向存量。所谓存量,就是对不动产空间的运营管理。金融可以支持、引导、鼓励优秀的不动产运营商、服务商乃至服务平台的诞生。

(三)布局股权投资

金融对房地产企业"公司层面"的布局,应当侧重于股权投资,并应以直接融资(即资本市场)为主。原因如下。

第一,这里所指的房地产企业"公司层面"的融资,是假定相关的融资没有资产支持的,因为如果有资产支持,就不是"公司层面"的融资了,而是属于基于项目/资产层面的融资。

第二,传统意义上,平台层面的债权融资(公司债、票据、企业债)都是典型的信用债。而考虑到房地产企业的底层项目/资产基本均做过债权融资,并做过相应的资产抵押/质押,如此,在公司层面再做一次债权信用融资,等于叠加杠杆,并且将信用融资置于"空中楼阁"。一旦底层资产经营出现问题,公司层面债权融资的投资者将面临颗粒无收的情景。这一模式适合顺风顺水的新兴行业，但很不适合存在下行风险的传统行业。如果让房地产企业从项目到平台多层次叠加杠杆，只会增加系统性风险，这一格局必须逐步改变。2020年初的房地产企业出险及重组出清，也极大地加深了人们对此问题的认识。

第三，在中国，房地产企业/平台的资本化程度非常高，大部分企业/平台是上市公司，只是碍于宏观/行业调控，无法利用这些工具。而只要金融监管适度放开，存量上市公司立即可以寻求股权融资，补充权益，化解高杠杆带来的风险，总体路径清晰。

第四，如果要对房地产企业进行资产负债表约束和管理（例如"三道红线"），就应当为其提供股权融资能力。

第五，资本市场上的股权投资者风险偏好更高，承担损失的能力较强，这与固定收益投资者是不同的（由此也反映出投资者构成：股权投资者为权益型基金，追求更高风险下的更高收益；而固定收益投资者则多出自商业银行体系，希望追求安全、稳定的回报）。

第六，在内地的公开市场体系内（A股），有系统化、严苛的保荐机制及问责机制，保荐人和投行可以比较好地帮助监管部门分担责任。

第七，（中国证监会及其下属主管部门）对上市公司股权融资的监管非常集中，可以总体把握情势，动态进行总量调节。这和金融体系里其他处于分业监管、下属单位拥有较大自主权限的产品有很大不同。

第八，资本总是在追求增长、利润、回报。这在股市里有集中体现：投资者愿意承担一定的风险，换来更高的回报。没有股权投资者的支持，我国也不可能发展出创业板、科创板。因此，如果允许房地产企业将符合新发展模式的业务板块上市（包括采用下属企业分拆上市等形式），政府就能利用金融市场推动房地产企业转型发展，探索符合国家战略的新发展模式。其中 A 股市场的支持尤为重要，这将使新兴企业牢牢植根 A 股，进而造福境内投资者，同时减少对境外融资的依赖。

（四）股权和债权并行，重点补充发展股权融资

对房地产企业的项目/资产层面的支持，应当多层次进行，股权和债权并行，并重点补充发展股权融资。

1. 资产股权融资：私募市场

私募市场的主要形式为私募股权基金，这需要相对开放的监管，有确定性的退出渠道（公开市场、REITs），以及股权投资者（LP，有限合伙人）的培育与成熟等（也是资本市场深度与广度加深的体现）。这里还可以增加几个维度，一是从资产的属性看，有侧重于开发的（开发基金），也有投资于稳定收益的（收入基金），还有投资于收购、重组及改造升级的（增值基金）。当下中国市场最稀缺的，是商业不动产大类的股权投资者——无论是开发基金，还是收入基金。这类投资者能否被培育发展出来，与是否有市场化的退出渠道（如 REITs）的关系最为紧密。二是从监管的介入程度看，例如是否有更加严格、规范的监管介入，或能否提供交易所挂牌等好处与便利。对于商业地产而言，流动性至关重要，因此监管的参与也非常关键。其中，私募 REITs 是一个

可以着力发展的领域。而只要有交易所参与，私募融资瞬间就具备了公开市场的特性。

2. 资产股权融资：公开市场

公开市场的主要形式为公募 REITs。公募 REITs 是一个"一石多鸟""千秋万代"的事情，可以同时实现多重目标：第一，为资本（包括国有和民间）提供安全的去向；第二，居民增加财产性收入的手段；第三，地方政府/财政的资金来源；第四，撬动不动产/基础设施建设的法宝；第五，盘活资产，帮助房地产企业及地方政府降低杠杆；第六，推动基础设施建设及房地产企业的转型发展；第七，增加不动产资产价值的透明化、合理化，避免资产价值大起大落，脱离基本面；第八，关键的不动产资源被纳入公开市场后，即处在"阳光"之下，可以杜绝不安全的资产转让，有利于保障国家安全。公募 REITs 一定是优化、改善和重新确立金融与房地产关系的最佳落脚点，并且会产生意想不到的、更加深远的意义。

3. 债权融资：直接融资

直接融资——公开市场/资本市场融资，即交易所或银行间市场的资产证券化产品［ABS/ABN（资产支持票据）］。该市场在过去几年得到了充分的发展。但方向应该是：第一，更加侧重存量资产（如商业不动产）及推动新发展模式，而非房地产的传统模式（住宅开发销售）；第二，侧重于降低企业的绝对融资成本，即直接融资相对间接融资有某些绝对成本优势，而不是放松监管要求，譬如更低的 LTV（生命周期总价值）要求，或者更宽松的募集资金监管等，帮助房地产企业加杠杆、构建跨项目资金池，乃至增加系统性风险等。

4. 债权融资：间接融资（银行贷款）

在中国，其实银行贷款是房地产企业与金融之间最主要的联系。但需要注重把握两点：一是从增量转向存量，二是照顾个人按揭贷款。对个人按揭贷款，主要是优化，增加增信，避免安全问题、民生问题。

（五）培育、发展股权／权益型投资者

需要着力在市场上培育、发展股权／权益型投资者。纯粹的股权投资者能够承担较高的投资风险，为了追求更丰厚的回报而忍受潜在的本金损失风险。在做投资决策时，他们会尽力做实质的尽职调查，并为未来的损失做好准备。在整个过程中，风险是被纳入回报的计算过程中的。在任何一个资本市场，如果股权投资者是边缘化的，而固定收益投资者是占据主导的，就会出现问题。因为固定收益投资者只追求保本保收益，相信刚性兑付。为了追求安全、稳定、固定的回报，他们不求潜在的成长机会，但会更加依赖甚至拘泥于增信及保底条款。在中国的体制和市场里，有这样一种风险，即投资者越来越多地将投资决策与被投企业平台／资产背后的信用绑定在一起。这时，所有制的因素至上，国企有明显的优势。而当固定收益驱动的投资者盲目追求政府信用时，其实已经丧失投资选择能力，成为"巨婴"投资者。被"巨婴"投资者充斥的市场是不可能激励企业将自己的投资决

策与产出密切关联的，也不可能激励企业不断向上发展。针对于此，监管机构的选择不多，只能不断增加权益产品，通过放开产品（从上市公司平台融资到公募 REITs 和私募股权基金等）在资本市场培育权益型投资者。只有培育出权益型投资者，才能帮助改善房地产企业的资产负债表和资本结构。

（六）避免道德风险

对出险企业不可能都保，要避免道德风险。当下，可以自上而下地推动做一些债券/债权融资的展期，减少即期违约风险，以时间换空间，将大雷化小雷，用 3~5 年的时间消解行业里储藏的风险。但这可能并非最终出路，或并非彻底的出路：任何一个金融市场的成长都必须经历周期，经历失败。本轮行情下，最终必须有一批房地产企业经历破产，让金融机构蒙受一定的损失，否则金融机构很难成长。当然，从维护金融稳定出发，我们希望这些损失局部可控，不会引发更大的风险。但最终，如果金融机构不经历风险，就永远无法成长、成熟。而如果简单地对金融机构免责，只可能催生道德风险，给未来埋下隐患。因此，问责始终是不能免除的。而在实践中，绝大多数金融机构认识清晰，知道这是自己的终极底线。

（七）资本市场融资的"再在岸化"

本部分要探讨、解决资本市场与房地产行业的关系，最终脱不开"哪个资本市场"的问题：是内地监管的市场还是作为中间桥梁的香港市场，还是国外市场（欧洲、新加坡、美国及其他国家）？只有首先确立房地产企业与资产的监管地、上市地、融资发生地的问题，才能从根本上确立我国资本市场乃至金融与房地产的关系。如果一个行业完全脱离中国内地金融市场，完全在境外上市，完全依托境外投资者进行股权或债权融资而游离于中国监管之外，那么中国政府也很难确立该行业及企业与中国金融/资本市场的关系，因为总有许多因素不受控制。据此，"再在岸化"是一个更大的主题，是重新确立中国金融与房地产关系的前提。具体的监管逻辑和可能导向，将在后文介绍。

无论如何，梳理金融和房地产关系的要义，是通过调整既有结构，防范和化解风险，避免传统发展模式里累积的问题重复出现，在金融/资本市场与房地产/不动产行业之间建立更加健康的正向循环关系，推动行业探索新发展模式，同时坚固保障监管主动性、主导性及国家安全。

三、调结构：改善房地产企业的资产负债表及资本结构

2022年中央经济工作会议公报里提及，要"有效防范化解优质头部房企风险，改善资产负债状况"。本章探索房地产行业新发展模式的内容接近尾声。

本章的前两小节，介绍了金融与房地产的总体关系，并从金融的角度出发讨论如何从宏观上调整和改善对房地产、不动产行业的布局。这一节则回到市场经济的主体——房地产企业。中国房地产金融市场下一步要做的，是优化、改善房地产行业的资产

负债表及资本结构。其中的关键，是厘清究竟应当给企业提供什么样的资本市场工具，以及不同的工具落位到什么环节、层级、领域才是合理的。

2020年下半年，金融监管机构向房地产行业推出酝酿了一段时间的"三道红线"，要求房地产行业/企业降负债、去杠杆。从全球经验看，房地产企业加高杠杆一定会带来风险，且由于房地产与金融紧密联系，房地产行业聚集的风险会瞬间传导至金融，引发更大的系统性风险。因此，要防范化解风险，客观要求对房地产行业/企业去杠杆。

但应该采用什么样的手段去杠杆呢？站在今天看，应当一方面限制房地产负债规模的进一步增长，使其能够逐渐降低负债规模；另一方面则是大力补充权益（即股权融资），由股权资本"替换"债权资本。负债端、权益端的优化应当同步进行。最后，房地产行业/企业总体资产负债表至少可以保持稳定，而不至于出现大的缩表，这对宏观经济平稳运行及健康发展也极为关键。由于房地产占到中国经济很大一部分，在迈向新发展模式的过程中，传统房地产行业（住宅开发销售）只要没有更进一步的增长，只是维持"存量滚动"（例如每年10多万亿元销售额），那么其占GDP的比重注定会逐步下降。决策者并不希望房地产行业出现断崖式下降，并给国民经济增长带来负面影响，因此，针对房地产/不动产行业最理想的做法是，推动其向新发展模式转型，让行业内的新业态、新业务、新模式逐步取代传统发展模式（围绕住宅开发销售），而改善金融与房地产的关系、优化房地产行业/企业资产负债表和资本结构的工作，应当与推动新发展模式同步、匹配进行。传统发展模式下的房地产行业是国民经济支柱产业。未来，国家希望平稳过渡至新发展模式的房地产／不动产行业，仍能在长期成为国民经济的支柱产业之一。

当然，一个偌大的传统行业，要探索新发展模式取代旧模式，说起来容易，做起来难。一是探索新发展模式有一个过程；二是新发展模式要能从规模上取代传统发展模式是需要颇长时间的，不可能一蹴而就；三是只要市场／企业还能通过传统发展模式轻松赚到钱，就难有动力探索和落地新发展模式。因此，向新发展模式"平稳过渡"肯定是主观愿望，但现实却未必和预期一样，过程中不免充满惊涛骇浪。

回到优化房地产行业／企业的资产负债表和资本结构问题，可能需要牢牢把握几个主题。一是"房住不炒"，这是总纲、"总路线"；二是时刻考虑防范和化解系统性风险，不能增加新的风险；三是在短期内也要帮助解决保交楼等短期民生问题、安全问题；四是在过程中，将金融作为赋能工具，"顺带"推动房地产行业／企业探索及转型至新发展模式。

原来监管大概有这样的定见或执念，一是认为房企融资后会"左口袋倒进右口袋"，最终将资金拿去拍地，推高地价，并最后推高房价，认为资本市场提供的股权融资和房价有明显的正相关关系；二是这些年逐渐认识到需要结合新时代的政治经济范式，重新梳理金融和房地产的关系，因此，让更多传统模式（住宅开发销售）主导的房企上市并使其成为中国上市公司里重要的市值组成部分已经不是大的方向，更多的还是优化存量问题；三是股权融资与股市／散户息息相关，政治政策敏感性比较高，颁布政策容易引起过度解读。这些历史客观情况，使监管对上市房企股权融资一直持保守态度。

但同时又有这样的因素在发生作用。其一，投资机构还是比较喜欢配置房地产资产的，过去20年房地产行业高歌猛进，市场不断前行，房地产在国民经济中的地位被认为不可动摇，也被市场认为是最为安全的投资对象，尤其是对风险偏好较低、追求安全稳定性的大类固收投资者而言。其二，金融监管始终有创新的动力，希望为市场提供更多的融资产品及解决方案，许多产品又落位至一直被认为比较安全的房地产/不动产标的。其三，中国的政策一直有一个特征，就是希望同时追求多重目标（所谓"既要又要"），大多数时候，对优先、主次的判断依靠自己的理解和认识，在实践中再加深，必要时再调整。在特定的环境下（即房地产"上风上水"），同时追求规模、创新、市场化、安全时，房地产/不动产资产往往是一个比较好的去处。其四，中国仍存在金融子市场、子体系监管分立的情况，有时缺乏及时的沟通和协调，需要到后面再统筹和重置政策，所以许多问题也是到后来才逐渐发现的。

结果是，市场及监管各方面的力量都在潜移默化地发生作用，依然将更多的金融资源导向了房地产。其中需要关注的是，房地产企业这些年除了在项目层面增加融资外，在公司层面也做了较多的债权融资——需要注意，这些债权融资都是没有资产抵押的信用债，而房地产企业在底层资产层面已经做了大量融资（预售、开发/经营贷、固定收益类资产证券化、前端融资/影子银行、项目公司股权质押等），平台层面的融资都是信用融资，投资者依靠的仅仅是企业的评级和信用。相当于一家银行不问你要任何抵押物，只根据你的工资流水向你提供贷款。而一旦企业出现流动性和偿付能力问题，债还不上来，则信用债投资者是处在所有债权人里最劣后的位置的。

如果细细推敲,信用债是存在许多问题的——有宏观层面的问题,也有技术层面的问题。这里举一个技术问题的例子。信用债所依赖的评级到底是否可靠呢?且不论从业人员的实践、标准、操守、专业化程度等,只讨论技术因素。举个简单的例子,企业的现金流与负债的关系问题。房地产企业各地项目产生的现金流应该能够合理覆盖利息支出,这个道理很容易理解。但房地产企业的现金流往往分布在项目上,其能否被抽调和项目端预售资金的管理有关。那么,项目上的预售资金究竟是什么属性?能否被灵活抽调用作企业总体盘子的资金池,还是需要被锁在项目上保交楼?这关乎企业的现金流、现金,对于评级来说是最重要的指标。但一个预售政策优化调整,要求资金更多停留在项目上以防范交楼风险,就可能导致评级体系坍塌。

房地产企业项目端的债权人通常有资产抵质押,出了问题,也可以把住资产,后面就无非是资产能不能变现、何时能够变现、以何种价值变现的问题。但信用债投资者在债权人中是处于劣后地位的,可能盘下来颗粒无收,从而面临最大的风险。而这些投资者恰恰又是公开市场投资者,社会面影响力最大,如果债券出现违约,就有极强的传导效应,导致市场整体流动性收紧,并引发系统性风险。

此外,房地产企业本来在项目端已经吸收了较多融资(主要是来自商业银行体系的间接融资),在平台端再增加信用融资,只是利用公开市场/资本市场进一步加杠杆,这会带来很多影响。一是有行业与金融风险的问题,在政策调整及经济下行时就会显现。二是在资本市场上帮助房地产行业"争夺"乃至"挤出"其他行业所能获得的金融资源。三是限制权益融资，放开债权融资所决定的，投资者群体也由此"固收化"，总希望投资简单易懂、稳赚不赔的房地产行业的产品，这其实也不利于投资者和整个金融市场的健康发展。

最后还有一个可能会被监管忽略的问题，那就是因为融资受限，不少房地产企业融资就被推至境外——这里的境外包含香港市场，投资者可能是中国背景，也可能是外国背景，均用港元/美元对标的进行投资。这里引发了一个单独的问题，我们将在"再在岸化"小节再讨论。

问题既然被初步展开，我们就可以探讨围绕房地产企业，针对什么层级、什么业务匹配什么样的金融支持会更加合理。

这部分不涉及上市地及交易场所问题，简单假设企业都在内地上市，在内地资本市场融资。

（一）上市房地产企业/平台层面

上市房地产企业/平台层面应该放开权益融资，同时控制信用类债权融资。如前面讨论的，对于已上市的房地产企业（即A股上市公司），应该允许进行重组及再融资，使企业能够在公司/平台层面补充权益资本。对应地，则应更加严格地监管甚至限制信用债融资。目前，我国境内资本市场里已有不小的存量地产信用债券/票据产品（4 000亿~5 000亿元），眼下行业处在重组出清的过程中，对这部分存量市场在短期内应予以最大限度的保护，但在未来，应考虑逐步消减乃至退出。房地产行业风险的化解，其实就在于留下来的头部房企的资产负债表能否实现优化，在公司层面，即体现在用权益融资取代固收融资。那么，展望未来，假设行业重组出清完成，能不能重新增加企业在资本市场的信用债／票据融资呢？可以，但应十分谨慎，遵循许多前提条件，例如，一是不能"放债不放股"，企业要有持续、稳定的权益融资通道；二是"三道红线"等对杠杆率的管理框架依然有效（但未来也可以探讨"三道红线"是否对新发展模式更加灵活适用）；三是有严格、可信的评级体系，能够对行业、企业风险做出准确评估；四是对发行人及展业机构要有十分严格的监管和问责机制。

（二）上市房地产企业／平台再融资层面

上市房地产企业／平台再融资层面鼓励权益融资或信用融资的募集资金更多投向符合新发展模式的业务、资产、项目。短期内，确实有保交楼、行业纾困、存量重组等任务，使资金需要投向传统模式。但从中长期看，金融是推动房企向新发展模式平稳过渡的最佳工具。何为符合新发展模式的投向呢？一是符合"租购并举"主题、满足年轻人及低收入群体的多元化、多层次、多主体供应的住宅项目；二是传统的商业不动产项目，包括消费零售、办公、文化旅游（必须是真实的文旅项目，而非打着文旅标签的传统住宅开发销售项目）等；三是国家这些年涌现的新基建类业态，例如产业、仓储、数据中心等；四是社区服务（住宅物业）、不动产资产管理及运营、建立在建筑和不动产场景下的科技等。

（三）限制基于传统模式的房地产企业上市

除非有特殊情况，原则上限制基于传统模式（住宅开发销售）的房地产企业或业务在 A 股 IPO（首次公开发行，含借壳）。这里的逻辑是，中国在迈向新发展模式，房地产行业也在转型至新发展模式，金融要回到服务实体经济的本位工作，就没有必要再让金融/资本市场去支持传统模式、打造更多基于传统模式的上市公司，进一步增加其在上市公司里的占比了。这是一个基本的导向和占位问题。但对这个问题不能"一刀切"，需考虑两类特殊情况。

一是出于各种历史客观原因，赴境外/海外上市的存量红筹房企，其中不乏许多质量优良的国资及民营企业。是否应将其纳入境内资本市场？笔者认为对这部分企业应区别对待，在符合其他监管规定的条件下，将其纳入境内资本市场是利大于弊的。

二是鼓励房地产企业（无论是在 A 股上市、境外上市还是未上市）将旗下符合新发展模式的子板块在 A 股分拆上市。对此，只是不在行业上设限制，在政策上有所倾斜和鼓励，但应符合一般的证券监管规定。

因此，在房地产行业重组出清尚在进行中时，考虑允许明确契合保交楼、行业纾困等政策及战略主题的资产通过借壳方式重组上市公司。此举能够帮助化解存量上市公司的风险，但在审核过程中也要严格符合一般的证券监管规定。

（四）债权/固定收益类融资

债权/固定收益类融资应更多地落在项目层面，建立在有资产支持的基础上。结合前面的内容一起看，大意就是，对于房地产企业，在公司层面就少发一些信用类的债权产品，要做固定收益产品，多在项目/资产端做资产证券化。企业最终要选择的，其实是进行直接融资（通过资本市场）还是进行间接融资（通过商业银行）。这里需要再提几条建议。其一，所谓"资产"，最好有真实的资产作为依托。何为真实的资产？就是不动产，而不是仍以企业的信用为依托。其二，资本市场融资和银行融资最好有一定的契合度，两者的区别应该更多体现在成本及流动性上，而不是降低某个市场的融资标准（例如LTV、资金监管等）。这一条恰好是中国特色金融监管可以发挥作用的。其三，项目端的资产证券化融资当然也要纳入企业的"三道红线"及银行集中度限制。最终，企业固定收益的总量是确定的，无非是在平台、资产/项目之间平衡；而如果平台发信用产品的空间少了，企业的固定融资就需要回到项目/资产上，最终在直接融资（资本市场）和间接融资之间做选择。其四，项目端融资距离资产更近，可以更好地判定其是否契合新发展模式。未来，可以考虑优化"三道红线"，如果杠杆是用于符合新发展模式的项目的，可考虑给予一定的优惠（例如在计算相关负债时给予一定的折扣，甚至直接排除在计算范畴外）。

（五）拓展房地产企业项目/资产层面的权益融资

应该积极开拓房地产企业项目/资产层面的权益融资。前文提到将债权/固定收益产品更多地落位到项目/资产上。此处说的则是，不仅在房地产企业的公司层面，在项目/资产层面也要积极放开权益融资，将项目、资产作为补充权益的来源。对于金融监管机构而言，具体手段无非两种。

一是在有监管的前提下，进一步开放私募股权融资，包括私募股权基金、pre-REITs、私募 REITs 等，可以允许这些结构灵活投向各种业态。其实从各个角度看，私募股权基金反而是更安全的。一方面，它面向的是风险偏好更高的权益型投资者，这些投资者通常更加成熟，承担损失的能力也更强。而固收投资往往会影响到银行体系。另一方面，基金与基金、基金与平台之间是隔绝管理的。一来项目上的资金更有可能被封闭管理，因此不会出现资金被资金池挪用并进而触发保交楼问题；二来项目/基金即便出险，风险也不会横向或纵向传递。不动产行业里说的"基金化"，其实就是利用私募股权基金融资。如果项目端的私募股权融资非常发达，开发商也就逐渐趋向于 PE，在项目端/资产端利用基金融资，其实就不需要寻求开发平台本身的上市了。这也是美国开发商的情况。

二是对房地产企业放开公募 REITs。这里面又涉及几个具体问题。第一，放开更多的业态：与房地产企业息息相关的业态其实不是产业园、仓储物流、数据中心和保租房，而是各类持有型商业不动产，例如购物中心、写字楼、市场化的长租公寓、文旅项目等。这些业态里有着大量现金流稳定、价值丰厚的优质资产，同时也是一般的零售和机构投资者最为熟悉、与日常生活消费工作最息息相关的不动产。对这些业态放开、放宽公募 REITs，一方面将极大有利于优质房地产企业优化资产负债表/资本结构，另一方面也可以让社会财富有更多更安全的投向，最终成为多渠道增加城乡居民收入的手段。伴随监管与市场更加成熟，可以对房地产企业适度放宽限制（譬如不再要求先行对资产进行重组以构建专门的主体）。因为我国城市发展的特殊历史，住宅与大类商业不动产往往是混合开发的，所以一旦要调控房地产，就会波及非住业态，两者似乎总是难以从概念上厘清。因此，监管总有这样的顾虑，即对房地产企业放开非住业态的融资，募集资金就可能最终流向住宅开发销售，所以会涉及更多的屏障与约束。就此，中国应发挥"举国体制"和"一盘棋"的优势，各主管部委、部门的标准逐步统合，并发挥动态思维，更多地考虑到住宅地产作为传统发展模式无论如何都是在逐渐退出历史舞台的，甚至不以人们的意志为转移，而当今摆在政府面前更迫切的任务——除了解决保交楼、优化资产负债表等相对短期的问题外——实际上是推动房地产行业探索转型并最终平稳过渡至新发展模式。据此，公募REITs等创新产品也应考虑如何"策应"帮助房企推动新发展模式。

如果更多的商业不动产业态类别被纳入公募REITs，房地产企业就能够更加容易地借助公募REITs退出，并为不同的资产及业态构建良性的资本循环。如此，一方面能够极大优化资产负债表，减少行业风险；另一方面能够帮助在项目/资产端培养全链条的股权投资者，推动金融市场成熟发展。

四、中国特色房地产企业上市形态的"终局"

对中国特色房地产企业上市形态的讨论，不考虑企业的上市地问题，只考虑企业的上市格局及形态。同时，"所有制中性"，国企、民企均适用。

在新时代、新发展格局、新发展模式下的新型房地产及金融关系里，上市的房地产／不动产集团可以构建如下格局与形态。

（一）上市平台1：房地产／不动产投资、开发及持有者

主业：房地产开发、不动产投资、房地产金融（基金化／资产管理／资本管理）。中国绝大多数房地产企业均完成上市，都具备上市平台1。

行业属性：房地产／不动产，房地产开发，重资产，房地产金融，控股集团。

业务描述：

- 该上市平台是重资产的，脱胎自最初的住宅开发商，拥有开发资质及建设能力，未来主要用来拿地、开发及持有项目（扮演"业主"的角色）。未来如果搭建REITs，可以负责持有和管理REITs的份额。
- 伴随旗下商业不动产资产融资链条的打通（通常以搭建公募REITs为标志），可尝试发展"基金化"能力，以系统性解决项目端／资产端的权益融资问题。
- "孵化器"：负责培育、孵化集团内新兴且相对独立的业务板块及能力。
- 未来新板块如果分拆上市，集团应继续持有上市子公司的权益，以此"闭环"新赛道创造的增长与收益，并帮助集团最终整体平稳过渡至新发展模式。
- 可承载集团／体系内的一些基础设施／后台性质的职能及

研发。

- 如果旗下的上市子公司/板块较多，则上市平台 1 会越来越趋近于一个控股集团。投资者投资该平台的不足是距离底层业务与资产"较远"，但可满足总体配置的考虑。

融资方式：

- 在平台层面进行股权融资及信用类债权融资。
- 在项目/资产层面使用间接融资（商业银行）、直接融资（资本市场，如资产证券化、私募 REITs、公募 REITs 等）及私募股权融资等。

投资者群体：

- 主要为专注房地产/不动产/重资产行业的传统投资者。
- 按投资证券的类别分为权益型投资者和债权型投资者。
- 或公开市场投资者和资产层面/另类资产投资者。
- 如果房地产企业有更强的金融/基金化属性，也会吸引对金融感兴趣的投资者（但也同属于传统行业）。另外，如果市值较大，且旗下业务足够丰富多元，也能够吸引一些配置型的长线投资者。

（二）上市平台 2：轻资产运营/服务商

主业：专事社区（例如住宅）及其他不动产资产及空间（例

如购物中心、写字楼等）的运营、管理及服务的轻资产企业，最贴近"新发展模式"的定义。中国大多数房地产企业在过去几年也完成了上市平台2的构建（虽然有一部分与上市平台1的关系为平行结构，而非垂直结构）。

行业属性：物业管理、物业租赁、商业运营、资产管理、社区服务、企业服务、消费等。

业务描述：

- 通常都包含住宅物业管理服务，脱胎自房地产企业旗下的住宅物业板块，在过去几年完成分拆上市。
- 围绕该平台，由住宅物业出发，不断拓展其他业态、资产、空间的运营及管理服务能力，包括但不限于购物中心、写字楼、租赁住房、产业园、城市公共服务、酒店、教育、医养、政府办公及其他空间及业态（许多可能为房地产企业里经营的规模不大的"非核心"或"长尾"业务）。
- 所服务的不动产空间及业态可能由市场第三方持有，可能由开发商持有，也可能由开发商组建的基金持有，或由开发商作为原始权益人参与设立的公募REITs持有。
- 针对各个业态，在基础物业费及租金之外，发展出服务租赁企业、终端零售消费者及各类"私域"的垂直能力（增值服务）。
- 将各种不动产空间、业态进行横贯拉通，挖掘彼此之间的协同效应，创造更大的价值。
- 发展服务社区、资产与空间的科技能力。

- 将能力系统性地输出给第三方机构/企业（企业服务、SaaS、BPaaS等）。
- 生态体系培育者及构建者：对产业链上下游及关联企业进行投资布局、孵化。
- "向上赋能"：该上市平台十分贴近新发展模式，在做大做强后，能够向上赋能母公司上市平台1，助其整体转向新发展模式。

融资方式：因为是轻资产公司，主要在平台层面依托股权融资，同时如果企业的规模足够大，有机会配以少量信用类债权融资。

投资者群体：吸引热衷于消费零售、企业服务、科技等新经济板块，同时回避乃至厌恶房地产/不动产及重资产行业投资者。这是上市平台2的最大价值。同时，在新时代的中国，房地产与金融的合理关系需要重构，未来并非所有不动产资产及业态都能实现资本循环，"轻重分离"的处理至少能够帮助将轻资产部分的价值通过资本市场先予以兑现。

（三）上市平台3：公募REITs

基于不同的业态类别，可组建多只REITs，因此这里指的是某一类上市平台，而非一个具体的上市平台。

主业：专事投资可获得稳定现金流的不动产资产。

行业属性：房地产/不动产投资/重资产，但剔除开发部分，只包括成熟资产。

业务描述：

- 公募REITs本质是成熟不动产资产的投资者、持有者（"业主"）。

- 中国内地的公募REITs，资产端的运营是"外置的"，即由REITs委托专门的资产服务机构进行（该机构通常又属于原始权益人，即本篇所指的原房地产企业）。

- 公募REITs可能包含单一不动产业态，但也可能包含多种业态，在这种情况下，这些业态最好有业务或财务上的协同性，或作为加总，能够正向帮助REITs的市值及流动性。

- 公募REITs也是同类型不动产资产的收购平台/退出平台，可以向原始权益人/房地产企业（即上市平台1）/关联方（上市平台2发现的资产）或纯粹第三方不断收购资产。

- "向上赋能"：公募REITs可以帮助上市平台1（原始权益人/房地产企业）回收部分初始投资资金，优化资产负债表，并循环投向符合国家战略及新发展模式定义的不动产。同时，如果资产运营服务已委托轻资产的上市平台2进行，则可以成为上市平台2在市场上获取更多资产服务对象的"抓手"（帮助上市平台2收购有意向的资产，最终注入公募REITs后也由上市平台2提供管理服务）。

融资方式：房地产企业不断将成熟的不动产资产注入REITs平台，实现对不动产资产初始投资的回流与资金循环。REITs本身可以继续扩募，发行新的份额以购买新的资产，同时可配以一定的杠杆（主要采用间接融资方式，例如商行的并购贷）。

投资者群体：主要是不动产领域的投资者，希望以最"近"

的距离、最直接的方式、最干净的架构,投资于最成熟的不动产资产,以此获取长期稳定的回报。投资者只希望投资成熟资产,是因为不希望涉及开发风险(及不确定性),同时也不希望投资任何其他不感兴趣的业务、业态或资产。

(四)上市平台4:房地产企业培育、孵化的其他相对独立的子板块

主业:由房地产企业培育、孵化且独立于主业的业务板块。

行业属性:根据该板块具体所属行业情况而定,有可能是轻资产的,也有可能是轻重结合的(包含不动产资产)。

业务描述:由房地产企业培育、孵化的其他业务板块,最直观的例子是,任何与房地产/不动产没有关联的跨业板块。房地产企业在找寻新发展模式的过程中,是有可能跨业经营的。但要形成第四类上市平台,还要考虑新板块的战略、模式、业务、财务确实与房地产企业主板块(包括上市平台1、上市平台2的业务及上市平台3的资产)相对独立,共享资源及协同有限,具备一定的绝对规模,作为单独的上市平台更能最大化价值。

融资方式:取决于公司隶属什么行业板块,以及旗下是否包含不动产资产等。在其他条件相等的情况下,业务越是"轻资产",就越需要依赖股权融资;业务越是"重资产",就越有可能借力债权融资。

投资者群体:同上,公司将吸引热衷于其所属行业板块的投资者。公司越是"重资产"(即含有不动产资产),就越有可能吸引不动产/传统板块的投资者,但同时也可能"挤出"不喜欢

"重资产"的投资者。

(五) 四类上市平台总结与点评

以上讨论是理论化的,原则上可以不涉及上市地/资本市场。

从项目端/资产端的股权融资来看,境内公募REITs是未来的主要方向及"阳光大道",所以探讨时不妨侧重参考境内公募REITs的处理与安排。

房企集团应该将构建多个上市平台作为业务和战略手段,而不是作为目标。只有业务足够多元化,绝对规模足够大,同时相关板块相对独立,能够形成绝对的差异化,并且对应不同的融资方式及投资者群体,分拆打造多个平台才有好处。

同时,多不一定是好。基于有限的业务,如果刻意构建过多的上市平台,可能会弱化业务协同,淡化不同平台的差异化定位,分散有限的投资者群体,造成不必要的其他资源争夺及"内卷",最终反而起到折损总体价值的效果。

从中国监管的角度来看,应该更有意识地利用金融监管及金融资源的导向,推动房地产行业/企业探索转型新发展模式。在这个过程中,可以推动房地产企业上市平台1"就地转型",也可以对其构建上市平台2、3及4持有更加积极的态度。

五、住宅开发项目的预售资金:需不断强化、优化,加强监管

之所以在房地产与金融的关系这部分内容里重提预售,是因

为预售资金制度具有明显的金融属性，而且是 2C 融资。因为穿透来看，预售本质是购房者（多为个人/家庭）向开发商提供金融支持；如果再穿透来看，其实是个人利用自己的信用为开发商（及地方政府）、城市开发及住房建设提供金融支持。在过去的城市大发展阶段（以及传统发展模式），预售制是"一石多鸟"，开发商、地方政府、商业银行都需要预售制：开发商实质上是在加杠杆，能够加快资金周转，提高资金使用效率；地方政府能够加速项目建设落地，同时这也是吸引开发商的手段；银行则能由此获得高质量的个人按揭贷款。其中，个体购房者处于最不利的状态：房子尚没有盖好，更没有拿到房本，就要搭上自己的信用跟银行贷款，还按揭，然后还要担负交楼后存在的质量风险。

但从金融的视角看，预售制里的核心要害是预售资金的监管，而在实践中，对预售资金的监管由各地执行，在大发展年代里，许多标准和规范不断弱化，许多房地产企业以各种名目将预售资金抽离项目，将其构建为企业整体资金池的一部分，银行、地方、金融市场里的评级机构及投资者也都默认这样的安排。在行业顺风顺水时固然没有问题，但如果行业下行，问题就会暴露，这就是 2021 年以来发生的保交楼及企业出险问题。而且人们已经看到，预售资金监管与企业现金流密切相关，是企业流动性的重要组成部分，如果处理不好，会引发更大的系统性风险。针对此点，笔者早前的文章已阐述过，就不再赘述了。

预售制存在的问题已经比较清楚了——实际上也不是一个新问题，而是老问题。现在就是未来如何改革的问题。由于涉及各方利益，这个问题也一直非常敏感。如果不是这次保交楼问题暴露，可能还不会引起这么大的关注。

以下做一些简要的探讨。

（一）预售制本身应该有大的调整

预售制本身是否应该有大的调整？

答案是肯定的。前面提到，预售制是有利于开发商、地方政府和商业银行等大机构、大主体的，但是不利于维护个体购房者的利益，在实力较强的 B（商业）/G（政府）与实力较弱的 C（个体）之间，是存在明显的利益、收益和风险不对等的，这是城市大发展、住宅表现为"卖方市场"发展的历史产物。如果购房者真的能够自由挑选，一定会倾向于选择现房而非期房（并且选择基于现房的按揭贷款）。因此，从长期来看，伴随我国房地产行业由传统大发展时代转向新时代、存量时代，走新发展模式，房地产开发模式也应该有所转变，即由预售制主导变为引入增加更多的现售。此举，一方面可以让房地产的开发更多地回到"住"的产品属性上来，另一方面可以减少将住房者置于开发风险之下，更好地保护购房者在产品质量等方面的权益（以人民为中心），同时帮助规范和管理预售制的金融属性带来的问题（底线思维）。

（二）时机问题

那么，应该何时对预售制进行优化调整？

笔者以为，第一，在房地产行业经历大的调整、重组、出清的关键阶段，中央政府、地方政府、银行和金融体系、开发商等在方方面面都面临较大压力。此时,保证行业平稳发展关乎整个宏观经济,如果在这个阶段大幅调整,肯定不利于行业企稳发展。因此,笔者以为,未来一段时间不适合对预售制进行大的调整,包括针对增量项目而言,需待行业稳定下来,企业和市场修复元气与信心。第二,如前所述,在房地产行业平稳过渡到新发展模式后,理论上,我们应该看到市场上不仅都是期房,还有更多的现房可供消费者选择。这个时间维度到底是什么概念呢?笔者以为,至少是5年以后,是8~10年的概念,逐渐平稳过渡。预售制长期看肯定是要改革和优化的,但此事又万不能急,得循序渐进地推动。

(三)存量项目还是增量项目的问题

存量项目还是增量项目?

所谓存量项目,即已经出让的土地;增量项目,即尚未出让的土地。建议已经出让的土地就不要给开发商突然设限,提高预售条件了,老的项目按老的项目办。未来,主要针对新的土地/增量项目做文章,即在新出让的土地里,更多地引入现房销售。

(四)"0"和"1"的问题

假设0是预售制,1是现房销售,我们探讨的其实不是0或1,而是一个区间:任意城市,任意项目,在0和1之间处于什么位置。既然说到"循序渐进""平稳过渡",那就只能是逐步提升现房比例（1），并逐步减少期房比例（0），但不是要求一下就从0到1。

实际上，我们可能永远停留在0和1之间的某个位置：现房和期房并举、并存，只是比例因时、因城、因地、因开发商主体而调整。这样，在一个开发商分期开发的大项目里，可能有部分楼栋可预售，但其他需现售；或城市进行总量/指标控制，有的地块预售，有的地块现售；抑或是对预售提出更高的条件要求，符合门槛（信用、资质、业绩、过往纠纷记录等）的开发商才有资格拿到可供预售的项目或可办理预售证等。

（五）现房销售问题

是用行政的方式"强制"现房销售，还是用偏市场化的方式"鼓励"现房销售？

答案肯定是两者相结合。强制/行政方面，就是由政府设定总体指标：每年有多大比例的住房开发销售应当是建立在现房销售的基础上的。但在现房销售的基础指标之外，就不需要再做硬性的规定了，如果要进一步鼓励预售，可以考虑多用市场化的政策、手段、工具去引导开发商更多地追求现房销售。

（六）政府方面

中国的城市之间是存在竞争的，都希望开发商前来投资，分担城市开发建设的职能。但开发商都希望去政策宽松的地方开展业务，如果由开发商做选择，应该都会选择搞预售制的地方。因此，要推动调整预售制，可能还是要国务院自上而下给予总体指导，为现房销售确立一些大的底线指标，以避免同级城市之间的政策差异太大（结果在"内卷"之下，始终向最低标准"看齐"）。在此基础标准之外，再由各个城市根据自己的特殊情况进一步确定现房和预售的指标（因城施政）。

（七）严格管理预售资金

只要存在预售制，就应该严格管理预售资金。2021年以来的情况是，各地预售资金管理都存在问题，都有资金被从项目上调走的情况，结果导致了保交楼、保民生、保稳定的政策目标。而困境是，一旦为了保交楼加强项目上的预售资金管理，就会因为阻断企业资金池/资金循环使企业流动性出现大的问题，甚至导致企业主体不保。这种情况会将项目上的资金安全与房地产企业平台/集团层面的安全对立起来，也会将地方（承担保交楼的主体责任）与金融机构/体系（为房地产平台/集团层面提供了融资）对立起来。这就是预售资金的监管带来的"两难"。

基于此，在这里，我们只讨论本轮房地产行业重组、出清完成、企稳、恢复平稳发展，走在了平稳转型至新发展模式的正道上，拥有了长期的合理预售资金监管模式。其实，答案也非常直接，要有大的立场和站位，"屁股端坐在购房者（大多为个人/家庭）一边"，强化现有制度，强化预售资金监管，确保预售资金能够得到真正安全且闭环的管理。要达到这样的目标，即在项目上，每收到购房者的一分钱预售资金（可能是通过商业银行的按揭），原则上都应用于或优先用于本项目的建设，绝不能随意调用。

过去的情况是，政策落位在地方，把握尺度就有松有紧，由于从结构上看，预售制／预售资金对地方政府、商业银行和开发商三方都有利益，所以在实操里，资金被以各种名目和形式抽调，最终成为房企的资金池。对此，地方政府不知情或默许，商业银行非但纵容，甚至可能为此提供一些金融创新支持。这是在各地普遍出现的真实情况。如果都按明面上的政策执行，从一开始就不会出现保交楼问题。

那么后面怎么办呢？笔者以为，需要机制与"抓手"相结合，既要有机制保证，也要有具体"抓手"——要能落实、问责到具体的自然人。

一是购房者／业主大会。前面说了，从预售资金穿透来看，其实就是购房者给开发商为项目开发提供了贷款，而且对于开发商来说，穿透下去，这是一个面向个人／家庭的融资。只不过在我们的体系里，中间始终有商业银行背书作保，但这些都不改变交易的本质（在保交楼问题里暴露得淋漓尽致）。制度保证，就是复归本位，要把购房者真真切切地看为项目的利益方（而不仅仅是利益攸关者）。他们既是业主，又是债权人，应该享有合法权益。如果要对项目的预售资金进行监管，其既要对银行负责，又要对政府负责，还要对购房者／业主负责。甚至可能主要向购房者／业主负责。因为他们是整个链条里面单体能力最弱小的，切身利益最大的。他们就是人民的主体。

二是预售资金监管委员会。负责预售资金日常监管的委员会，要纳入相关的利益方。这包括购房者／业主大会的代表，地方政府相关部门的代表，商业银行（开发贷的提供方、按揭贷款的提供方，往往是重合的或有重合）的代表，外部机构的代表（如总包建筑单位、监理单位、开发商的会计师等）。

三是"个人抓手"。有一个经典问题是，交由任何一个机构/单位，都会主张自己知识、经验、能力不足，而不对预售资金被抽调负责。记得保交楼问题出现争议期间有一个视频广为流传，视频里某地方项目上的银行的员工对购房者称，他并没有能力监督开发商的资金使用及后续。他们说的确实是真实情况，比如说没有能力核查钱打给了哪个供应商，再调查这个供应商是真的还是假的，或者资金最后去了哪里。如果开发商能够提供其他商业银行提供的流动性证明/资金函，银行更加不会拒绝。如果开发商到当地政府走了正常审批流程，审批下来了，银行认为安全免责，没有理由不处理。因此，银行不是一个"抓手"，没有办法帮助看管资金；银行不仅权利、能力不到位，责任也不到位。这其实就是"九龙治水"，最终没有人承担责任。

按中国的现实国情，这类事情最终还是需要有"个人抓手"——要能把责任落位到某个人/自然人身上。在房地产/建筑里，对应的是签字的结构工程师，出了问题，结构工程师是要承担个人责任的。在A股的证券发行里，对应的是保荐人，项目出了问题（也可能是其他专业机构，如律师、审计师、评估师或企业自身等），保荐人（自然人）也是要承担责任的。此外，机构可能会视情况承担一定的连带责任。脱离这些大多数人日常不太接受的专业领域，在其他行业里也有直观的例子。譬如医生，谁是负责的大夫、谁动的手术，都是很清楚的。如果出现医疗事故，那是要负责的。找抓手，就是最直接的解决办法。

因此，可以考虑给预售资金监管找一个负责任的抓手，一个终极的、独立的签字人、责任人。他所属的单位也要视情况承担一定的连带责任。如果项目基础建设的预售资金被不当挪用，导致项目最终出现问题，那么这个人是要担负责任的。如果引发重大的保交楼和民生安全问题，往重了说，这是可以上升到违法犯罪的高度的。

这个负责任的自然人应该任职于哪个单位呢？笔者认为，第一，这个自然人不应该来自开发商，因为利益冲突太大，必须来自外部机构。第二，应该是与资金关系最大且最近的机构，也就是商业银行，譬如为项目提供开发贷的主要银行。

此外，每个项目可以安排超过一位自然人担任责任人，就在前述"预售资金监管委员会"里开发商以外的外部机构代表里产生。具体谁负责，可以由监管直接通过规则确立（而不是由委员会随机推选确立）。

最后，开发商（高管及项目经理）虽然非预售资金监管责任人，但永远需要承担责任，一旦出现因资金被挪用最终导致保交楼问题的，需要严惩相关人员，并承担相应的法律责任。

实操也并不容易，责任人/签字人是深度介入项目财务的。他们可能需要具体知道资金被调用到哪个供应商、供应商是否靠谱、与开发商是什么关系、款项是如何使用的等。这需要丰富的实操经验与智慧。

只要把责任落实到个人（而非机构），避免"九龙治水"，同时给予他们更多权限（例如一票否决权）和监管支持，他们就会勤勉尽责。

有人担心：如此一来，预售资金不就被全部锁死了吗？也许项目本身的开发建设能够被满足，但即便账面上的资金足够项目开发所用，责任人可能也不同意资金被抽调。一方面，肯定还是看主体。企业公司治理、财务、内控规范且信用资质强的，责任人肯定有信心。另一方面，责任人为了安全，肯定希望保有一定的"缓冲"，即让项目上留存的资金略大于实际所需，以保安全。如果"屁股"坐在购房者这边，秉持底线思维，时刻防范风险，也是合理的。开发商需要做的，其实是在公司层面重新据此调整自己的现金流管理，认定有部分资金将被保留在项目上，存在"无谓损失"，但又是展业所无法避免的。核心还是，建立合理的预期。

中国的国情，发展还是第一要务。因此，短时间内摒弃预售制是不可能的，最多也是循序渐进地引入现房销售，并且周期很长，是长期事业。

摆在监管面前更加现实的问题是预售资金的合理监管。笔者以为，加强监管，必须确立"抓手"，落实到个人。对于住宅开发销售项目预售资金的合理监管，也应该是新时代下和新发展模式里，房地产与金融关系的重要组成部分。

六、由"离岸化"到"再在岸化"

过去10多年，许多中国内地房地产企业选择境外/离岸上市，并在境外/离岸进行股权和债权融资，这产生了房地产行业资本市场融资"离岸化"（offshoring）的现象。要注意的是，这里的境外/离岸市场，交易地主要指中国香港地区，但也包括新加坡、美国、欧洲等其他市场。投资者则主要通过港元、美元及其他外汇投资。

为什么会出现房地产行业/企业资本市场融资"离岸化"的问题？背后有多个方面的原因。

一是由于房地产调控，境内金融监管严格限制房地产企业的融资，特别是上市等股权融资。2010年以来的绝大部分时间里（除了2015—2016年的一个小窗口），房地产企业无法在A股进行股权融资，重组配套融资也面临许多限制。这时，许多企业就转至境外上市，甚至许多已经在A股上市的公司也在境外通过买壳的方式打造上市子平台，以拓宽融资通路。

二是A股本身的市场容量有限，审核制度和标准多年来也在不断细化，种种原因之下，中间不时会出现发行节奏跟不上的问题（IPO"堰塞湖"）。为求加快上市和资本化的进程，许多企业就转到境外上市。对于监管来说，对于房地产这样处在宏观调控下的行业，企业到境外上市，更多利用外资解决融资问题以缓解境内压力，也是一个可取的出路。

三是许多国企在历史上都有重组改制、丰富股东结构（包括吸引国际资本）、提升公司治理水平、提升竞争力、提升品牌效应、接轨国际资本市场、打造境外窗口单位等的诉求，也选择到境外上市。

四是A股监管审核环境总体而言更加严格。因此，房地产企业过去几年围绕住宅物业商业、零售商业及各类不动产及空间形态探索新发展模式并研究分拆上市时，发现A股审核门槛很高，落地难度较大，结果大多数房地产企业（包括国企和民企）都选择在境外市场分拆上市，核心是境外市场监管机制和标准更加灵活，尺度也更大，受房地产调控政策影响更小，总之，更能匹配企业自身的诉求。因此，2019年以来的物业企业分拆上市潮也发生在香港，使房地产行业新发展模式的融资也出现"离岸化"。

五是资本市场产品存在短板，例如，公募 REITs 是在 2021 年才在中国内地建成打通的，至撰写本文时，购物中心正在作为消费基础设施的重要业态被纳入，写字楼、酒店等业态尚未打通。之前大多数企业研究探讨 REITs，只能考虑中国香港和新加坡市场，也有少数企业选择将资产以 REITs 的形式在境外上市。

六是境外（以美国、新加坡等为典例）的房地产金融非常发达，模式成熟，投资者群体广大，为在资产层面进行股权融资及推动基金化提供了可能性。因此，有一段时间，投资中国内地房地产项目的美元/外资基金也是市场上的一道风景线。这些属于项目端/资产端的"离岸化"融资。

七是从 21 世纪开始至今的 20 多年，房地产行业作为中国传统发展模式的核心组成部分，一直是国民经济的支柱及引擎，能够获得境外资本市场的青睐。而境外资本市场能够汇聚全球资金，既有深度，又有广度，一直能够比较好地满足中国内地房地产企业的融资需求。

八是在很长一段时间里，人们认为未来全球资本市场都会打通，中国将是世界资本市场的一部分，资金完全可以自由流动，不会存在什么"脱钩断链"或"金融战"的问题。在这样的环境中，人们自然认为到哪里上市都一样。对于国企来说，可以"走出去"，高水平吸引外资，在国际资本市场确立地位，民营企业家还能满足创始股东和家族的财富管理与配置需求。境外上市有没有技术问题呢？终归是有的，因为底层现金流和融资的货币是不匹配的，会面临资本管制和汇率风险等问题。但人们认为境外上市的好处很大，足可以压倒及克服这些难点挑战。

总而言之，有来自境外市场的吸力，也有来自境内市场的推力，在各方面因素的合力下，导致境内的房地产企业资本市场融资出现了高度的"离岸化"。曾经，大部分头部企业（无论公有制还是非公有制、全国性还是区域性、"内房"还是"外资"、传统发展模式还是新发展模式），虽然没有很强的境外投资需求，但有很大比例的资本市场融资（股权、债权）都在境外发生，境外融资、境内使用，并且历经时日，已经构建了一个比较大的"存量"市场——这就是已经在境外上市的公司持续的股权融资需求，以及已经发行，需要不断进行再融资的存续美元债/境外债市场。

2015年初，内地放开了房地产企业的在岸融资，虽然股权融资在2016年（首次提出"房住不炒"）就暂停了，但债权融资的放开维系至今：这就是信用债券/票据及资产证券化产品加速发展的几年。在这几年中，当年赴境外上市的企业得以返回境内发行大量的信用债券/票据和资产证券化产品，实现了债权融资的"再在岸化"，但由于股权融资未放开，造就了股权融资在境外、债权融资在境内的结构性问题。

（一）过度"离岸化"的风险隐患

站在今天，我们再看房地产企业资本市场融资"离岸化"，可能就会发现存在许多问题了。

房地产行业是高度资本密集的，与金融高度绑定。底层资产现金流、业务的监管地、上市地及金融监管地、投资者等，如果不匹配、错配，会带来许多问题。这些问题在市场向好、行业上行、国际环境顺风顺水时都不是问题，但一旦环境变化，就都是问题。

一是资本管制、资金的自由流动、汇率风险等常规问题。

二是境外投资者对中国政策、中国模式、中国经济、中国企业的认可问题，此问题会转化为估值、评级、再融资等问题。

三是如果一个国民经济的支柱行业/板块有很大一部分依赖离岸融资，首先存在监管问题——能否全面、及时、有效地将这些企业纳入监管，将风险纳入监测？其次存在总体的"重心"和"向心力"问题，根据常识判断，一个行业的资本市场融资如果高度离岸化，不太可能使其更加贴近国家与政府的战略，但会让其更多受到国际资本的影响。在一切向好、国际融合的"和平年代"，这些问题都不是问题，但在"非常时期"，所有问题都可能演变为大问题。

四是"百年未有之大变局"的问题。如果中国与美国等西方国家陷入"金融战"并"脱钩断链"，会引发怎样的风险？需要考虑房地产与宏观经济及金融是密切关联的，一旦处理不好关系，就容易引发系统性风险。

五是中国过去30年都依赖房地产拉动经济，推进城市建设。房地产是传统发展模式的核心。经历"黄金年代"的房地产企业是享受了各种政策红利和优待的，也一直在各种"灰色区间"里运行。行业顺风顺水时都不是问题，但行业下行时，问题就会暴露。2021年以来出现的保交楼问题就是明证。保交楼关乎民生、稳定，可以上升到基本的经济社会安全问题层面。但如果所涉及的企业资本市场融资高度"离岸化"，又会派生新的问题：它会将中国内地的政策问题、经济问题、民生问题、安全问题，转化为中国内地监管逻辑与境外投资者的矛盾，具体往往体现为境外债券投资者与中国地方政府争夺企业用于保交楼的潜在资源。外部环境不友好时，这种矛盾有可能升级，甚至发展成地缘政治问题。

其实，类似的问题也适用于其他重点行业。一个对于国家战略、国民经济、基本民生乃至国家安全至关重要的行业，如果行业／企业的资本市场融资高度离岸化，肯定是存在风险的。如果能够选择，我们当然希望这些企业的融资"在岸化"。这也是国家强调金融必须扶持实体经济及战略产业，大力推行科创板及北交所，推动公募 REITs 等核心产品的原因。

（二）如何实现房地产行业／企业资本市场融资的"再在岸化"？

"再在岸化"的主要目标是，吸引那些已经在境外上市，或在平台、资产层面高度依赖美元、外汇、离岸融资的房地产／不动产行业／企业更多地将资本市场融资转回内地：找寻内地的投资者，在内地融资，接受内地的金融监管，在内地的交易所挂牌上市交易。

侧重点上，资本市场方面，债权融资已经对离岸上市企业充分开放了，特别是 2015 年至今做了许多金融创新突破（类 REITs、CMBS、供应链、购房尾款等）。下一步，更多地做结构上的优化，在企业／平台层面的信用债与资产层面的资产证券化之间寻找更好的平衡。因此，"再在岸化"的任务主要是股权／权益融资。

可使用的手段，参考如下。

一是不断放开及鼓励基于项目及资产层面的在岸/人民币融资，包括资产证券化产品、私募股权基金、私募REITs等。

二是公募REITs，允许房地产企业将旗下的适格资产以境内公募REITs的形式上市/退出；同时，结合市场及政策环境的变化，动态地放宽准入，允许更广类别及更大规模的资产纳入公募REITs的范畴。笔者以为，除了传统住宅开发销售业务以外，绝大多数不动产业态，从租赁住房、产业园、仓储物流、文旅到购物中心、商业写字楼的持有及运营，本质上都符合新发展模式，也是社会基础设施的一部分，都应该纳入公募REITs的范畴。从长期看，公募REITs是房地产企业资本市场融资"再在岸化"的重要通路。

三是允许红筹或H股上市的房地产企业将符合新发展模式的成熟业务板块/平台赴A股上市，借此利用境内的资本市场，推动房地产转型发展，平稳过渡至新发展模式。在这个过程中，可以借鉴国际资本市场实践，不断优化审核标准，给予适当的支持和鼓励。也只有给予政策上的支持和鼓励，才能帮助房地产企业"一石二鸟"，同时实现业务转型及资本市场融资的"再在岸化"，而这也是符合国家战略，能够形成正面社会效益的。

四是对积极向新发展模式转型、已有相当一部分收入利润来自新发展模式的房地产企业，允许其以红筹或H股公司"回A"的形式整体在A股上市。在这个过程中，需要对募集资金投向严格监管，促使其导向新业态、新模式。此举最为激进，但将有利于推动房地产企业上市平台整体的"再在岸化"，同时避免因分拆上市所导致的监管问题（例如独立性及同业竞争问题）。

五是推动适当"做减法",将价值不大、必要性不强的离岸上市平台做退市和私有化处理,那么,何为价值不大、必要性不强的离岸上市平台?即估值水平不高,流动性极弱,缺乏市场关注,缺乏融资能力,维持上市的成本甚至会大于上市收益的平台。当然,本着市场化原则,促进离岸上市企业的私有化/退市,前提还得是境内上市融资打开,企业主体对平台的"再在岸化"有信心。

最终,只要在监管上给予正向引导,就能迅速推动离岸企业资本市场融资的"再在岸化"。

(三)"再在岸化"的好处

商业合理性。"再在岸化"能够使不动产的底层资产/业务产生的现金流人民币化,使资产/业务的上市地、投向资产/业务的投资者及监管者中国本地化,以此减少跨市场导致的估值折价,减少汇率风险,减少国际地缘政治导致的风险。

管起来。增强中国政府对相关资产/业务的监管、管辖、治理范围及政治影响力。中国没有"长臂管辖"的概念和主张,因此,这里所要做的,只是不断增强对本地企业、本地业务、本地资产的本地监管。

百年未有之大变局。要考虑"百年未有之大变局"的影响,原先可能不构成"风险"的安排,在动荡的形势下可能会变为风险,变为安全问题。例如,美国等西方国家在金融领域推行与中国的"脱钩断链",会对中国经济构成巨大风险。房地产企业与金融密切相关,其表现好坏对国民经济有着巨大的影响及乘数效应。如果国际地缘冲突导致金融冲突，并波及在境外上市的房地产企业，将可能对我国国民经济产生不利影响，并导致重大安全问题；房地产企业资本市场融资"再在岸化"，自然能够帮助消除"百年未有之大变局"导致的风险。

高水平对外开放以吸引外资。围绕房地产/不动产领域，未来中国的"高水平对外开放"方向如何？自然是以房地产企业及旗下资产与业务资本市场融资的"再在岸化"，吸引国际投资者前来以人民币投资。这才是以良好的国内大循环吸引国际上的优势资源。总之，针对房地产行业，"走出去"（"离岸化"）始终不如"引进来"（"在岸化"）。房地产/不动产具有收益稳定的特性，其恰恰是吸引外资、落地"高水平对外开放"的支柱行业。

地方政府收入来源。中国的不动产行业将进入存量时代，存量资产、持有型物业在行业里的占比将不断提升。但由于各种政策限制，不动产的大宗交易十分有限，资产价值未被充分盘活。而只要资产不交易、不流转，资产的价值增值也无法印证，无法变现。这里导致的结果是，地方政府无从依仗不动产交易获取税收收入以补充增加地方财政收入。基于这一逻辑，在境外上市的房地产企业如果能在资产/项目层面进行人民币融资，发生交易流转，持续改善运营、提升收入，必将盘活资产、发现价值，最终地方政府丰富税源，作为补充财政收入的重要来源。

为居民财富提供新的投资去处。过去几年，中国经济及行业结构发生了显著变化，很快，居民（直接投资或通过银行理财）所能投资的标的和品类大幅萎缩。最根本的是，房地产开发销售项目不再是安全的投资品，相反，"爆雷"的风险很大。那么居民可以投资什么呢？可能并没有太多好的选择——这就是资产荒的问题。居民投资不出去，无法获得相对稳定的回报，也会影响其财富效应及未来的收入预期。因此，中国内地房地产企业底层资产/业务资本市场融资的"再在岸化"（即公募REITs），对一般投资者来说利益重大：人们终于可以购买一类具有高度安全性、防御性，流动性较好，且有一定监管"背书"的产品了。因此，公募REITs进一步放开、放宽，是一举多得，其中一条，是在推动房地产企业资本市场融资的"再在岸化"时，为境内投资者提供更加丰富及安全的投资品类。

总而言之，放开房地产企业的境内资本市场融资能够起到"一石多鸟"的作用，形成多赢局面。在新的大环境下，境外上市房地产企业（包括中资及外资）也别无选择，只能以更加积极、进取的行动探索境内资本市场融资渠道。

七、回到当下，房地产行业重组及风险出清之际，金融行业的角色何如？

前文探讨的都是中长期和结构性问题。这里回到即期：在眼下，金融行业及资本市场在房地产行业遭遇困难之际，应该持什么样的视角，发挥什么作用？下文只抽象探讨概念和原则问题。

（一）金融行业也是"问题"本身

房地产作为资本高度密集的行业，是离不开金融的，好比"鱼离不开水"。因此，首先应看到，金融既会受到房地产企业出险的连累，但又是"问题"本身：在维系了相当长一段时间、解决了我国城市粗放发展建设的房地产传统发展模式里,开发商、金融、地方的利益是联合的,金融将大量资源投放给房地产以赚取收益。而为了在风险、回报、安全、免责、简单、便利等方面找到最好的平衡,金融在房地产领域主要追寻固定收益类产品,集中指向周转快、利润高、与中国人置业的朴素需求相关、依赖房价及资产增长逻辑的住宅开发销售行业,在这个过程中,金融行业赚取了收益,同时暂时性地挤压了其他行业所能获得的金融资源。不过也要看到,在城市大发展时期,所谓金融从地产中获取回报,并不仅是金融行业从业者或企业获取回报,也是全社会在通过地产获取投资回报,要客观看待和总结评估。在金融推动房地产大发展的过程中,又由于前面提到的问题,即金融与房地产存在结构关系上的不合理,结果使房地产企业杠杆率过高,资产负债表出现结构性问题,企业风险系数显著增加,连带整个市场及经济的系统风险也显著增加。在行业顺风顺水时固然没有问题,但在行业下行并叠加调控政策时,风险旋即暴露。

(二)金融行业不能"独善其身"

房地产企业出险并导致金融机构的损失后,金融机构的本能反应是维护自己的利益(例如收回本金),与相关企业切断关系,并进一步收缩对其他房地产行业/企业的投放。在这个过程中,金融机构一方面会将问题归因为个别企业自身的问题(例如激进扩张、违规操作等),另一方面会归因为宏观问题或实体行业政策有问题,从而作为改变投放的依据。此外,还要叠加一系列金融机构面对的内外博弈关系。"内部"即追责风险,负责贷款/投资的人员在本体系内要对出险承担主体责任;"外部"即金融机构间的博弈(看谁先"跑得快",能够全身而退),以及与监管机构的博弈(监管问责风险)。总之,这些因素叠加,只会造成一个结果,即规模性的"踩踏"事件,造成房地产行业信用坍塌,并导致流动性危机甚至偿付危机。因此,金融行业是不可能"独善其身"的。站在今天,应该看到,金融与房地产确实是高度绑定的,结构性问题并非一日两日能够解决的。如此一来可以看到,金融安全(及宏观经济安全)与房地产行业/市场的安全归根结底是相关的、紧密相连的、一体的、不可切割的:房地产安全了,金融才能安全,经济才能安全。如果容许金融机构为了保全各自而独立博弈,只会带来更大的系统性风险。

(三)金融需引领房地产行业/市场的"维稳"

有了前述判断,可以看到,金融体系"责无旁贷",需要带头参与维护房地产行业的安全、稳定及健康发展。好在中国有"举国体制",可以在金融体系内自上而下地做统筹部署安排。金融体系支持房地产行业需要特别考量的因素和原则有以下几点。

1. 政策目标

金融体系支持房地产行业政策目标包括以下四个方面。一是底线思维导向的最低目标:坚决避免金融体系出现踩踏和挤兑,避免导致房地产行业发生大规模的、真正的系统性风险,影响宏观经济。二是协助完成保交楼、保民生、保稳定、保护产业链和供应链安全,以及上下游中小微企业的生存发展。这不仅是经济效益目标,也是社会效益、政治效益目标。三是保交楼是存量问题,除存量问题外,房地产行业还得发展,得有新增的销售与交付。因此,金融行业应该在供需两端(供指房企,需指购房者)同步发力,助力房地产市场维系健康、稳定、发展,最终为经济做出贡献。四是要推动房地产行业平稳过渡至新发展模式。住宅开发销售在短期和中期都不能摒弃,但肯定不是可以无限持续的。

2. 纾困的核心思路

房地产企业出险,市场萎靡收缩,究其根本,还是流动性问题、信用问题、信心问题。因此,核心对策是向行业注入流动性、信用、信心、预期,以时间换空间,把大雷化小雷,在更长的时间里化解风险、解决问题。而只要控制住不触发系统性的短期危机,就能避免产生更大的风险。

3. 纾困资源的指向

在现有体制里,除非出现特殊情况,譬如经济犯罪,否则不容易直接引入行政干预手段。现实中,由于"市场化""法治化"等基本原则要求始终存在,金融机构又存在严格的问责机构,很难"强迫"金融机构做出投放或交易决策,也很难对失败或争议交易决策的负责人免责,因此,要发动金融机构及从业人员的参与,同时避免在化解风险的过程中创造新的风险,必须有所选择、有所侧重、有所放弃。最终,可能只能选择将流动性、信用、信心、预期集中注入行业优质企业,将优质企业作为信用、信心、流动性、资源的传导器，通过优质企业消解、化解全行业、全市场的风险，并带动市场复苏及转型。

4. 对"层层递减"要有合理估计

金融行业的运行逻辑高度市场化，始终考虑经济效益，不合理的交易很难推行。此外，为了避免合规风险、监管风险、腐败风险、政策风险等，又引入了各种交叉问责机制以对经济行为进行指导、规范和约束（尤其适用于国资背景企业）。这些机制的存在，使政策从推行到落地存在"层层递减"的问题——不是"乘数效应"，而是"减数效应"。因此，从一开始就要合理估计，考虑规模、数量和时间上存在的"层层递减"和"折扣"问题。在制定政策时，如果不能充分考虑"层层递减"因素，就会发现政策难以达到预期效果，使时间换空间、大雷化小雷的政策初衷无法实现。

5. 平衡好即期、短期和中长期政策目标的关系

即期（一两年）的政策诉求是纾困和化解风险（底线思维），短期（两到三年）的目标是推动经济发展，中长期的目标是解决住房供应问题（"租购并举""房住不炒"），同时帮助行业转型至新发展模式。在整个过程中，要始终"心怀"中长期目标，认识到传统发展模式终究是不可维系的：房地产行业必须完成转型。要避免埋头走路，把即期、短期目标变为中长期目标。在二者之间，始终要建立平衡的关系。这其实不仅是开发商和金融机构等市场主体要考虑的问题，而且是监管机构面临的政策挑战：如果加大政策力度，在核心城市放量供应长租房、经济适用房等，必

将有利于改变住房供应结构，但也会对国民经济所长期依赖的房地产传统发展模式（住房开发销售）产生冲击。如何平衡即期、短期和中长期，是监管与市场必须共同面对的难题。这一问题，并不仅仅存在于房地产行业，也存在于许多传统行业。

（四）长期所向，金融是一个社会配置资本的工具

金融有两面性：既是社会投资及资本积累的工具，又是社会积累财富及回报的工具。归根结底，是要在新时代、新发展格局里找到并确立金融与不动产之间的新型关系，构建金融与房地产真正的良性循环。在新型良性循环关系确立后，金融可以将资源导向满足居民真实及可担负的居住需求，发展更丰富的不动产业态，培育资产管理、空间运营及社区服务等形式，同时为全社会增添安全的投资产品与去向，为政府（及社会）扩大财政来源和融资渠道，最终增加全社会的财富。而要在中长期建立金融与广义不动产行业的良性循环关系，首要是在短期内解决房地产行业遇到的困难与挑战，帮助房地产行业平稳健康发展，转型至新发展模式。

第四篇

探索房地产新发展模式

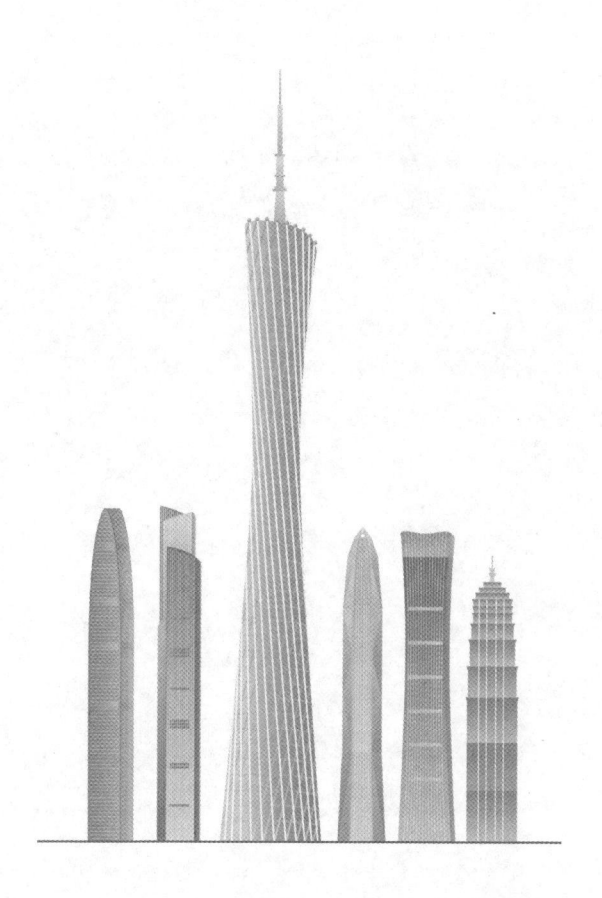

第十一章

住宅地产与大地产行业的新发展模式

我们探讨新发展模式,其实有不同的内涵,可以简单分为"住宅地产的新发展模式"与"大地产行业的新发展模式",逻辑上要加以区分。

一、住宅地产的新发展模式

住房是民生最重要的基础设施,关乎社会的根本稳定及可持续发展,因此是上升到政治高度的,也是国家最为关注的。各种围绕房地产的公共政策,以及所讨论的围绕房地产市场的探索新发展模式,其实针对的都是如何构建一套真正能够满足居民长久居住需求,增强社会和谐、稳定、发展韧性的住房体系,并且在这套住房体系里,提升基层社区的治理能力,建立社会/生活服务能力。

具体又可以细分为两类:不动产/资产的建设领域,不动产/资产的运营、管理及服务领域。

（一）不动产／资产的建设领域

未来，房地产企业仍需要继续修建住宅，满足居民的居住需求，只不过结构要发生变化，在新建的住宅里，有相当大比例（例如30%~50%）为租赁住房、保障性住房（及二者的交集：保障性租赁住房）。在未来一段时间，要不断提高存量住宅资产里租赁住房／保障房的规模。要完成这个任务，需要政策与金融的支持，也需要市场和社会资本的力量。但由于其具有公共属性、政策属性，国企肯定是主力军。

（二）不动产／资产的运营、管理及服务领域

不动产／资产的运营、管理及服务主要包括住宅社区的硬件改造升级、治理提升（应用科技手段）及丰富社区的本地生活服务。这就是前面说的老旧小区改造、物业服务、社区服务等主题。通过构建对住宅社区提供服务的能力，房地产企业（当然也只是部分房企）有机会发展转型成社区消费、科技及服务类企业。这些领域非常需要人才、激励机制、创新文化的支持，民营企业具有一定的优势。

绝大多数房地产企业的主业都是围绕"住"的。那么，探索新发展模式，必然参考以上方向。在新时代下做企业，必须看清国家战略的大方向。越是契合国家战略大方向的，就越能"顺风顺水"，越能得到多种资源支持；越早看清国家战略大方向的，就越能把握先机，取得优势地位。

二、大地产行业的新发展模式

大地产行业的新发展模式其实就是除了"住"的主题以外，还可以搞点什么。具体也可以分为两类："住"以外的不动产/资产的建设领域，"住"以外的不动产/资产的运营、管理及服务领域。

（一）"住"以外的不动产/资产的建设领域

除了前文提及的城市更新/改造类项目外，当然还包括传统商业地产，譬如购物中心、商业、酒店、文旅等。但不动产/资产的建设领域是"重资产"的，涉及大量资金沉淀，因此如果是要自主投资，成为业主，就必须考虑资金/资本循环的问题。总的来看，房地产企业应该侧重发展那些国家政策鼓励、易于打通资本循环的细分行业。

那就是与新基建挂钩的不动产。一般包括：仓储物流（向社会提供物品储存服务并收取费用的仓库，包括通用仓库以及冷库等专业仓库）；园区基础设施/产业园（位于自由贸易试验区、国家级新区、国家级与省级开发区、战略性新兴产业集群的研发平台、工业厂房、创业孵化器、产业加速器、产业发展服务平台等园区基础设施）；新型基础设施——数据中心、物联网、智慧城市项目；市政基础设施——停车场。

在现在的政策环境中，房企要特别关注以下几点。

一是这些都属于"住"以外的"大房地产"领域，而且属于政策鼓励业态，但房地产行业调控又是针对房地产企业进行的，所以房地产企业从事和开展这些业务,要特别注意将开展这些业务的主体与住宅地产业态进行切割/隔离,包括法人实体、股东结构、治理、财务管理方面的切割,避免因为对住宅地产的调控波及影响到其他业态的融资。

二是必须密切关注政策支持的业态。在金融完全发展、资本自由扩张、几乎没有任何政策限制的市场里(譬如美国),人们对资产价值的判断很简单:只要能够持续产生现金流,那么资产就有价值,现在可以买入,以后可以退出,卖给第三方也好,卖给金融机构也好。这个假设在中国是不成立的,必须考虑到中国的金融政策、产业政策对资金循环的影响:不是什么业态、什么资产、什么主体都能够构建自由的资本循环链条的。而且中国不会遵循美国的"泛金融化"路径,今天都没有学习,以后大概率也不会学习美国、走美国的路径、发展成和美国一样的模式。在新时代里,一定要避免这种"中国学美国"的线性思维。中国一定会发展出自己的道路。因此,从事重资产投资要特别谨慎,必须关注国家的政策。

三是如果一个业务的开展非常依赖金融资源的取得,例如与金融政策的关系、与金融监管的关系、与金融机构的关系等,同时对取得金融资源的成本(如利率)非常敏感,那么开展这项业务就要极为审慎。重资产投资就是这样的业务。投资前,要做充分的压力测试,不仅要考虑当时的成本,还要考虑如果整个金融政策及市场环境朝不利方向变化可能会带来的潜在影响。

四是在缺乏优势金融资源,但又有不错的运营、管理及服务能力时,可以侧重考虑以"轻"的方式参与不动产/资产的建设及空间的营造。这就是行业里说的代建/咨询业务,仅提供管理能力，但不出资金的大头。其他的，也可以考虑以有限的股份参与（合资或基金）。必须充分考虑资产负债表的安全。其实这也形成了一个格局：央地国企和地方能够更好地把握政治政策方向，承担公共责任，同时掌握金融优势（包括长期、便宜、可持续、稳定的资金），最适合作为投资方/业主方；而民企可以发展出"专精特新"的能力，成为运营服务机构。两种所有制主体按这样的方式，各司其职，各自发挥作用，为中国的建设与发展贡献力量。

（二）"住"以外的不动产/资产的运营、管理及服务领域

我们目之所及的周边，一切不动产、资产、物理空间、业态，都是需要运营、管理及服务的。这些不动产、资产、物理空间由不同的机构持有，又有无数的人群、单位、团体在里面从事各种各样的经济活动、社会活动、文化活动。为这些广大业态提供产品与服务，就是房地产企业发展转型的方向。

业态可以是全方位的，我们目之所及的一些业态都可以被纳入。不仅是购物中心、写字楼、产业园、酒店、停车场，还有学校、医院、公共交通设施、文化活动场所、企业或机构总部，以及从景区、园区到河道等各类公共空间，都需要管理。

与这些业态发生关联的机构和人群，都需要各种服务，包括这些业态的业主/持有者、使用者或租户，以及在业态里工作、生活，从事经济、社会、文化活动的机构与人群。只要能够触达这些不动产资产与空间，就可以为人群与机构提供服务。

对于各种业态里的各种人群与机构，所提供的产品与服务也

可以是多样的，例如为业主提供资产管理服务，为办公楼租户提供办公解决方案，为住宅社区提供基础物业以外的本地生活/社区服务等。

中国房地产企业的下半场（"未来20年"），是向不同的物理资产、空间与业态延展，通过对这些物理资产开展基础服务，触达丰富的客群，再结合对客户所需产品及服务痛点的理解，构建服务能力。

住建部等十部委发文支持住宅物业管理行业的发展，已经推动了房地产企业加大力度朝这个方向发展转型。可以看见，未来的发展空间远比住宅社区更加广大，覆盖各种各样的物理空间与业态，针对每种业态，例如商场、写字楼、产业园、仓储、租赁住房、文旅，房地产企业都要结合自己的资源禀赋，发展相关的垂直能力。

这些都要求房地产企业将业务模型由资本密集的资产增值/资产导向，转变为服务导向，这是一个比较大的、涉及企业文化基因的转型。很多房地产企业是资源整合型和投资驱动型的，缺乏沉下心来做服务的文化基因和定力。如果这样，就无法实现转型。

然而，一定会有若干企业成功完成这种转型，真正打造出依托于不动产/物理资产及空间的科技型、服务型企业。

总结一下，本小节归纳并区分了"住宅房地产"以及"大房地产行业"转型的方向。房地产企业的下半场（"未来20年"），需要在两者之间找到自己的位置。

第十二章

依托住宅物业，触达更广泛的居住服务市场

前文提到了围绕"居住"市场的转型，即在房地产投资建设的环节，加大力度耕耘租赁住房及保障性住房市场，服务上则专注于居住社区的物业服务及社区服务。同时，也提到了需要围绕"居住"以外的更广泛的不动产领域，开展投资、运营、管理并提供服务。

住宅物业管理行业不仅受到国家政策的支持，也得到资本市场的青睐，给房地产企业的转型发展指明了一个新的方向：围绕更多不动产业态的管理及服务。

房地产企业是物理空间的营造者，通常也是设施维护者、基础服务提供者及商业营运方。由于房地产企业先天贴近这些资产及空间的使用者，相当于在线下场景/入口方面掌握一些先天优势。而每个业态背后都有许许多多的人群与机构，在空间里从事各种经济、社会、文化活动，有丰富的产品与服务需求。围绕这些已经营造出来的物理空间与资产，是大有文章可做的。

本节先从传统的住宅/居住社区开始。

一、依托"场景",从基础服务到增值服务

房地产企业是从物业管理行业接入、触达住宅社区的,与居住者发生密切的联系。首先,是为居住者/社区提供基础物业管理服务(保洁、保修、保绿、保安等),并获得物业管理费。基础物业是一切的根本前提,但物业管理费上涨是比较困难的。社区物业可以进一步发现、洞见、挖掘社区居民所需的其他产品与服务需求,并想办法构建服务能力。这本身就是国家政策所导向的:希望物业公司承担社区服务的职能。这里与场景相关,比较典型的是各类到家服务,例如日常的维护与维修(如什么东西坏了,找物业修)、保洁(包括常规的保洁、护理,以及一年若干次的清理活动,如清理抽油烟机、除螨等),与美居相关的服务(从硬装到软装、家居)。这些产品与服务往往是相关的,有"场景性"。

从到家服务到美居。譬如,在入户维修或清理时,物业公司发现了业主/居住者对厨房、卫浴改造的需求,就可以引入改造服务。而一旦提供了改造服务,就可以做售后服务,与居住者加深绑定,持续提供服务。

从房产经纪到美居再到持续服务。不少物业公司也在发展房产经纪相关的业务。而物业公司居于小区"墙内",在房源端是有一些天然优势的。但由于装修依托场景——诉求往往出现在业主对外租房之前,或购房者买房之后,只有把握了经纪业务,才能贴近场景,把握随之产生的装修需求。而装修除了本身是一门

生意以外，也是一个"场景"：一旦参与了装修（包括硬装、软装等），就有机会捕捉更广泛的美居及售后服务商机。

从租房到到家服务及持续服务。未来，房产交易/流通里一个非常重要的组成部分就是租房。而租房里最大的一块并不是机构化/集中化的租赁住房，而是传统的C2C（个人对个人）租房（一个小业主通过中介，将房子出租给一个租住者）。这里，租房经纪人就比较重要了，因为租房者一般不太会和物业发生太多联系，出了问题爱找业主，而业主大多又不愿意对付租住者遇到的琐事（比如维修），这种持续性、系统性的需求，就给租房经纪人提供了机会，他们可以根据业主和租房者的需求，发展"住房管家"的职能，为租住者提供各类到家服务（典型如维修、维护、保洁等）。

从基础物业到社区团购。今天，社区居民从事的与生活居住相关的很大一部分经济活动是各种社区团购/零售，从生鲜、日用品到更广泛的产品与服务。新冠肺炎疫情暴发后，社区团购有了较大的发展，许多平台企业也在竞相进入。虽然住宅物业不掌握终端的商品与服务（SKU，最小存货单位），也没有物流网络，但在触达终端消费者方面是有天然优势的，例如可以帮助解决最后500米的物流（如安置在社区内的前置仓/保管站）、售后服务、洞见与挖掘社区居民诉求等。如今，平台/流量经济往往被冠以"资本"的色彩，受到限制，但物业公司承担了很重要的社区服务职能，是受到国家政策支持的，因此，像社区团购/本地生活这类业务，更适合由这两个行业的企业合作来做。

这都是一些典型的例子。这样的例子还有很多，不胜枚举。业内称所有这些基础物业以外的服务为"增值服务"。这些也都是当下住宅物业公司发展的方向。

二、住宅增值服务业务拓展的趋势及共性

住宅增值服务相关业务不断拓展可以总结几个共性，这些共性也可以推演到"非住"空间与业态。

住宅物业公司可以通过扩大产品与服务的范畴，触达、参与社区/空间里更广泛的经济活动，增加业务收入来源，并提升自己在社区里的经济职能和社会职能。这里需要注意的有两点，一是住宅物业公司不能背离主业与初心，即提供高质量、可靠的基础物业。如果物业做不好，就会丧失业主/居住者的信任，甚至被撤换，就不用考虑提供进一步的产品与服务了。二是这类居住服务有许多垂直领域服务提供者与平台，尽管居民对这些服务不一定满意，仍有痛点，并且住宅物业公司有一些天然的优势，但这也不代表住宅物业公司不一定能够做好这些服务，应该尝试挑选若干个痛点领域去深耕，或者与第三方机构进行合作。

把基础业务变为"前提""基础""场景""入口"。众所周知，小区的基础物业费是较难实现增长的。如果基础物业费不增长，那么物业公司只能通过自动化、物联网、人工智能的方式去降本增效。这里涉及许多问题。一是单纯使用自动化系统，用科技取代人力，就会导致"科技性失业"，伤及的是最弱势的劳动者群体，不太符合当下主张的"共同富裕"等社会责任义务，企业还得保留这部分员工，用科技给既有员工赋能。实际上，对这些员工本来也不能说裁就裁，且不论"共同富裕"问题，裁员本身就是有经济、社会乃至政治成本的，所以在基础物业费难以上

涨、人工成本不断上升的情况下,科技手段降本增效只能逐步发生作用。在这个环境中,依赖基础物业费获得更高的利润是不现实的。二是哪怕是社区的基础物业服务,也不可能都用科技手段取代,居住者找不到物业人员,对着一堆机器人或远程对话的远程维护人员,那是会发疯的。人是不可取代的因素。"羊毛出在羊身上",为了"养人",也就只能让这些人承担更多的职能与角色,让他们成为"住房管家",参与提供更多的社区服务。在这个过程中,企业要做的是为他们赋能,例如提供培训,提供产品,提供操作工具等。但基础物业始终是一切的依托和前提,是主业与初心,不仅始终要存在,而且质量不能丢。而当增值服务做起来以后,基础物业可能有一天就会变为物业公司的"成本中心",而非"利润中心"了,到那时就不能再指望单靠基础物业服务赚取利润了,甚至还要做好部分亏损的准备。而发展到这个阶段,住宅基础物业服务也就变为企业"接入"社区及居民的某种"界面"与"入口"了。

从公域延伸到私域。何为公域?即在公共空间里发生的活动,譬如住宅小区墙外、城市公共空间范畴里的活动。较这个公域更加私域的则是小区墙内、住家户外公共空间里的活动。社区的基础物业服务,很多处在小区的公域空间。而更加私域的,则是住家户内的活动。前面说的各种到家服务,便属于典型的私域活动。住宅物业公司发展的逻辑,就是通过在公域提供良好的服务,获得居住者的信任,洞见其诉求与痛点,延伸、递进到其私域。

场景一个套一个,兼顾"非经常性"活动与"经常性"活动。前面提到各种场景(譬如到家、装修/美居、租房、经纪等)

之间的互动关系，可以看出这些场景是一个套一个的。这里，有的是经常性的活动／场景，譬如维修、保洁等，特征是小额、高频、持续且利润率不高，但可以增加客户的绑定与黏性；有的是非经常性的，譬如房产租赁／流通、装修等，特征是大额、低频且不重复发生，但涉及客户的重大决策，要增加客户的信任，同时经济效益也较高。两类活动是彼此相关的：非经常性活动（例如装修）可以导向经常性活动（售后的维护），经常性活动（例如到家维修）也可以导向非经常性活动（例如厨卫浴改造）。显而易见，一个企业把握的场景及提供的服务越丰富，就越有能力触达、把握、参与这些与居住相关的经济活动中，提供产品与服务，获取经济收益。

从提供个别的产品与服务，到提供一体化解决方案。一开始，物业公司可能只是修马桶，伴随能力的健全与发展以及对客户需求洞见的加深，就可以提供越来越多的服务了，譬如围绕家用硬设备和软设备的定期清理及维护，软装、硬装等美居，家政服务，搬家服务，社区零售及本地生活服务，诸如此类。尽管在上述每个领域都有专门的服务提供机构，但客户的痛点是目前这些产品和服务太分散、不系统、缺乏协同。例如，当年装修时，找某个公司修了门窗，后来这个公司找不到人了，或者不愿意管售后了，门窗漏水就成了一大烦恼。如果能有提供可持续（始终能找到人）、一体化（可以帮助解决各类问题）服务且安全可靠的机构，那就算满足用户的痛点了。物业公司就有这样的先天优势。未来，优秀的全国性物业公司一定会发展出日趋一体化的能力，能够解决社区居民的多重需求与痛点，并触达更加广泛的居住服务市场。

三、针对居住服务：来自不同背景／领域的竞争者

居住服务是一个巨大的生活消费市场，各行各业、线上线下的企业都在参与，有传统企业，也有新经济企业，大家都在从不同的角度，围绕不同的优势，去挖掘这个庞大的市场，希望能在竞争中脱颖而出。

前文一直没有提及的另一类企业也是有巨大资源优势的，即房产经纪背景的企业（也可以泛指为分散的小业主、终端客户提供房产及居住服务的企业）。经纪行业指向的是房产交易与流通，尽管这是一个低频的、非经常性的重大决策，但可以帮助从事经纪业务的企业触达各种场景。

一是装修。这是非常庞大且可以通过产业互联网重塑的传统行业。装修需求往往是在买房之后或对外出租房屋之前产生的，从场景的角度来看，房产经纪是最能把握装修需求发生的最初场景的，拥有重大先机优势，可以在第一时间将装修解决方案推荐给客户。尽管装修本身也是非经常性的，但其本身又提供了一个场景，可以指向更加广泛的美居及居住服务，例如从硬装开始，发展到软装、家居、电器，然后再从非经常性服务发展到经常性服务，例如各类售后、维护。家装，是帮助触达居住者私域生活服务诉求的重要场景。

二是租房。如前所述，做出租房决定、洽谈租房合同的行为本身虽然是"非经常性"的，但租赁行为却是经常性的。几乎所有分布式租房（C2C）及绝大多数集中式／机构化租房（B2C），都需要房产经纪人的介入以获得客源。一旦租赁行为发生，就有了持续服务的场景，房产经纪人也就有可能发展居住管家的职

能，为租住者及业主（尤其是C端业主）提供双方均需要的居住服务，例如前文所述的维修、保洁等。房产经纪公司可以通过租赁场景，切入私域。

当然，发展上述垂直的居住服务能力，例如装修、到家服务等并不容易。但也要看到，中国的居住市场足够大，而且许多细分行业与市场的能力和标准都有很大的改进空间，甚至可以加以重塑。房地产背景的企业以及经纪背景的企业有各自的场景及优势，可以在这个庞大的市场里竞争、分取份额。这种竞争也会丰富终端消费者的选择，提高行业服务的标准。

四、依托当年留下来的"木马"，探索新发展模式

本书旨在探讨传统的房地产行业及房地产企业如何转型发展，所以我们还是回到房地产企业。中国房地产企业早年大多是做房地产住宅开发的，历史上，它们从物理上投资、开发、建设、营造了住宅社区，把开发销售作为自己主要的收入来源及增长方向。

不过，大多数房地产企业与自己当年建成的住宅社区还是有联系的，那就是为居民提供基础物业服务，虽然基础物业本身的收入和利润规模并不大，基础物业费也难以增长。在很长一段时期，房地产企业只是将优质的物业管理作为促销的一种手段。物业管理本质上是服务房地产开发与销售的。

现在，中国政治经济模式也进入了新时代的新发展阶段，中国房地产正在进入"青铜时代"，从各种角度出发，房地产企业都不得不去探索新发展模式了，其核心在于以下几点。

- *存量时代*：在存量时代，如何与存量的资产、空间、社区发生联系，做存量资产的文章？
- *转换/增加赛道*：如何脱离房地产开发销售，触达其他的经济领域和市场，并且这个新的赛道不应和自己过去的主业毫无关联（譬如"造车""造芯片"）？
- *服务国家战略*：如何更好地服务国家战略，在公共政策、社会责任与商业中找到交集？

这时，房地产企业发现，下属的物业公司意义就极端重大了，它对上述三个问题都给出了答案。

- *存量时代*：住宅物业是宝贵的"抓手"，房企通过持续为当年建成的住宅社区提供物业服务，与存量社区发生了联系。
- *转换/增加赛道*：通过住宅物业这个入口和抓手，触达、连接、参与更广泛的居住生活服务市场。住宅物业其实是房地产企业开发住宅的售后服务，与房地产主业一脉相承，不是毫无关联的赛道。
- *服务国家战略*：住宅物业行业受到国家10个部委的政策鼓励与支持，在未来的社会治理及民生保障中需要扮演重要角色。

在国家战略的大框架下，房企接下来需要发力做什么，是非常清楚的。

房企作为住宅社区物业服务的提供者，能够近距离且高频地触达终端客户，因此有先天的线下/场景优势。做一个形象的比喻，这好比是房企在当年完成住宅开发建设后，给自己留下了一个"木马"，一条秘密的"后路"，通过它，房企可以指向、触达、连接、把握、参与更广泛的与居住生活消费相关的广大市场，并且掌握一定的资源禀赋优势。

用好这个"木马"，将是房地产企业摸索新发展模式的核心。

不过，也要看到，一方面，并非所有房地产企业都拥有庞大、成熟的物业板块，有的房企不重视发展这块业务，依赖第三方提供服务，甚至剥离/处置了这块业务。这些房企自然就缺失了这条通路。

另一方面，住宅物业企业的发展方向，在于能够在居住服务领域发展出自己的垂直能力，能够在住宅社区的经济及社会活动里有一席之地。这对企业的要求是非常高的，可能只有为数不多的有出色管理团队、战略洞见、规模效应的大型企业能够完成转型。

住宅物业管理对房地产企业探索新发展模式有重要启示。类似的思路与模式，其实也可以适用于其他的资产与空间。

第十三章

围绕不同的资产、空间、业态发展垂直能力

前文已经阐述了住宅物业公司如何帮助房地产企业与"存量资产"产生联系,如何通过扩大业务范围突破基础物业的收入瓶颈,并承担更多的社区经济与公共职能。

住宅物业是围绕"居住"业态/空间的。同样的逻辑也可以推演到其他细分业态,成为房地产企业未来转型发展的方向。以下做一些举例。

一、酒店管理行业——从资产导向到服务导向转型的典例

其实,除了方向已经明确,但还在发展路上的中国住宅物业公司外,国际酒店集团是最有参考价值的。

（一）"轻重分离"与"轻资产"

现在一般人不会认为喜达屋、希尔顿这类国际酒店集团是"房地产公司"，因为它们专事品牌运营。但在发家初期，它们都是自持酒店的，从资产所有者起家。但很快，它们看到了运营的价值，采取轻资产模式发展业务，为第三方业主提供运营管理服务。在第三方管理方面，还经历了从直营到加盟的进一步迭代过程。这样做，可以使它们快速扩张管理网络，做大品牌，扩大市场份额及客户群体，获取更大的经济收益。同时，这种轻资产发展模式不需要依赖自有资金，没有相关的资产负债表风险。

通过几十年的摸索，这些国际酒店集团均完成了转型，在"轻重分离"、厘清服务与资产的关系方面达成了共识：酒店集团专事酒店资产的运营与服务，一般不持有资产（或只持有极少资产），形式可以是直营或加盟；酒店资产由酒店业主持有，业主可以是企业，也可以是金融/投资机构，或 REITs，酒店资产属于房地产/不动产；投资者也是相匹配的，热衷消费、服务概念的投资者会投资酒店集团公司，热衷不动产及资产价值的投资者则会投资酒店资产包（项目或平台）。

酒店品牌集团完成了从"资产导向"（通过资产增值赚钱）到"服务导向"（通过提供服务赚钱）的转变。换言之，完成了从不动产商/开发商向服务商的转型。

（二）做大"蛋糕"：突破酒店基础房费的瓶颈

这与住宅物业公司突破基础物业费的瓶颈本质上是相同的：

每晚的基础房费就这么高，终归是有瓶颈的。如果要扩大收入来源，就只能争取为住店客人提供更多的产品与服务，扩大最终收益。

如果把酒店公司收入里的基础房费比作住宅物业公司收取的基础物业费，那么酒店公司向住店客人收取的除了基础房费以外的其他费用，就可以类比住宅物业公司向业主/居住者收取的提供其他增值服务（例如各类到家服务）的费用。

酒店行业的特征是，住店的大多是短期客人，在酒店空间里只从事有限的活动，特别是城市里的商务酒店。因此，不可能所有产品与服务都做，必须摸索那些特别能够满足住客痛点需求的服务。

经过多年的探索，酒店行业发现了若干最核心的痛点需求。

1. 收入型

餐饮：客人肯定要吃饭，要么在酒店的餐厅里吃，要么在房间里点餐（包括拿小冰箱里的饮料）。餐饮是最为核心、最必需的增值服务，是星级酒店收入的重要来源（可以占到四五成）。现代酒店运营集团均将餐饮作为核心能力，提供自助餐、多种口味的餐厅，以及高质量的房间点餐。

咖啡厅：满足日间的社交功能。

酒吧：在晚上营业，满足社交及娱乐功能。

商务会议：酒店的大型会议厅/宴会厅/会议室可以提供商务活动空间，收取租赁费用。

社交活动：酒店的大型宴会厅可用于举办婚宴、私人派对、社会活动等，收取租赁费用。

SPA（水疗）/按摩：满足休闲需求。

以上餐饮大类（餐厅、酒吧、咖啡厅），可以妥妥地占到高星级酒店收入的四成以上，甚至更高。

还有其他一些收入型服务，但逐渐被淘汰，例如负责打印、传真、票务的商务中心，还有早年中国星级酒店喜欢配置的高端购物。

酒店所提供的其实就是一个"空间"、一个"平台"，根据不同时代人们需求的变化，可以提供不同的产品与服务。

2. 福利型

酒店房间里提供的各种设施都不单独收取费用，譬如洗浴用品、起居用品，还有电熨斗、吹风机、保险箱、电视、冰箱。

房间以外，最为典型的是健身设施，例如健身房、游泳池等，客人可以免费使用。有的酒店还有儿童活动室。

但这些设施的使用都局限于住店客人。经过多年的发展，这些设施都被视为高星级酒店的标配了，是房间费用的一部分，不单独收取费用，但也不是住店客人可以做"减项"的（"我不用泳池，所以房费应该打折"）。

这些设施与服务，也是酒店基础业务——住宿——的根本要件。这好比住宅物业公司为居民提供的基础物业服务（保洁、保修、保绿、保安等），也是酒店运营的"初心"和"基本盘"。这些基础服务是维护客户忠诚度、黏性的核心。如果住宿都搞不好，那酒店就可以关门大吉了。

3. 处在收费与不收费之间的"中间型"业务

有一些典型的案例。

Wi-Fi（无线网络通信技术）：免费 Wi-Fi 是标配，酒店只有可能对高速 Wi-Fi 收费，成为某种增值服务。

电视：基本的电视频道是免费的，酒店可以提供一些付费节目，作为增值服务的来源。但现在是移动互联网/5G（第五代移动通信技术）时代。住店客人有许多选择，不需要看酒店提供的付费节目。酒店对节目收费，越来越不太可能作为增值服务的来源，反而可能引起住店客户的反感。

小酒吧、冰箱、高端水：对饮料、酒水、零食及高端水收费。中国的案例是，外卖行业非常发达，酒店周围也有便利店。客人没有必要付高昂的价格消费小冰箱里的酒水。这块业务未来不太能够也不应该作为增值服务的重要来源，运营星级酒店，不如主动送一些饮料作为福利，以此增加客户的满意度。笔者理解的实操情况是，许多星级酒店将其作为某种补充收入，客户消费了，离店时没有报告，酒店一般也不会追究。这是一个介乎收费与福利的"灰色区间"。

另外，早餐也属于这个品类。有时是"附送"的，有时是单独购买的。早餐通常是自助餐，有运营成本，但很多人其实不需要这个服务，所以可以单独作为一个选项提供给客户。

酒店的星级及基础费用越高，上述服务越有可能不收费；酒店的星级及基础费用越低（经济型酒店），上述服务则越有可能变为住店客人的一种选择，酒店只按需提供服务，并对服务收费。

在住宿/基础房费外，做哪些增值服务，对哪些服务收费，是酒店行业通过多年经营逐渐摸索出来的。

发展到今天，星级酒店的住房收入占到了整体收入的四成左右，越是高端的酒店，增值服务能力越强，客房以外的收入的占比也就越高。

（三）做大"蛋糕"：突破终端客户的边界（"全客户"）

酒店传统的终端客户就是住店客人。突破客户边界，就是做非住店客人的生意。

前面所提到的许多收费的增值服务，例如餐厅、咖啡厅、酒吧、商务会务、婚宴及派对活动、SPA/按摩等，都是可以对外经营的。一些酒店也将健身、泳池等设施对外收费开放。

这就把生意从住店客人做到了非住店客人，极大地扩大了酒店的收入来源。这里，酒店管理公司其实已经把酒店视为一个能够开展多种经济活动、社会活动、文化活动的空间了，通过在这个空间里提供合适的产品与服务，触达、连接、服务广大的住店及非住店客户群体。

高档星级酒店往往会配备非常好的特色餐厅（参加美食评奖，成为打卡点），以及有特色演出或景观的酒吧。这类业态的商业覆盖半径远远大于一般的商业业态（例如传统的购物中心），可以吸引来自全市不同地方的访客莅临消费。

这里也可以看出，越是高端的酒店，增值服务能力越强，客房以外的收入占比也就越高。

以上指的是终端消费客户（2C）。酒店管理集团最早都是围绕资产做生意的，依托资产触达终端消费人群。在经历了轻资产的迭代发展后，从 2C 拓展到 2B 的生意，包括从服务酒店业主到企业客户，再到其他产业链上下游的业务合作伙伴。

这里可以看出酒店行业运营的成熟性与前沿性，酒店管理公司做的是酒店资产里所有的人群与机构的生意——从业主、上下游合作伙伴、机构客户到个人客户（"全客户"）。酒店管理公司可以与所有这些机构、人群产生直接的经济互动，从这些客户身上赚到钱（或分享经济收益）。

不动产的一个商业内核理念是，把一个资产和空间的最大价值做出来。酒店行业是围绕短期住宿做的，在这个细分业态领域里，应该说已经做到了极致，可以供其他业态参考、效仿。

酒店行业是"轻重分离"的，酒店管理公司不断迭代发展，不断整合，形成了若干掌控主要品牌及会员的全球性酒店集团。它们能够将很大的经济利益从业主端分走，也导致这个行业的价值集中在运营方（酒店集团），而非资产方（酒店业主）。国际酒店集团之所以有这么强的议价能力，除了它们的"垄断"色彩外，也在于它们确实能够发挥多年积累的经验与优势，只要提供有限的资源引入，就能将这块围绕"短期住宿"主题的资产做出最大的价值。

（四）做垂直：在最核心、最痛点的领域建立垂直能力，构建生态体系

在酒店提供的各种基础房费以外的增值服务里，最核心的能力是什么？

或者换个角度思考，经营一个高端酒店集团，要在垂直领域布局、发展一两个自营的增值服务赛道，最应该发展哪项能力、

开发哪项业务？

那就是餐饮服务。如前所述，餐饮服务可以占到高端酒店整体收入的一半（接近甚至超过客房收入）。餐饮是高频/经常性发生的，每个住店客人都有刚性的餐饮需求。而酒店的餐饮做得越好，客人就越会愿意光顾酒店的餐饮，酒店可以捕捉这部分高频需求。餐饮对质量要求较高，客人要求卫生、清洁，质量可预期、可持续、可保证。如果一个酒店品牌能够在全球范围的酒店里提供非常稳定的餐饮服务（特别是房间送餐，只要保证几个核心的SKU即可），就可以满足客人的痛点。酒店要给予客人便利，让客人安全地接触当地的风味菜。许多人异地旅行，因为便利问题、时间问题、语言问题、交通问题、安全问题等，不一定到本地餐厅就餐。如果要一品本地风味，可以在星级酒店内进行。

餐饮是刚需服务。但酒店的餐饮能否外包给第三方运营商呢？效果不一定好，原因如下。第一，第三方运营商不一定能维持品质一贯性。如果第三方餐饮提供的餐饮质量不好，会损害酒店集团自己的声誉，破坏客户关系；如果食品安全出现问题，那则是灾难性的。第二，第三方运营商不一定能和酒店管理体系完全融合。餐饮从早餐到日间、夜宵再到酒水，涉及多种风味和不同的服务时段，是一整套服务体系，要有机衔接、一体化管理。餐饮也涉及复杂的供应链体系，需要融合到酒店的管理中，同时可纳入酒店集团的餐饮供应链。第三，第三方运营商可能有独自的商业逻辑与诉求，未必总能与酒店集团的理念完全匹配，如果与住店客户产生纠纷，可能损害酒店品牌的声誉。第四，第三方运营商经营不一定稳定，搞不好过一段时间就失败了，或者品质下降，那就会对酒店产生负面影响。第五，第三方运营商不一定能够跟随酒店进入新的项目。有的酒店项目刚开业，还在培育期，第三方机构不一定能进来，但餐饮从第一天开始就必须完全跟上，那自然需要酒店自营。

为了保证餐饮品质的持续、可靠及稳定，并完全地纳入酒店管理体系，酒店集团必须在餐饮方面发展垂直能力。

换言之，酒店集团要深耕一两个增值服务赛道，餐饮是首选。以万豪集团为例，其在全球有 3 000 名行政主厨、专业美食家及调酒师，管理超过 10 000 家餐厅（包括数十家米其林餐厅），创造上百亿美元的收入。

通过餐饮，酒店品牌可以构建核心的竞争力。当住客对一个酒店集团/品牌的餐饮能力有很强的正面预期时，那么无论他走到哪个城市和国家，都有信心光顾该酒店品牌的餐饮，那么酒店就可以将这部分收入落入囊中。

当然，实操环境会更复杂，酒店集团会在餐饮领域构建复杂的生态体系，既有垂直/自营能力，又有投资参股/交叉持股（例如法国雅高酒店集团 2018 年投资了拥有许多餐饮及夜店品牌的 SBE 酒店集团，旨在将后者的餐饮品牌引入雅高的生态体系），还有与第三方合作的部分（包括与品质稳定的餐饮及供应链企业的合作）。每个酒店集团都在构建自己的餐饮/美食体系，并根据消费者的需求动态变化。

（五）搭建服务生态体系：在非核心领域依赖合作伙伴或专业运营商

在非核心的增值服务领域，酒店集团没有必要发展垂直能力，与第三方机构合作即可。

譬如婚宴、企业会务是酒店重要的收入来源。但这些活动并非高频的，隶属不同的专业细分领域与市场，需要特定的资源投入，彼此之间也缺乏协同。

因此，酒店把服务局限于场所提供，以及活动所需的餐饮。活动的组织，则交由专业公司完成。例如，婚礼方可聘请婚宴公司组织安排婚礼，企业可聘请公关公司/会务公司组织活动。酒店不直接提供服务，但可以介绍常来合作的专业机构。

还有一些在店服务可以外包。譬如SPA/按摩虽然在店内提供服务，甚至有到客房的服务，但由于这项业务并非所有客人都用，也并非高频，所以可以外包给第三方。但我们看到许多星级酒店（甚至是国际品牌）服务中出现问题，往往也来源于按摩业务，譬如为了追求经济利益，损害客户利益，甚至从事非正规服务。

还有很多细分领域（例如餐饮项下的一些具体服务）也可以外包，譬如有精彩乐队表演的酒吧——往往成为酒店品牌和特色的一部分，但这部分（艺人及经纪）均可外包进行。

这是可供住宅物业公司（及其他业态的管理公司）参考的：没有必要在所有增值服务领域都构建垂直/自营能力，只在若干个最高频、最痛点的领域构建能力。其他领域的能力通过投资参股、与第三方合作完成。

（六）增值服务为主，基础房费为辅——度假酒店

由于度假酒店住客的居住时间相对比较长，就给酒店提供了大量增值服务（客房以外收入）的场景。度假客房变成了揽客的

"手段"。酒店做的不再是客房的生意，而是消费娱乐的生意。通过较高的客房性价比，将客人吸引到酒店里，然后通过多种多样的产品与服务，获取更多的收入。

回到本文最初介绍的概念：酒店房费是有瓶颈的，要扩大收入来源，必须在收入结构上突破基础房费，在客户结构上突破住店客人。发展到极致时，房费不仅在收入占比中大大下降，甚至变成某种"成本中心"。

这与住宅物业服务类似：基础物业费很难上涨，只能发展各类增值服务（例如到家服务）。待各类增值服务形成规模时，基础物业就不再是主要的收入来源了，甚至蜕变为成本中心。

"羊毛出在羊身上"，同样，在其他条件相等的情况下，酒店在基础房费以外创收的能力越强，就越有可能增加住店客人免费享用的福利；同理，一个住宅物业公司做增值服务的能力越强，也就越有可能支持以较低的物业费、较低的基础物业服务利润率，提供高品质的基础物业服务。

但是，客房之于酒店，以及基础物业服务之于住宅物业管理，是所有业务的初心、本原、基本盘、基本面，是不能丢的。如果基本业务都做不好，就不可能获得客户的认可，所有衍生的增值服务也就丧失了根基。因此，无论如何开拓、挖掘增值服务，都不能忘掉核心主业。

（七）利用网络效应和会员体系触达更广泛的人群，获取更大的市场份额

酒店品牌集团在过去一个世纪里不断迭代发展，尝试实现

"三个摆脱"。

一是摆脱单一酒店资产对于地理条件的依赖（引流的问题）。

最初的、"原型"的酒店是非常依托物理资产的地理方位的：酒店就是客栈，首先要占据很好的地理位置，能够为住客提供充分的交通便利，方便其工作与出游。除此之外，酒店当然要提供住宿服务，同一档次的酒店，硬件条件差异未必很大。

一项业务如果非常依托物理资产的地理方位，就有很强的地产属性，接近地产业务。

如何减少单一资产对地理条件的依赖？扩大酒店的覆盖半径，想方设法把更多的住店客人及非住店客人吸引到（地段可能本来并不么好的）酒店里住宿，并在酒店里从事更多的经济及社会活动。

二是摆脱对单一资产的依赖（扩大市场份额的问题）。

如果只在城市的某一处经营一家酒店、开展业务，那么无论如何经营，酒店的客房数量及商业覆盖半径都是有限的，不可能满足所有旅客的住店需求。

如何克服对单一资产的依赖？为了捕捉更大的市场份额，必须引入网络效应。何为网络效应？就是网络里的每一个网店对于整个网络都是有正面帮助的：店面网点的密度越大、覆盖面越广、数量越多，在消费者心目中建立品牌效应、提升黏性，以及获得消费者光临的概率都会提升。每增加一个店面，对于网络的整体是一个加强的效应（"一加一大于二"），这就是网络效应。典型如加油站、便利店、咖啡厅、快餐等注重网络的连锁品牌。

三是摆脱对单一品牌的依赖（也是扩大市场份额的问题）。

不同旅客的诉求（商务、家庭、度假、经济型、消费及审美偏好等）是不同的。任何一个酒店品牌（指向某种特定的风格、定位或档次），都不可能满足所有旅客的需求。

这就要求经营不同风格、定位、档次的酒店，以捕捉最广泛的访客需求。

最终，酒店管理公司发现，这三个问题拥有共同的解决方案：只要构建庞大的、品牌多样化的酒店物理网络，达到了一定的密度和广度，就可以最大化市场份额。

核心方式就是两条：一是通过自营、加盟、并购，不断扩大酒店物理网络、提升品牌多样性，所以我们看到国际酒店管理公司对并购有强烈的内在逻辑；二是建立基于会员积分体系的"忠诚项目"，通过给予"忠诚客户"奖励，鼓励其在该酒店体系里重复消费，最大化捕捉其需求，因此各大酒店集团都有自己的会员积分体系。

我们发现，全球酒店超大型管理集团就这么几家——万豪、希尔顿、洲际、雅高等，它们占据了巨大的市场份额。它们多年来从事并购，拥有丰富的子品牌、庞大的酒店物理网络、强大的会员体系，占据全球酒店市场的巨大份额。中国的华住集团亦在此列。除此之外，还有一些规模稍小，但带有特定风味、定位的酒店，例如我们比较熟悉的文华东方（英资怡和旗下）、香格里拉（马来西亚大亨创建）、雅诗阁（新加坡凯德集团旗下）、瑰丽（香港新世界集团旗下）等。小的酒店集团没有庞大的会员体系和网络效应支持，只能依靠过硬的、特色的运营服务。

酒店品牌一方面不断完善会员积分及奖励体系，另一方面通过联合、整合，打通品牌各自的会员体系（譬如万豪集团通过收购整合，打通了万豪、丽思卡尔顿及喜达屋的会员体系），极大地扩大了原本单一的、分离的酒店资产，加强了品牌之间的联系，强化了网络效应，把更多的住客都吸附到自己的酒店体系里重复住店、消费。此外，超级酒店集团还可以享受巨大的规模优势。

这些集团积极尝试与关联的会员体系打通，例如将与出行、差旅场景密切相关的航空联盟的里程积分体系打通。我们看到，在建设会员体系的领域，酒店集团与航空公司有高度相似的商业逻辑。

当网络效应及会员体系发展到一定规模的时候，酒店集团已经不仅可以吸收会员重复消费，而且可以创造需求，例如吸引会员到自己分布在全球各地的品牌酒店去住宿、度假，挖掘、创造本来不存在的需求。

这种基于网络效应的商业模式使强者恒强，占据巨大的市场份额，并形成对酒店资产业主的强大博弈能力。

酒店管理集团的发展演变，为其他不动产业态的管理提供了一个非常好的借鉴：打通/拉通不同的空间与资产，建立会员体系，培育忠诚客户，构建网络效应。

国际酒店行业为中国住宅物业的发展提供了很好的借鉴，同时还可以为中国房地产企业针对其他业态的运营、管理、服务及企业发展转型提供指导。

二、租赁住房/长租公寓——不动产、金融及服务属性同等重要

租赁住房是整个不动产/住宅地产领域里，国家政策最为鼓励的业态类别。未来的住宅地产开发、建设、改造，很大一部分

将由租赁住房贡献。房地产企业在新发展模式里必须探索一条围绕租赁住房的业务模式。

前文提到，酒店行业已经比较成熟了，住宅物业管理行业也在快速发展。租赁住房兼具两者的特征。那么它在何等程度上可以借鉴这两个行业？

（一）先从与酒店的比较开始

租赁住房与酒店一样，都是给客户提供"居住解决方案"的，区别在于酒店是提供短租，租赁住房提供长租。

首先，租赁住房的租约比较长，非常稳定，酒店"租约"非常短（按日或数日计），经营不那么稳定。如果你希望投资一个回报比较稳定的资产，租赁住房/长租公寓往往是一个更好的选择。其次，租赁住房提供的是经常住所，属于刚需型的居住需求。很多人没有差旅需求，但总要有地方住。酒店的经营则不那么稳定，与宏观经济、外部环境密切相关。例如，经济环境与预期不好，出差和旅行的需求就会下降。比如新冠肺炎疫情暴发后，全球的酒店市场就受到很大的负面影响。最后，租赁住房更受政策鼓励，在原始资源的获取、资本管理与循环（例如投融退）上有优势。酒店并无这些特殊优势。但租赁住房的政策风险相较酒店也更大、更直接，即租金上涨有可能被管制。

两种业态都能通过提供居住空间，指向住客的私域，有提供居住相关增值服务的想象空间。与酒店需要突破基础房费收入瓶颈一样，租赁住房生意也需要突破租金瓶颈，尤其当租金可能受到管制的时候。这就需要提供增值服务了。相对于酒店，租赁住房做增值服务有利有弊。有利的方面是，租赁住房是长期的，出租端有可能与租客建立更加长期的联系，有时间去挖掘发展各种增值业务的机会，而酒店是非常短的"租约"，酒店与住客的互动较少。不利的方面是，租赁房住客是把房屋当作"家"的，很多功能可以自己完成，譬如洗衣、家务、餐饮、娱乐等，私域相对"关闭"，与此同时，还有大量本地生活服务提供者可以提供竞争性服务。相比之下，酒店住客是短期的异地居住，会比较依赖（也愿意依赖）酒店提供的各种服务，私域是更加"打开"的。譬如，每日入户为住客提供保洁是酒店的默认服务，但不可能是租赁住房的默认服务。综合看，租赁住房的有利之处和不利之处是比较平衡的。租赁住房运营商成功跑出若干个增值服务，也是不容易的。

租赁住房相对于酒店而言，本地色彩更强，网络效应潜力更弱。为何？因为其需求本质上是"本地化的"：租客往往都是在本地工作、学习、生活的人，属于常住人口，他们对住所的地理位置一般也有较高要求。一个租赁住房集团在全国乃至全球各地都有网点，或者在运营及定位上有一些差异，但这对于租客而言都不是痛点，他们会更加看重地段和租金成本。这就使租赁住房比酒店更难突破对单一物理资产及地理位置的依赖，也更难将不同的资产及客户群体打通，形成网络效应。如果一个租赁房的地段较差，那么它有很大可能只能通过降低租金去揽客。

（二）与房地产企业相关的最核心的问题——"资产"与"服务"的关系

先说说酒店。酒店市场的价值链重心更多在运营及服务上，运营色彩更强。前文提及，酒店业务的波动性是比较大的，不动产投资看重稳定回报，波动性太大、周期性太强的资产一般就会对应较高的风险溢价（也就是较低的估值），这也使酒店资产相对于其他投资性房地产而言不那么受待见（核心地段的酒店除外）。而要提升单个酒店资产的表现，非常依赖营运方的运营能力、品牌效应、庞大的客户群/会员群、忠诚计划、规模效应、网络效应等。这是一个典型的强者愈强、强者恒强的行业。因此，酒店行业的核心价值落在营运方和网络效应上，而非资产方，更非单个资产。最终，国际酒店集团无不采取轻资产策略扩张，系统性地处置、剥离原有资产，并将核心的能力建设放在运营及服务上——突破基础房费的限制。最后，常年整合并购使国际上形成了几家超级酒店集团巨头，形成了针对业主/资产方的巨大议价能力，进一步将酒店产业价值链中的利益转向营运方，也使酒店资产的价值进一步萎缩，不受投资者/资本市场待见。业主围绕酒店资产融资是比较困难的。由于酒店集团太强势，使市场也出现了专门的酒店资产管理公司，专事协助业主/资产方与酒店管理集团对接/博弈，保护及最大化业主的利益。

再说说租赁住房。相对酒店而言，租赁住房市场的价值链如果不是偏向资产，至少也是资产与服务同等重要，租赁住房的不动产与金融属性更强，这是因为租赁住房的本地化属性极强，更加关注地段及资产/空间的物理质量，对运营的要求相对宽松一些。只要有好的地段、过得去的服务，就一定有非常长期、稳定、抗周期的租金收入。这就使租赁住房成为成熟市场上非常受欢迎的投资房地产。一项资产，如果受到投资者的欢迎，就为资本管理/资本循环奠定了基础：房地产企业可以通过各种手段，包括合资/小股操盘、基金化的方式投资开发租赁住房，并且可以通过REITs在公开市场实现退出。作为住房新发展模式的重要政策组成部分，中国政府也在努力为租赁住房提供融资政策支持，因此企业可以利用公募REITs（目前限于保障型租赁住房）做到租赁住房资产的部分退出，实现资金回流/循环。这个差异是非常关键的，这使租赁住房业务具备了更多的不动产与金融属性——租赁住房的运营商可以继续做资产导向的生意。

何为资产导向的生意？即将核心生意模型建立在赚取资产增值的收益的基础上。传统的住宅开发销售是典型的资产导向生意：拿地，开发建设，销售，回流现金，企业赚到了"开发利润"。投资性房地产在资产增值的逻辑上是一样的，拿地、投资建设、运营、持有，然后卖掉部分或全部权益（实现开发利润）。如果觉得资产以后会增值，一直持有带来的投资回报或战略价值会更高，那就先不卖掉（或只卖少数权益），继续持有以享受资产增值的好处，未来待资产价值充分体现时，再考虑处置。这些都是围绕资产增值做生意。一个企业即便采用轻资产模式，仍然是可以围绕资产导向做生意的，即它不用自有资金去投资，而采用基金化的方式，募集第三方资金投资，构建从开发基金、增值基金/并购基金、收入基金到REITs的资本链条。每一个环节，都可以获得资产增值的收益（只不过是以基金管理费及超额收益的形式体现的）。

酒店并非不能做资产导向的生意，也有基金和REITs是投资酒店的，只不过这个行业的大部分价值已经被酒店品牌集团拿走了，对单一资产的质量要求就很高。如果要投资不动产，没有必要投资酒店。因此，酒店的"游戏"都落在了酒店品牌集团上。

租赁住房的底层资产是可以构建资本循环的，而且管理难度不高，所以"游戏"落在资产方。租赁住房（各式的出租公寓）是美国 REITs 市场里的主要品类。

2010—2021年第二季度，美国 REITs 按资产类别对应市值的划分（见图 13-1）。

2010年

- 零售业，29%
- 住宅，17%
- 医疗保健，13%
- 办公，9%
- 多元化，9%
- 酒店及度假村，7%
- 伐木业，7%
- 自助仓储，6%
- 工业，4%

2021年第二季度

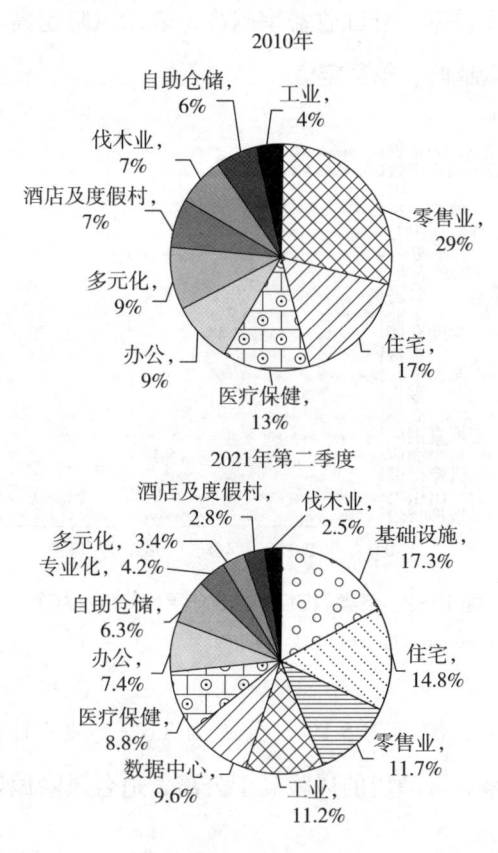

- 基础设施，17.3%
- 住宅，14.8%
- 零售业，11.7%
- 工业，11.2%
- 数据中心，9.6%
- 医疗保健，8.8%
- 办公，7.4%
- 自助仓储，6.3%
- 专业化，4.2%
- 多元化，3.4%
- 酒店及度假村，2.8%
- 伐木业，2.5%

图 13-1　分行业市值占富时纳瑞特 REITs 指数的比重

资料来源：富时罗素。

图 13-1 中，住宅对应各类住宅业态，涵盖公寓和独栋等业态，底层资产的形式为收租的租赁住房，也有可能有住房抵押

贷 REITs，但均属于存量资产，与国内理解的"销售物业"无关。2010 年，酒店及度假村 REITs 的市值占比为 7%，住宅为 17%。2021 年第二季度，酒店及度假村仅占 2.8%，住宅为 14.8%。

这是市值的比较。在比较市值之后，还有收益率（风险）的比较。图 13-2 是新冠肺炎疫情暴发前统计的美国 REITs 过去 5 年平均分红收益率。分红收益率越高，表示风险越高。收益率越低，表示风险越低、越稳定。

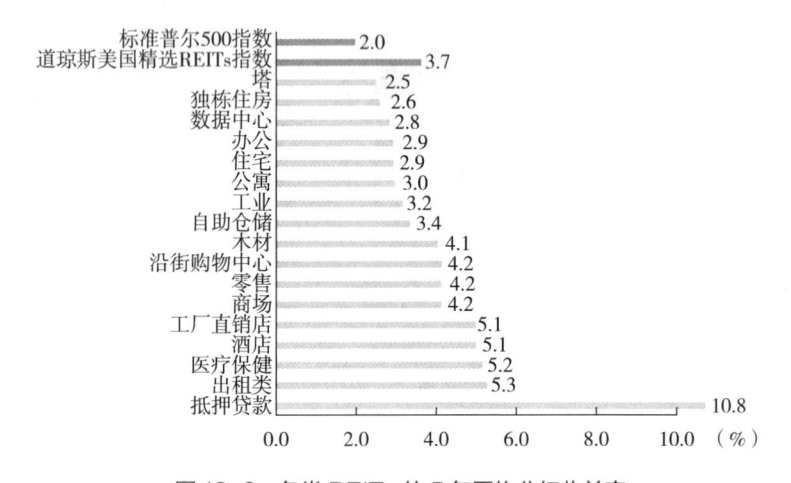

类别	收益率(%)
标准普尔500指数	2.0
道琼斯美国精选REITs指数	3.7
塔	2.5
独栋住房	2.6
数据中心	2.8
办公	2.9
住宅	2.9
公寓	3.0
工业	3.2
自助仓储	3.4
木材	4.1
沿街购物中心	4.2
零售	4.2
商场	4.2
工厂直销店	5.1
酒店	5.1
医疗保健	5.2
出租类	5.3
抵押贷款	10.8

图 13-2　各类 REITs 的 5 年平均分红收益率

资料来源：S&P Dow Jones Indices LLC，FactSet。

由上可见，酒店为 5.1%，公寓为 3.0%，独栋住房为 2.6%。这说明长期来看，酒店的风险高于公寓，适合风险偏好较高的投资者。

再看看波动性问题，受新冠肺炎疫情的即时影响。

图 13-3 是 2020 年 3 月 16 日统计的相较于当年 1 月 31 日不同类别资产的资本化率的升高。

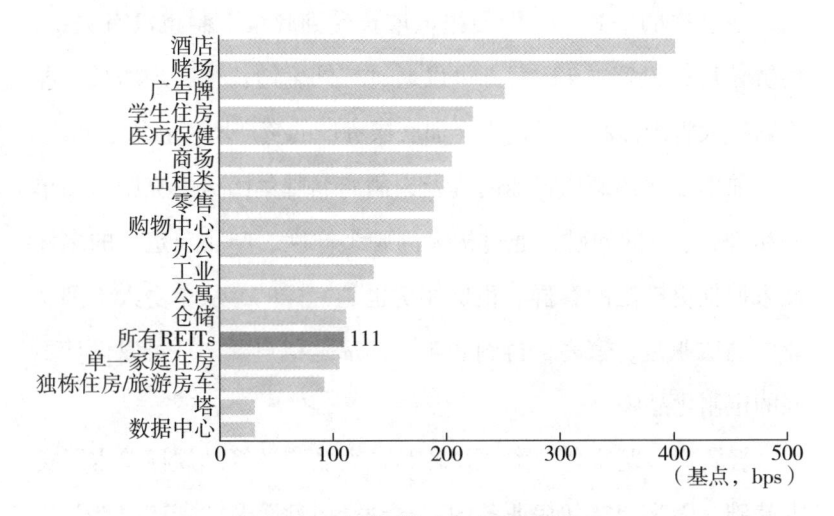

图中数据（由高到低）：
- 酒店：约400
- 赌场：约380
- 广告牌：约250
- 学生住房：约220
- 医疗保健：约210
- 商场：约200
- 出租类：约195
- 零售：约190
- 购物中心：约185
- 办公：约180
- 工业：约140
- 公寓：约115
- 仓储：约110
- 所有REITs：111
- 单一家庭住房：约105
- 独栋住房/旅游房车：约90
- 塔：约30
- 数据中心：约30

（基点，bps）

图13-3　各类别资产资本化率的升高

注：资本化率基于中心广场投资管理公司公开和私人市场估计（2020年1月31日—3月16日）。

资料来源：中心广场投资管理公司。

资本化率升高得越多，表明资产的价值贬损越大（同时也暗示资产的风险更高）。单一家庭住房和公寓都在100个基点左右，酒店则为400个基点。REITs是投资于底层不动产收益相对比较安全稳定的证券，酒店资产是风险比较高的资产类别。从不动产投资的角度看，租赁住房也是一个更好、更安全、更稳定的品类。

根据国外的经验及国内的政策导向，由于金融市场／资本市场／投资机构非常热衷及支持租赁住房，有一大批人长期投资于这类资产，这就使租赁住房的投资方／运营方可以为底层资产（即租赁住房）构建资本循环——打通"投融退"的资本链条，而不需要担心重资产投资导致的资金沉淀。这也就使投资方／运营方可以继续做资产导向的生意。

在这样的情景下，即便租金增长受到政策限制也没有关系，租赁住房的投资方/运营方可以通过"外生增长"实现增长，即不断扩大管理面积，通过租金加底层资产的资产增值获取收益。

前面在介绍酒店行业时提及，酒店品牌集团努力克服依赖单一品牌/定位的问题，通过扩大品牌多样性、产品及定位的多样性来捕捉更广泛的客群。租赁住房也是一样的，从单身人士到企业中高层职员、家庭，再到老年人，都是租户群体，可以设计不同的定制化品牌。

轻资产、基金化、资本循环为扩大品牌及管理规模奠定了资本基础。因为租赁住房业务的"不动产属性"及"资产属性"比酒店业务更强，也使投资方/运营方和房地产企业仍能够通过传统的方式（资产增值模式）经营这个行业。这就部分"消解"了租赁住房较难跑出增值服务赛道的困境。

（三）租赁住房依然可以考虑发展垂直能力，做满足住户居住需求的增值服务

由于金融与资本的支持，使开发商/运营商能够围绕租赁住房继续做资产导向的生意，但不妨碍它们发展垂直能力，做一些与租户的居住/生活需求相关的增值服务。如果能够跑出一些赛道/解决方案，就能实现单一项目的内生增长，突破收入局限与租金的瓶颈。

另外，还有不少房地产企业租赁住房业务的底层资产是没有产权的，以集体用地、整租或者其他复杂的产权形式存在（例如只占小股的合资），以及委托管理等。这些业务在业内属

于"中资产"或"轻资产"。只要缺乏产权，就很难做基于产权的资产导向业务，先天偏向于做运营与服务，必须在运营及服务上做文章。其商业逻辑与酒店品牌公司努力突破基础房费的限制，尝试为住店客人提供更多的产品与服务以丰富自己的收入来源一样。

这里，租赁住房运营商就可以借鉴住宅物业公司的经验了。实际上，二者做的是一个"行当"——围绕居住者"私域"里出现的居住及生活需求提供服务。

最容易想到的就是各类"到家"服务，例如保洁/家政、维修/维护、定期的大清理等，还有接入及离开租赁住房场景时产生的服务，例如搬家。社区零售/团购（生鲜、一般生活品等）也是潜在业务。

集中式的租赁住房还具有社交场景，运营方可以组织一些有商业属性的社交活动，例如教育、出游、学习等。

有房地产企业背景的租赁住房运营商应该充分与体系内的住宅物业公司协同、联动，因为两者可能同时在探索类似甚至完全相同的生活服务/增值服务解决方案，应该尽量整合资源。

另外，租住者无法形成对租赁房的装修需求，但他们是居住在租赁住房提供者提供的生活空间里的——具有各种软装、家居、电器等。如果这些用品足够好（良好的设计、性价比、稳定的质量等），租房者对这些用品形成了信任及依赖，就有可能在未来购买这些产品。租赁住房相当于帮助他们建立对这些用品的使用习惯。

一个有强大运营能力的房地产企业，在租赁住房平台的基础上可以投入人力资源，整合供应链，发展垂直能力，再构建出一个类似宜家的家居品牌，并不是完全没有可能的，毕竟它们拥有家装公司所没有的场景优势——直接让居住者使用自己的品牌并建立使用习惯。

此时，运营商所拥有的庞大的租赁住房物理空间网络及用户群体，就成了一种场景、一种流量入口，为更广阔的业务奠定了基础。

总之，租赁住房市场的产品、服务、赛道繁多，一切皆有可能，最终取决于居住者对产品服务的真实偏好及痛点。运营方可以通过一线调研，了解客户的诉求，而最终能否落地，取决于房地产企业的意志、管理能力及资源投入。

租赁住房受到国家政策鼓励，同时兼具"资产"与"服务"的属性，有很大的业务潜力。房地产企业在这个赛道是大有可为的。

不过，租赁住房具有很强的本地化属性，依赖单一物理资产的地理属性，服务维度不强，项目与项目之间的关联性不强，不容易产生"网络效应"。如何破局呢？后文还将继续探讨。

三、购物中心——满足生活消费需求的基础设施

接下来讨论一下购物中心（商场）。购物中心是一种特定形式的"有组织的零售"，通常拥有数万乃至十余万平方米的室内空间，由一个运营商统一运营，内含零售、餐饮、娱乐、教育、体育健身等不同业态的商家/租户。消费者在一个大型购物中心可以一站式地满足需求，例如逛街买东西、吃饭、看电影等。过去10多年，伴随人们消费习惯的变化，购物中心的业态构成也

发生了很大的变化，其中最主要的是来自电商的冲击，使人们将许多购物行为转至线上，相应的是购物中心内各种需要"肉身参与"的"体验式业态"占比大大增加，譬如餐饮、美容美发、亲子活动及儿童教育、健身等。

虽然人们的消费习惯及生活方式会发生短期的变化，但把时间维度拉长后，我们会发现，人们始终需要一个可以遮风避雨，能满足各种消费、娱乐及社交需求的物理空间/场所。购物中心运营的核心是，发现并顺应人们对消费与生活方式的需求，为商场构建最优的租户/业态组合。对于消费者来说，好的购物中心就是一个一站式的消费及生活方式"解决方案提供者"，来到这里就可以满足种种需求；对商家/租户而言，购物中心就是一个渠道和平台，在这里他们可以触达自己的终端客户。商家都希望自己进驻的商场人气旺盛，只有商场人气旺了，自己的客人才会多。因此，购物中心运营商的招商能力对于商家及消费者同等重要。

购物中心是许多在中国内地开展业务的房企发展"持有型物业/投资性房地产"时最早进入、最系统布局，同时也相对比较熟悉的业态。出于各种历史原因，中国内地绝大多数购物中心都掌握在房地产企业手里，其中不仅有内地的开发商，还有中国香港、英国、新加坡等地的发展商。此外，还有部分购物中心掌握在有百货背景的企业手里。

下面聊一聊对中国购物中心行业的看法。

（一）资本循环问题

先上结论：购物中心不易构建资本循环，不易做"资产导向"的生意。资本循环问题是所有购物中心行业的参与者首先要考虑的一个核心问题。

购物中心是重资产的,一个10万平方米的大型商场,从拿地到建设,往往需要10多亿元的投资。购物中心也不是一开业就能火起来的,往往有较长的培育期。一个购物中心开办三五年才旺起来是很正常的,投资要很长时间才能看到结果。而且这还需要非常强的运营能力做支撑,尤其是中国这些年来经历快速发展,消费及生活方式快速变化,购物中心运营面临来自线上线下的种种冲击,对管理者的运营能力更是提出了巨大挑战。总之,这不是一个容易的生意。迄今,能称自己拥有很强的招商运营能力的内地房企是屈指可数的。投资者(例如保险公司)往往会选择更易管理的业态,例如核心地段的写字楼。

只有非常强的运营商与非常成熟的长线投资者联合在一起,才可能围绕购物中心的经营构建资本循环链条。

中国购物中心产业的历史很短,也就是过去10多年发展起来的。彼时,中国的金融市场还缺乏深度,而房地产企业还在摸索打磨购物中心运营的初级阶段。这段时期,购物中心投资建设的资本金实际上来自房地产企业住宅开发销售的回款/利润,在此基础上辅以银行贷款。

有的公司在项目层面实现现金流平衡:一块综合用地,卖掉周边的住宅,可能再散售写字楼,留下一个购物中心(可能还有一个酒店)。如果没有卖住宅的回款及利润,是算不过账来,支撑不起购物中心的。

有的公司则在集团层面取得现金流平衡:每年卖住宅,有一定的销售回款,然后战略性地将一定比例的回款用于投资建设持有购物中心。

建成之后，房地产企业就需要常年持有购物中心了。有的房企希望战略性持有购物中心，但也有的希望将其出售（哪怕出售小股权），以获得回款，最大化内部收益率。但如前所述，购物中心对运营能力的要求非常高，并非投资者最喜欢的资产。在房地产行业以外，就鲜有"接盘侠"了。由于资产太重，同时运营上有竞争关系，所以房企之间一般不会出售或并购购物中心。

此外，中国购物中心的评估值普遍虚高（资本化率取值很低），资产对应的收益很低。许多项目的净收入仅供覆盖银行的经营贷利息（"给银行打工"）。投资者投资购物中心不仅有运营风险，而且回报还低，风险和回报完全错配。而许多开发商又将购物中心以公允价值计价，每年计算资产增值，充实资产负债表。如果折价出售，就会立即导致亏损。

结论是，购物中心资产往往在原始的房地产开发企业手里沉淀，很难转售。虽然不确切，但比较形象的比喻是，我们在中国看到的各种购物中心资产，都是开发商住宅开发销售利润的"结晶"。

这就使购物中心资产与房地产企业高度绑定。这种高度绑定的结果是，对房地产企业的调控及融资限制会直接影响到购物中心资产的融资，尽管它并不属于住宅地产，本不应该直接被纳入房地产调控及限制的范畴。

2022年以来，国内消费成为撬动内循环、提升中国经济韧性、抵御外来经济不确定性的重要因素。同时，消费也与百姓的生活福祉息息相关。基于此，监管机构在2023年3月提出了消费基础设施概念，正式准备将购物中心纳入公募REITs的范畴内。但考虑到购物中心与房地产开发企业的历史关系距离很近，经营模式较为复杂，不同企业与资产的情况有很大差异，因此，距离具体项目的落地，乃至消费基础设施公募REITs能够惠及大多数房地产企业的大多数购物中心资产，还有一定的差距。

这都使房地产发展商在短期内很难在境内/人民币市场为购物中心资产系统性地、大规模地构建能够解决投、融、退链条的资本循环。

那么在消费基础设施公募REITs大规模惠及开发商资产之前，能不能借助外资/离岸资金呢？例如，从美元的开发基金到收入基金，再到离岸REITs（新加坡与中国香港）——至少在短期内。

不动产融资最基本、最本质的要求是：底层资产的现金流、投资的货币、投资者/资金方及资本市场都是"匹配"的。离岸结构涉及资金的出入境，面向境外监管，并要向不那么了解中国内地资产的境外投资者出售资产，必须给予较大的估值折价。这就使前文所述的中国购物中心估值虚高（即收益率低）的问题更加突出：中国内地房企将资产卖到离岸REITs，满足境外的高收益率（常年大于7%），可能会立马出现账面亏损。

同时，系统性地利用整套离岸金融结构去解决中国内地核心商业资产的投、融、退，长期来看也未必符合国家的政策导向。

总之，是很不顺畅、很"拧巴"的。

这些因素，使购物中心资产在中国内地成为各类不动产业态中搞"基金化"、打造平台REITs、打通资本循环链条难度最大的细分资产类别。如果要以重资产的方式参与这个行业，就需要有充足的自有资金，并做好长期持有的准备。

而如果要做依赖自有资金的生意，就需要有强大的资金能力——有强大的销售物业回款做支持，同时具备坚实的资产负债表，较低的杠杆率水平，很高的信用评级（投资级）和很低的融资成本（确保融资成本与商场净收益之间存在利差），以及安全、稳定、可持续的金融资源获取能力等。这不是没有资金实力的企业适合参与的游戏。

如果不能为购物中心资产系统性打通资本循环的全链条——有了自己的公募 REITs 平台，有了自己的基金化能力，那么开发商是很难围绕这个业态做资产增值和资产导向的生意的。了解到这一点后，企业应当开足马力"轻资产化"，专注于发展运营和服务能力。这里，酒店品牌集团的模式可以再次成为借鉴。

（二）本地 / 地理属性较强，网络效应主要是 2B 而非 2C

购物中心有比较强的地方属性，每个购物中心通常只能覆盖周边一定半径范围的人群，譬如若干站地铁，20 分钟车程，5 千米距离，诸如此类，称为购物中心的 "catchment"（覆盖半径）。一般人是不会跑到一个距离自己 15~20 千米的购物中心去的，即便因为特殊目的去了，可能一年也就去一两次，不属于这个购物中心的核心客群。在其他条件相等的情况下，购物中心的面积越大，所提供的业态越丰富（譬如特色餐饮、电影院、滑冰场、亲子乐园、大型书店等业态），则覆盖半径越大。但反过来，大型购物中心造价更高，对运营能力的要求也越高。

中国大城市里的购物中心密度是不断增加的，不仅线下竞争激烈，还有来自线上的竞争。这就使标准化的购物中心覆盖半径存在瓶颈，不可能太大。有的购物中心通过寻找差异化的定位，譬如差异化的租户品牌构成、稀缺的品牌主力店、特殊定位（例如文化、艺术、博物、展览）或另类装修设计风格，以扩大覆盖人群。但对于大多数标准化购物中心来说，主要功能还是满足周边人群的日常生活。因此，地点仍然是最重要的因素。

对于终端消费者而言，每个购物中心都是独立的存在，大家只关心自己身边的购物中心，将其作为自己生活消费的"解决方案场所"，但不会去较远的购物中心。这使同一城市内不同购物中心之间的联系较弱——至少从消费者的角度看。因此，购物中心与酒店、便利店、超市这类非常强调网络效应的业态也不一样。一家企业可以只在中国少数大城市经营若干个购物中心，但并不会因为整体项目数量少而影响单个购物中心的表现。单个购物中心的运营都是相对独立的。

因此，与酒店、便利店、超市等业态不同，购物中心运营商最为核心的能力，还是提升单一项目的运营，这是无法通过网络效应及外部引流替代的。

当然，购物中心并非没有网络效应，但更多的是对机构的：对购物中心运营商自身而言，深耕区域可以降低运营成本、提升效率，全国项目数量多也可以增加与商家、租户及供应商的议价能力；对于商家而言，购物中心运营商规模大、品牌强，可以使商家更加相信运营商的能力；对于政府而言，相信运营商的能力，则更加愿意将土地出让给运营商；对于第三方业主而言，相信运营商的能力，就更愿意将项目委托给其管理。

另外，一些房地产企业开始将自己管理与服务的不同不动产业态及客户进行"打通"，做交叉引流，并用会员体系及科技手段强化本来比较薄弱的协同，也能够人为地创造网络效应，帮助单个购物中心突破物理局限。

（三）购物中心运营商的租金收入与商场里的销售额和经济活动挂钩

前面探讨了住宅物业突破基础物业费、酒店突破基础房费、租赁住房突破房租瓶颈以获得更多收入的问题。之所以要突破，在于这些业态创造的基础收入（物业费、房费、房租等）与空间使用者的经济活动无关。实际上，绝大多数业态都存在同样的情况，包括写字楼、产业园、仓储等。从这个角度看，购物中心与其他业态有比较大的区别：购物中心是一个线下的商业经营场所，商家／租户租用购物中心空间，目的是在这里销售商品与服务。

购物中心的租金与商家的销售额是有一定的钩稽关系的，即商家在购物中心里形成的营业额（商品交易总额）越大，则购物中心运营者获得的租金就越高。具体形式可以是直接的，也可以是间接的。直接的形式：购物中心对商家收取固定租金与扣点／提成租金，即如果商家业绩很好，完成了约定营业额后，购物中心可以在固定租金以上收取提成租金（反之，如果商家业绩不好，则只收取固定租金）。间接的形式：购物中心预估商家的合理营业额，倒推出其可承受的租金。

直接也好，间接也好，购物中心的租金与商家的经营活动都是正相关的。租金本质上都是购物中心对商家营业额预估的反推。在购物中心领域，有所谓"租售比"的概念，即衡量租金占商家营业额的比重。主流购物中心平均的租售比在12%~20%之间，即商家每创造100元的营业额，就有12~20元被购物中心分走。购物中心与商家本质上也是共赢的关系，购物中心希望商家在商场里赚到钱,同时又希望从中分走一定的经济收益,但又不能"竭泽而渔",而要在两者之间找到平衡点。

这一业务逻辑,使购物中心运营商只需要专注于商场的招租及运营本身,把商场的营业额做到最大。这里涉及的核心能力包括如何做好项目的定位、策划,如何招商运营,引入有吸引力的品牌;如何"配置"一个健康、平衡、有机,并且能够相互协同、相互赋能的租户组合/业态组合;如何通过各种管理与技术手段,掌握商场商家的客流、销售情况,并能够动态调整租户结构,包括发现和清退业绩表现不好的租户。

好的购物中心运营者都非常熟悉目标客群的生活方式、消费习惯、偏好、心理,了解最新的品牌趋势与风尚,与零售生活消费生态体系有着紧密联系。最出色的购物中心运营商不仅熟悉和跟随目标客群的消费偏好,还能引领消费者的偏好及习惯,例如将一些能够代表最新潮流与趋势的店家(甚至是未出圈的小众店家)引入商场,打造出新的消费时尚。

购物中心运营者所要做的,归根结底是打造一个最佳租户组合,把所管理的零售空间发挥最大的价值。

这与写字楼、仓储、租赁住房、住宅物业管理、酒店之类的业态是不同的,后面的这些业务,由于基础收费存在瓶颈,与空间使用者的经济活动缺乏绑定关系,所以都要考虑在垂直领域发展增值服务能力。

(四)购物中心运营商能否发展垂直领域的增值服务能力?

这里所谓的增值服务能力,即运营商为商家/租户提供额外的服务。

理论上是可以的，但由于前述的商业逻辑，即商家的营运表现已经被内嵌在租金收益里，与购物中心运营商的收益正相关，所以购物中心运营商并不需要再"刻意"地从商家处谋取租金以外的其他收入。相反，如果商家的营业额没有提高（蛋糕没有做大），而购物中心又将 KPI 设定为提升租售比，就是在切割商家的"蛋糕"，是站在商家利益的对立面的。

因此，如果购物中心要发展针对商家/租户的增值服务能力，应该专注于帮助商家/租户把"蛋糕"做大，帮助它们更好地引流，触达更大的客群，做出更大的营业额，从而提升租金收入。这个服务可以是全程的，但主要在中后台端：例如，前期协助店面装修，在经营过程中提出建议，采用商场 App（应用程序）定向推送产品与服务，联合营销，运用会员体系为商家引流等，都是赋能手段。此外，优秀的购物中心运营商可以配置出一个非常科学的租户组合，让租户之间能够协同与赋能，共同把商场做旺。总之，购物中心运营商只需要办好一件事——让商家把营业额做大。只要商家生意好，购物中心运营商的收入自然就会提高。

购物中心运营商需要明白，自己终归只是一个物理空间平台的提供者，不能和租户发生利益冲突，不能生硬地切租户的 GMV，一定要为租户创造价值，助其将"蛋糕"做大。

电商大发展的这些年，也有不少购物中心运营商想做电商，即在线上搞一些销售，作为对线下的补充。但通常搞不起来。最后看，搞成"新零售"的都是超市、百货，它们都有直营网络、标准化产品、有限的 SKU，可以自行搭建电商平台，触达更广泛的客户。购物中心很难搞,因为购物中心本质是一个空间平台,商家/租户太多,SKU 千差万别,而且一些店面并非直营,而是代理店或加盟店(大多品牌本来就有直营旗舰店,落在淘宝、京东等流量平台,与线下店可能是竞争关系),购物中心为自己的租户专门搭建一个网店,没有商业逻辑:你是网络销售,还是自提?如果不是自提的,那么还要物流配送成本,真的变成电商了。如果是电商,那么你的价格和物流是不是优惠?如果并没有优惠,那么为何要用你的 App 买东西?此外,如果客户用你的 App 买东西,那么平台(购物中心)是否还要额外提成?如果购物中心要额外提成,那么等于在切店家的"蛋糕"。显然,这都没有商业逻辑,所以购物中心的 App 往往只是推送一些产品和团购券,主要功能是帮助商家引流。这些 App,如果基于单体购物中心,也大多缺乏流量。

(五)购物中心未来的一些可能趋势

第一,形成若干超大型、拥有过百家购物中心的品牌运营商。如果购物中心达到一定的绝对规模数量及密度、广度,有一定的客户/会员基础,那是有可能形成规模效应的。未来做标准化购物中心的头部企业,可能要以 100 家购物中心为门槛,在业内形成 5~7 家巨头。这些巨头将主导行业,并将占据品牌外拓市场。除此之外,还会有一些精品购物中心运营商(例如一些港资、英资公司)。

第二,伴随消费基础设施公募 REITs 的推出,购物中心实现资本循环的困境可能得到一定的缓解。但预计这一资本市场工具很难大规模惠及所有房地产企业及旗下的各类购物中心资产，而把握在少数头部优质企业手里，使这些企业掌握更强的资金资源、更强的韧性与抗风险能力，并能开拓更丰富的业务形态。

第三，效仿酒店品牌管理模式的"轻资产化"。购物中心资产在中国很难构建资本循环链条，而广度、密度、网络、客户/会员基础、品牌又更重要，那么显然应该遵循酒店品牌集团的发展路径，采用"轻重分离"或轻资产模式扩张，迅速跑马圈地，管理各类第三方资产，做大规模，形成先发优势及网络效应。

第四，开始做一些小型化、精品化的项目。大型标准化项目做完之后，需要开始做一些小型化的精品项目，面积在一两万平方米，有的甚至只有数千平方米，形态可能是"城市更新"（地段好，但是改造自旧项目），需要有差异化的定位，吸引特定的目标客群。

第五，轻资产模式之外，有适当的投资能力将增强获取项目资源的能力。后面将看到，许多外拓项目是需要适当的资本支出的（升级改造、参股投资等）。同样是轻资产，在其他条件相等的情况下，有资金实力（包括体系内搭建了公募 REITs 平台）的运营商将能够获取更多类型的项目。

第六，将所管理的不同类别的资产、空间、社区、客群、会员体系打通，为购物中心引流、赋能。购物中心是一个典型的具有较强地理属性的不动产业态，而且资产非常重，很难有数量级的发展。如何为购物中心获取更大的客户群体？如何构建网络效应？一种思路是第三方外拓及品牌输出，但还有一个出路，落在其他业态里，将房企旗下不同业态的客群打通，帮助单体购物中心突破物理边界的限制，吸引更多人前来消费。要看到，购物中心运营商是没有线上流量的，但所背靠的房企有可能在同一地方管理多种类型的存量资产。房企也许无法在一个城市构建很庞大的购物中心网络，但可以尝试健全会员体系，将其所管理的所有资产、空间、社区、客群打通，进行交叉引流，把更多的人导入自己的购物中心。什么样的房企能够脱颖而出？应当是：在一个地方管理空间、资产、社区，以及覆盖人群广度、密度足够大的企业，有足够的客群基础；房企内部有让不同的业务部门充分协同、通力合作、共享收益的文化与机制；有强大的会员体系/忠诚项目作为核心基础设施与能力，帮助拉近不同资产、业态、空间的距离，为购物中心吸引超越自己传统覆盖半径的客群；如果能建成强大的会员体系/客群基础，将有助于购物中心运营商进一步对外扩展网络。这个商业逻辑与酒店品牌集团是一样的。这也解释了为什么头部购物中心的品牌运营商最后将是个位数量级。

第七，购物中心为其他业态赋能，成为增值产品与服务的落地场所。同样，如果一家房企所管理的物理资产、空间、社区广度和密度足够大，覆盖相当规模的人群，其中又存在购物中心，那么购物中心就可以成为向各种业态的客户提供增值服务的落地场所。奖励品牌忠诚、推动重复消费的会员体系，是实现引流的重要工具。

第八，引领生活与消费趋势。前面说了，最厉害的购物中心运营商不是捕捉、跟随、顺应生活与消费需求，而是主动创造和引领生活消费需求。例如，现在一些高档购物中心不再追随传统品牌，而主打年轻人崇尚的国潮及小众品牌，就是这样的趋势。

第九，"品牌孵化器"。孵化器有"初级"及"进阶"的概念。初级的孵化器：发现和培育一些本来比较小众的品牌，助其成功出圈，在这个过程中，购物中心运营商可以获取超额租金收益。

进阶的孵化器：购物中心运营商对有潜力的品牌进行战略投资（例如持有小股），助其在自己的体系内发展壮大出圈，最终获取租金以外的更大收益。

四、写字楼——包袱重重的业态及如何依托写字楼空间纵深发展

（一）包袱重重的历史以及资本循环问题

房地产是重资产的，拿地和项目开发建设涉及大量的资金投入。要理解一个不动产业态类别，找到合适的业务模式与策略，首先要从"资本循环"角度入手，即土地和房产买回来以后，到底能不能实现资金的回流与周转。请注意，这里指开发商对项目的股份/权益进行出售/处置，而不是将项目抵押给银行做债权融资。资金有不同的循环方式，例如将项目转售（包括整售、散售），卖掉项目部分股权（引入权益性投资者），卖给基金，或通过权益性金融产品（REITs）退出。

如果某类不动产不易转售，很难实现短期回流资金，那么开发商就需要在很长一段时间里持有资产。持有资产意味着资金的沉淀，不能周转用于其他投资。同时，项目还会挂有大额的经营性贷款（负债），也会提高开发商的杠杆率。总之，这对开发商的资本结构、财务管理、资产负债表的要求是很高的。站在2022年的时点，可以更加清楚地看出，不是每个企业都能做依赖金融资源与资产负债表的生意的。

过去20年，中国基本处在土地和房产价值快速上升的通道

里，同时金融市场相对比较落后，投资性房地产缺乏权益投资者。这些因素使房企/开发商都追求做快周转的生意，原则上不愿持有资产。

写字楼/办公楼是满足办公需求的不动产。通常，只有在经济发达的核心城市与区域才会有较大的写字楼需求，而现代城市一般也会把写字楼集中规划到一个区域（CBD，中央商务区），并且通过给予较高的容积率，提升集约用地效率。办公所在地是企业的形象代表，企业在选择办公场所时，除了会考虑硬件标准外（甲级写字楼），还会综合考虑交通及其他周边条件，考虑产业集群效应等。这都使有价值的写字楼一定位处高能级城市中较好的区域，建设与持有成本自然都较高。这就给房企带来了问题：写字楼是一项资产很重的生意，如果不能通过转售周转资金，就会出现资金沉淀的问题，影响整个企业的财务。

与很多业态不同，对地方政府而言，写字楼也有非同寻常的价值——写字楼作为办公场所，会有企业入驻，能够带来税收、就业、带动产业发展，帮助满足政府各项经济与社会发展的重要指标。在很长一段时间，中国的地方政府都会做这样的期盼（往往是不切实际的期盼），即把一片土地规划成写字楼，规划未来建成商务中心、金融中心，满足各种功能，好像在地图上一画，规划定位一推出，土地一卖，写字楼一建成，企业自然就都来了，税收、就业就都来了，经济和产业就大发展了。这样政府的工作太容易了，似乎只要卖地就行了，其他的都可以交给开发商。"羊毛出在羊身上"，既然依赖开发商，就要让开发商卖住宅多赚点钱，然后开发商就能帮助把写字楼、购物中心、酒店都建成，帮助政府完成城市建设，帮助政府发展经济。

显然，这是不切实际的想法，最终的结果是，政府的规划往往是脱离实际的，导致在中国很多城市，写字楼等商业用地出现过剩的问题。绝大多数开发商从一开始就不想持有这些资产，为了防止资金沉淀，只能想方设法出售写字楼以盘活资产。

首先，在中国，能够最大化变现价值的还是住宅，那就把写字楼改成住宅/公寓，以接近或略低于住宅的价格卖掉——即便这样，价值往往也会高于写字楼的价值。这就是所谓的"商改住"。这是一个巨大的灰色区间。许多所谓的商业/写字楼，最开始规划时就已经切割成很小的单位，有独立的卫生间，打算按公寓卖掉。我们在城市里看到的许多形似写字楼/办公楼的建筑，其实里面都是居住单位。这本质是开发商采用"市场化"的手段解决了商业地产规划过剩、住房供应不足的问题。这是一个巨大的"灰色区间"，地方政府对此一直"睁一眼闭一眼"。

确实也有不少商业用地是被开发成办公楼的。在这种情况下，为了回流资金，开发商依然会选择出售。在诸多出售方式里，开发商又会优选把写字楼切割成更小的办公单位进行散售，例如出售若干层、一层、半层甚至四分之一层。散售的好处是：一个楼不需要一次卖掉，可以陆续卖掉，这样一直会有资金回流，而且回流的确定性比较高；如果房价上涨，后售的面积单价可能更高；对买家的资金要求较小，一般的企业（甚至个人）买不起一栋写字楼，但买得起一层或半层，这样买家数量更多；相对于开发商，单一买家议价能力强，但小业主的议价能力就较弱了，因此付的单价会更高，尤其是小业主除了自用需求外，往往有投资需求，对写字楼的估价往往愿意参照"市场可比法"估值，例如每平方米单价参考周边的住宅、底商价格，这也会使开发商获得更高的出售单价。

在很长一段时间，中国城市里大多数商业开发的写字楼最终都是散售的：一栋楼由无数的小业主持有。写字楼散售的问题是对租户缺乏统一的定位、规划、管理，质量参差不齐，最终会越来越混乱，使楼宇的品质不断下降，并最终导致资产价值下降。

许多人对 SOHO 中国开发的写字楼有一种印象，那就是进去一看，大多非常"乱"，整个感觉很"低级"，就是因为这家的写字楼基本都是切成很小的单元散售的。散售后，就无法再控制品质。

1. 对"商改住"的限制

"商改住"最后发展成一种国家不得不出手进行干预的乱象。其实，归根结底还是规划欠妥：政府过度依赖并相信可以由房地产开发商/房地产企业去完成城市建设、经济发展、产业升级等公共政策目标及职能。回想起来，这么多的商业用地，当年规划为租赁住房该多好。但就不讨论历史原因了，自 2016 年提出"房住不炒"以来，在中央政府的驱动下，各地政府都对"商改住"进行了整治（见表 13-1）。

表 13-1 各地政府整治"商改住"的相关政策

时间	城市	政策要点	内容
2017年1月	珠海	禁止商改住	珠海市住房和城乡规划建设局《关于加强商业办公建筑规划建设管理的实施意见》，商业、办公项目不得以"宜商宜住""一层价格，两层享受"进行销售。对商业、办公建筑的设计标准提出要求，其建筑内部平面不得采用类似住宅、别墅等居住建筑的平面布置形式，不得设置居住空间及为居住配套的设施

续表

时间	城市	政策要点	内容
2017年2月	天津	不再审批酒店式公寓	天津市规划局、市国土房管局、市建委联合发出关于酒店型公寓建设管理相关文件失效的通知，今后天津不再新审批酒店型公寓项目
2017年3月	北京	禁止商改住、最小分割单位、转让单位、二手房出售	北京市多部门联合发布《关于进一步加强商业、办公类项目管理的公告》，明令禁止将商业、办公类项目擅自改变为居住等用途。还要求商办项目最小分割单元不得低于500平方米，在建在售商办项目不得出售给个人；二手商办项目出售给个人时，买家资格除需满足住宅限购要求，还需全额付款；对于开发商也提出了明确的惩罚意见，指出项目建设单位如有违规，将被取消在京拿地资格。此外，北京各大商业银行还全面暂停了商住房的抵押贷款
2017年3月	广州	销售对象必须是法人单位、限制商办作为居住使用	房地产开发企业销售商服类物业，销售对象应当是法人单位；法人单位购买的商服类物业不得作为居住使用，再次转让时，应当转让给法人单位。本通知施行之前，已购买的商服类物业可转让给法人单位，也可转让给个人；个人取得不动产证满2年后方可再次转让
2017年3月	南京	办公建筑不能按照住宅套型设计	南京市规划局出台《关于加强商业办公等住宅类建设项目管理的通知》新规，要求商业、办公等非住宅类建筑，不能按住宅套型设计，新规自发布之日起施行，之前尚未取得建设工程规划许可证的商业、办公等非住宅类建筑，均按照该通知要求执行
2017年4月	上海	杜绝类住宅项目	上海政府门户网站发布了《关于加强本市经营性用地出让管理的若干规定》文件，明确规定商业、办公用地不得建设公寓式办公和公寓式酒店，从源头上断绝了"类住宅"产品的出现

续表

时间	城市	政策要点	内容
2017年4月	成都	禁止商改住	成都市规划管理局发布《关于进一步加强商业、办公类建设项目管理的通知》，对商业、办公类建设项目加强管理。商业、办公类的严禁擅自改变成居住用途；商业、办公类建设项目层高不得超过4.2米；商业类项目不得违规宣传房屋可以用于居住
2017年5月	深圳	限制商办转性	5月12日发文限制商办转性，未来5年，商业、办公、研发用房转公寓、偷面积、改建将被严格限制。
2017年6月	南京	打击商改住、偷面积	商业、办公、研发类建筑（不包括酒店、公寓和宿舍等具有居住功能的建筑）不得设计成单元式办公，公寓式办公等"类住宅"建筑。住宅、公寓（含酒店式公寓）建筑的结构层高不应超过3.6米，办公、研发建筑的结构层高不应超过4.2米，商业（门面房）建筑的结构层高不应超过4.8米
2017年8月	温州	禁止商改住	温州市规划局下发《关于进一步规范商业办公等非住宅类项目规划设计与管理的实施意见》，要求商业、办公等非住宅类项目不得采用住宅、公寓、别墅等居住建筑平面形式。同时，明确分割销售要求，商业、办公类项目三层以上（不含第三层）最小分割单元不得低于200平方米
2017年10月	东莞	严禁商改住	商业、办公类建筑项目开发企业应当严格按照批准的规划用途进行开发、建设、销售和使用，不得改变为居住用途
2017年11月	昆山	严禁商改住	出台了《关于进一步加强商业办公类房地产项目管理的通知》，商业、办公类项目应当严格按照规划用途开发、建设、销售、使用，未经批准，不得擅自改变为居住等用途；最小分割单元的套内建筑面积不得低于150平方米，独立式或联排布局的小型办公楼，其分割销售单元的计容面积不得小于500平方米

续表

时间	城市	政策要点	内容
2018年7月	深圳	商务公寓5年限售	深圳市政府发布《深圳市人民政府办公厅转发市规划国土委等单位关于进一步加强房地产调控促进房地产市场平稳健康发展的通知》，各类新供应用地（含招拍挂、城市更新、征地返还用地等）上建设的商务公寓一律只租不售且不得改变用途。个人、企事业单位或社会组织等法人单位新购买的商务公寓，自取得不动产权登记证书之日起5年内禁止转让
2018年12月	广州	商服类物业不再限定销售对象	广州市国规委在官方网站发文件通知"330政策"成交的房地产项目，商服类物业不再限定销售对象，规定2017年3月30日前（含当日）土地出让成交的房地产项目，其商服类物业不再限定销售对象，不过个人购买商服类物业，取得不动产证满2年后方可再次转让
2019年8月	厦门	禁止商办改住宅	针对商办类建设项目，《国有建设用地使用权出让合同》中应增加禁止条款"受让人擅自改变土地用途，将商办类项目改为类住宅的，出让人有权解除合同，并无偿收回土地使用权"
2019年11月	佛山	禁止商办变公寓	11月15日，佛山市住房和城乡建设局发布了《加强服务型公寓建设管理规范商业、办公类项目销售行为的通知》，对佛山商业、办公类项目销售和服务型公寓的建设进行规范。商办类项目在销售过程中不得再以"公寓""公馆""x房x厅"等用语或设置具有居住功能的样板房误导消费者

资料来源：根据公开资料整理。

各大城市纷纷出台政策限制"商改住"，使"游戏规则"转变，开发商不能再通过更改业态类别实现销售回款。以北京为例，商办项目最小切割面积不得低于500平方米，项目不得出售给个人，同时二手项目授予个人时，买家还得遵照限购要求，并且要付全款。这立即就将"商改住"判处了"死刑"。

2. 对商业写字楼用地机构/企业买家的限制

政府发现，写字楼可以带来企业、就业、税收，是实现政策目标的重要基础设施与工具。即便真的是满足办公用途，单位在 500 平方米以上的散售也不利于区域的整体规划，因为如果将写字楼散售给资质较差的企业，会影响整个楼宇的品质，高端企业/租户就不来了。同时，政府可能还希望吸引特定产业/行业的企业，以帮助实现产业升级。

这就使许多一线城市的地方政府对商业写字楼的机构/企业买家也给予各种准入指导/门槛。在政府重点规划的办公区域，并非所有企业都能满足购买资质，需要达到一定的规模，符合特定的产业才行。

这就使投资、开发写字楼资产所面临的流动性风险更大了：越是在高能级城市开发写字楼，越有可能在转售阶段受到种种限制。开发商得通过经纪人，找到合适的机构去整栋购买写字楼。买家并不那么多，往往是大型企业（购置用于总部），或金融机构（用于总部、分部或投资用途）等。这都使开发商难以对写字楼资产实现资金回流，有可能"被动"成为业主，需长期持有资产。这就导致开发商的资金沉淀、周转效率大大降低。许多开发商是在政策转型（即游戏规则变动）期间参与写字楼的投资的，面临整个业务逻辑发生根本性转变的窘境。

3. 中国的写字楼属于产能过剩产业，严重影响投资者的意向

本来，写字楼是一个特别好的投资资产，因为管理比较简单（相对于购物中心而言），租金也十分稳定，是做长期投资的金融机构（例如保险公司）最中意的不动产类别。

但中国的情况是，投资者要对写字楼格外谨慎。因为各地在过去10年都规划开发了大量商业写字楼用地，这些用地有相当比例偏离了实际需求，导致中国写字楼资产存在供给过剩的问题。

本来，"商改住"可以将部分写字楼转化为居住用房，但对"商改住"的限制，使这一位处"灰色区间"的"系统性操作"亦不再可行。

在网上搜索"中国写字楼空置率"，会发现有很多搜索结果，从中很容易看出，中国各个城市的写字楼空置率都比较高，一线城市的空置率相对低一些，但北京也有接近15%，上海和深圳约20%及以上，再低能级的城市空置率就非常高了，普遍为30%~40%（见表13-2）。

表13-2 部分城市2021年上半年甲级写字楼租金、空置率、吸纳量

城市	甲级写字楼平均租金（元/平方米/月）	第二季度租金环比（%）	空置率（%）	净吸纳量（万平方米）
北京	332	-1.00	14.20	33.0
上海	225	0.50	19.50	73.8
深圳	197	0.60	21.90	47.2
广州	163	1.00	10.60	28.1
杭州	134	0.20	22.40	8.1
南京	122	-1.10	29.70	5.0
青岛	120	-1.10	44.00	2.6
武汉	100	-0.40	34.80	13.1

续表

城市	甲级写字楼平均租金（元/平方米/月）	第二季度租金环比（%）	空置率（%）	净吸纳量（万平方米）
西安	92	-0.20	33.10	5.0
成都	92	0.50	21.90	13.4
苏州	87	-0.20	—	—
天津	85	0.00	42.40	
沈阳	78	-0.30	34.80	2.5
重庆	78	-0.20	25.90	13.3
郑州	72	-1.00	—	—

资料来源：仲量联行。

亦可参考仲量联行提供的2021年第三季度数据（见图13-4）。

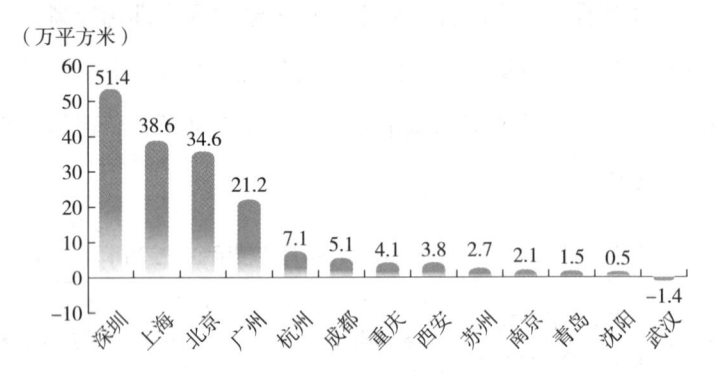

（万平方米）

深圳 51.4　上海 38.6　北京 34.6　广州 21.2　杭州 7.1　成都 5.1　重庆 4.1　西安 3.8　苏州 2.7　南京 2.1　青岛 1.5　沈阳 0.5　武汉 -1.4

图13-4　2021年第三季度全国主要城市甲级写字楼净吸纳量

资料来源：仲量联行。

中国城市/区域发展还不太均衡，教育、医疗等资源集中在一线城市。这也使大多数企业为了招揽人才，都会集聚在一线城市。因此，一线城市的企业总部多、重要岗位多、就业人口多，写字楼需求也大，所以空置率低、租金水平高。图13-5列出了中国不同城市的租金差异。

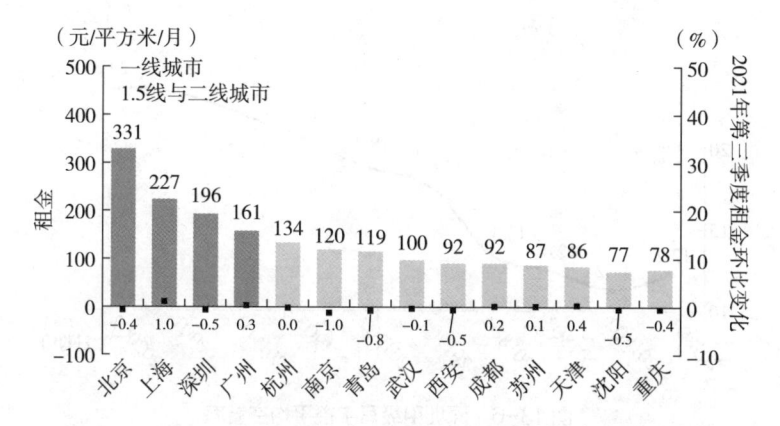

图 13-5　2021年第三季度中国主要城市甲级写字楼净有效租金表现
资料来源：仲量联行研究部。

目前，中国不同城市写字楼的造价是比较接近的（从建材到人工），但租金水平差异很大。作为投资者，如果要挑选，会买什么样的写字楼资产？当然是北上广深的写字楼了，当地经济更好，租金收益更高呀！

这就是写字楼的财务投资者（例如保险公司、国际基金等金融机构）压倒性偏好于中国一线城市的高端写字楼的原因。非一线城市、非核心资产的写字楼很难找到投资者。

但即便我们看一线城市，如上海，20%以上的空置率还是非常高的，因为大多数国际头部城市的写字楼空置率都落在个位数，只是这两年因为出现疫情，有的城市才发展到两位数。

从图13-6可以看出深圳甲级写字楼的数字变化——空置率在过去几年快速提高。

与此同时，去化周期快速提高，深圳新建写字楼库存去化周期平均为56个月（4年以上），可见开发商的资金压力之大（见图13-7）。

第十三章　围绕不同的资产、空间、业态发展垂直能力 / 289

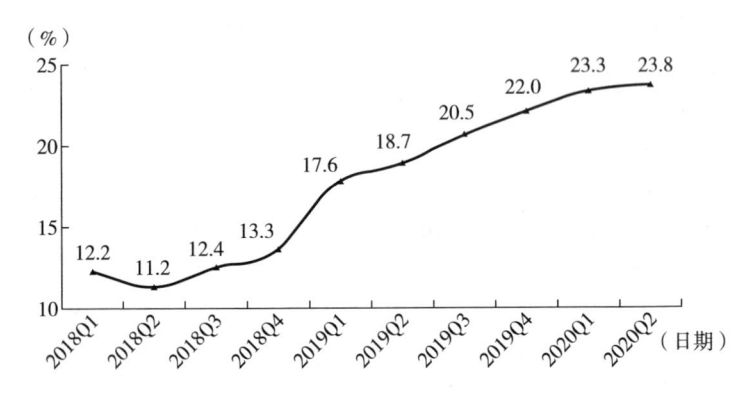

图 13-6　深圳甲级写字楼平均空置率

资料来源：世联评估。

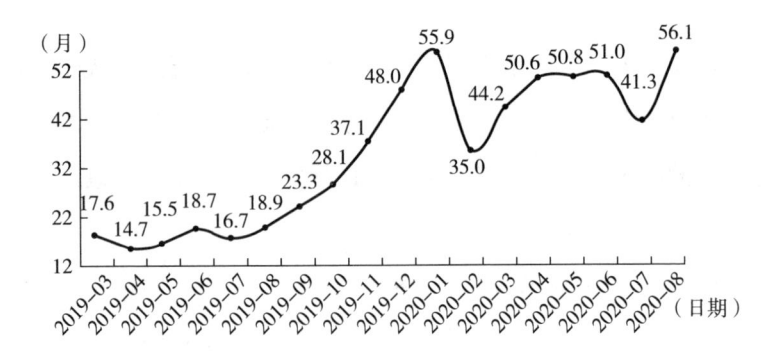

图 13-7　深圳新建写字楼库存去化周期

资料来源：世联评估。

从图 13-8 能够看出，以深圳甲级写字楼为例，写字楼的平均租金水平，在过去两三年一路走低。

这是一个非常简单的供需关系的问题：产能过剩，需求跟不上，导致租金下降、空置率上升、去化时间增加。压力均落在房地产企业身上。

全国都是这样的情况，写字楼空置率高企。在过去 10 年，二线城市的写字楼供应经历了爆发式增长（见图 13-9）。

房地产转型与重塑 / 290

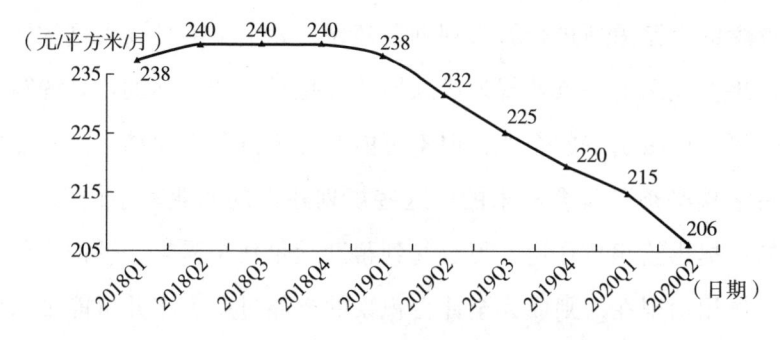

图 13-8 深圳甲级写字楼平均租金

资料来源：世联评估。

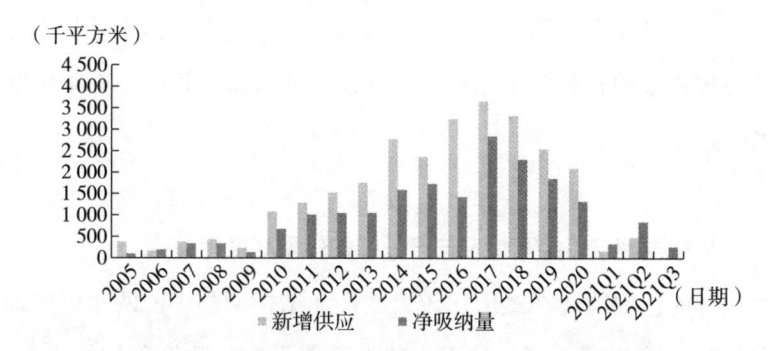

图 13-9 1.5 线及二线城市甲级办公楼市场供需关系

注：1.5 线及二线城市包括成都、重庆、武汉、南京、杭州、苏州、西安、天津、青岛、大连、沈阳、郑州、无锡、宁波、长沙、厦门。

资料来源：仲量联行研究部。

这就使投资者即便是投资一线城市的写字楼资产，也要根据区域地段、硬件条件一挑再挑。

如果建成后的写字楼资产出售了，那么高空置率/低租金的负担就落在买家身上；如果写字楼资产没有出售，那么负担就落在负责原始投资开发的房地产企业身上。这种负担也造成了如今房地产企业的流动性困境。

如果按照新时代的思路，本着供给侧结构性改革、新发展理念的思路重新进行城市规划及建设,相信不会是今天这样的结果。地图上一点就规划成新城的设想是不切实际的。好的写字楼可以吸引好的企业,但不可能改变经济和产业结构。商业写字楼必须是符合需求的。这些规划建设的商业写字楼面积,如果提供给租赁住房,可以起到帮助满足住房需求、平抑房价的作用。现在,则成为全社会积累的产能过剩资产并可能带来金融风险。

回到资本循环问题,出于种种原因,从政策限制到产能过剩,以及区域发展不平衡等,中国的写字楼资产总体来看是不容易实现资金周转及资本循环的。开发商介入这类资产,必须极度谨慎。

4. 中国写字楼经营情况与产业结构转型高度相关

目前,中国还在经历比较大的产业结构调整。前两年许多地方的写字楼表现不好,是因为若干行业受到了政策调控的影响,其中最重要的是互联网金融——本来是一个比较大的写字楼租户群体,因为行业调整,就退出了。许多写字楼业主/经营者都受到影响,努力调整租户结构。

除此之外,还有游戏、娱乐等许多受到影响的行业。

2021年是建党百年,也是中国新时代的政治经济模式/范式在公众视野确立的一年。许多行业经历了调整,譬如"双减"后的教培行业。类似被调整、影响的行业还有不少,譬如各类平台经济/流量经济,还有房地产企业自身。这对写字楼的表现都是有很大影响的。同时,我们还处在一个中美地缘政治冲突的大环境下,面对金融战、科技战等各种因素。

这使投资者对于投资/购买写字楼资产更加谨慎，要问一问写字楼位于什么城市、主要依托何种产业类型的租户、短中期有没有经营上的挑战。

这都是使写字楼的去化/销售、资金周转及资本循环更加困难的因素。

5. 暂被排除在中国内地公募 REITs 的资产范畴之外

写字楼的情况与前文所述的酒店与购物中心很接近，因为与房地产企业关系太密，使融资被限制。举例而言，2021 年国家发展改革委在《关于进一步做好基础设施领域不动产投资信托基金（REITs）试点工作的通知》里明确规定："酒店、商场、写字楼等商业地产项目不属于试点范围。"

将这个与住宅地产完全没有关系的基础设施型业态隔绝（而且还是地方政府历年来极为鼓励的，与就业、税收、产业升级高度挂钩的基础设施型业态），本质还是为了限制房地产企业融资，对住宅地产进行调控和引导，从而限制写字楼（往往由开发商持有）的融资。

这一影响是比较深远的，北京、上海最好的写字楼——包括那些由地方国企整栋持有并用于对外出租的核心地段写字楼资产，也无法使用公募 REITs 的产品。同时，总在克服"资产荒"问题的金融机构及零售投资者，也无法通过公募 REITs 从写字楼资产中获益。

中国内地的公募 REITs 产品目前未对写字楼资产打开，使开发商及投资者无法围绕写字楼构建资本循环链条。谁投资了核心的写字楼资产，谁就需要长期持有——而且可能非常长期。

写字楼是一个非常重要的商业与产业基础设施。在当前的政治政策环境里，有理由预期，围绕中国核心地段的核心写字楼资产，离岸交易、离岸融资均会被纳入中国监管的视界范围内。

可以看出，写字楼在中国是一个历史包袱重重，非常"有挑战"的行业，一是有政策限制，二是产能过剩，此两条已经使资金周转/资本循环面临巨大挑战。还有与房地产密切联系导致的资本循环暂时难以打通的系统性问题。

这样的业态类别如何进入？很多时候，因为土地出让的要求，房企不得不介入。针对这样的行业，业务模式究竟如何发展？

大概只有一条出路，即围绕优质的存量资产，发展垂直服务能力。

（二）写字楼是一个"存量"生意

上篇提到了中国写字楼作为一种不动产资产面临的种种问题：一是非常重资产，投入巨大，对房企的财务、金融能力要求非常高；二是如果不散售，资金很难周转，资本很难循环；三是由于20年来的政府规划问题，中国大多数城市的商业写字楼物业存在过剩问题，空置率高企，租金上不去，位处这些城市的写字楼资产就难以循环了；四是尚有可能实现资本循环（譬如各种国内外的大型金融机构及企业进行买卖）的写字楼资产集中且局限于一线/高能级城市，而这些城市的写字楼资产投资与持有成本更高，更容易受到政策的影响；五是由于写字楼与房地产企业历史关联度比较高，所以对住宅地产的调控也影响到了写字楼，使写字楼的资本市场权益性融资受限（最重要的金融产品——中国内地的公募 REITs——尚未对写字楼资产开放，尽管写字楼是一种重要的办公基础设施）。

这些都让这门生意很不好做，没有一定"钱包厚度"和金融资源获取能力的企业要谨慎进入投资开发写字楼的行当。

同时，大多数中国城市的建设已大致完成，写字楼已大致饱和（甚至北上深超一线城市的写字楼也有 15%～20% 的空置率），这就使写字楼业务从总体上来看是一个存量业务。对于如何做好存量生意，可以从以下三个方面展开。

第一，围绕存量写字楼资产做文章，把已经盖好的写字楼管好、用好，包括对一些硬件条件较差的写字楼做改造升级。

第二，围绕广义的存量资产做文章，譬如在城市内，通过城市更新改造等，将一些地段较好的资产/空间重新规划改造为办公空间。

做好第一条和第二条，足可以提供相当的增量写字楼需求了。

第三，围绕存量的企业/机构租户的需求做文章。新冠肺炎疫情暴发前的两年就开始流行"联合办公"，受疫情的影响（让人们看到移动办公的可能性），以及经济周期的影响（要求企业不断降本增效以灵活应对及防御经济周期），很多企业开始投入精力研究改善和优化办公方式，包括改善办公环境、提升办公效率、扩大员工之间的交流互动，通过空间改变文化，以及降低单位成本等。

因此，尽管广义的写字楼（包括产业园等细分业态）的开发建设仍然存在，包括许多企业在拿地、自建总部，但总体而言，写字楼从一段时期看将是一个存量业务、存量生意。

存量的写字楼买卖是不是一个生意呢？前面讲了，中国的写字楼资产不易进行资本循环，所以缺乏一个大宗交易的市场（即围绕整栋写字楼/商业资产的买卖/交易）。这也使中国的商业地产大宗交易经纪业务发展不起来。国际房地产经纪大行（例如戴德梁行、仲量联行、世邦魏理仕等）在美国等地产金融高度发达的市场，核心生意是商业地产大宗买卖交易。所有的业务能力最终都是围绕大宗交易构建的（譬如市场咨询、评估等），但在中国，由于频繁的大宗交易市场不存在，这些机构只能专注于围绕办公及设施管理做企业服务。

（三）传统写字楼业务的地产属性与租金收入瓶颈

写字楼在全国大多数城市存在过量、饱和的问题，所以要依托写字楼做收租的生意，就应该围绕高能级城市、最优地段、硬件条件达标的核心资产去做。

这种对不动产资产条件的高度依赖，本质上是地产属性。

前文提及，购物中心虽然也有不动产属性（例如地段、交通便利、硬件等），但运营属性非常强、门槛非常高，购物中心运营商的核心能力在于，能够帮助单个及所有的商家/租户创造更高的销售额。不是说商家入驻一个商场，做好装修，做好自己的产品与服务，就可以坐收营业额了，其经营的方方面面也依赖购物中心运营商的能力，譬如商场的硬件设计，标识及动线设计（具体到商家位于哪一层、动线如何、店面是否有展示性等），商场的总体定位及租户组合（要找到合适的主力店，有能力引入主力店，而且不能只依赖一个主力店，还要形成一个商家组合"配置"，让商家烘托商场的整体定位，使商家之间存在良性互动等），以及能否动态调整租户结构（把业绩不好的商家/租户清理出去）。方方面面，需要运营商有全方位的能力。

而写字楼不同，它的地产属性更强，运营属性更弱（因此也更易于管理）。写字楼各层的办公空间都是独立的，互不干扰，都是各自的"私域"，不对外开放，企业入驻主要考虑地段、交通便利性、硬件条件及配套设施、基础物业管理服务等。只要达到基本条件，就可以做租赁决策。业主在招租时，当然不能不考虑入驻机构的资质，譬如是不是大企业，品牌形象及信用资质如何，是否有长期担负租金的能力，是否可能对其他租户形成某种干扰等。租户一旦入驻，一般会长期稳定存在。购物中心店长要每天看购物中心商家的销售额表现，但写字楼的业主就是坐收租金。招商是非经常性事件，可以委托第三方招商经纪去完成（例如几大经纪行）。

更加依托地段、硬件、基础管理等，使传统的写字楼运营门槛不高，业务偏重不动产/地产属性。财务投资者（例如保险公司、地产私募基金）之所以中意核心的写字楼资产，也因为其业务和财务模型比较简单，资产可以委托专业的第三方机构维护及管理。

但硬币的另一面是，写字楼租金是存在"瓶颈"的，这个"瓶颈"与前面文章所提及的住宅社区的基础物业费、酒店的基础房费、租赁住房的房租一样，即写字楼业主对租户收取的租金存在一定的"上限"，即与租户在空间从事的经济活动及效益不存在直接关系。

诚然，只有最有实力的企业／机构才有可能承担高额租金，租用地段最好、条件最好的写字楼。但在交付了基础租金之后，企业／机构所创造的经济价值就与写字楼业主无关了。写字楼业主不可能对租户说"你们公司今年的收入／市值多少，我要按一定比例提成"。这与购物中心是不同的，购物中心的租金与商家／租户的生产经营（即销售额）有直接的钩稽关系（这也进一步说明购物中心区别于其他不动产业态的特殊性）。

如何突破写字楼租金的瓶颈？只能是突破不动产的限制，不将不动产租金收入作为"目的"和"终局"，而将办公空间作为"入口"，触达更大的办公市场，围绕写字楼使用者（企业／机构与办公人群）在写字楼空间里一切与办公相关的生活和消费需求，构建垂直能力。

（四）从公域到私域，从"2A"到"2B"与"2C"

1. 从公域到私域

在金融市场非常发达的美国，写字楼是最常发生大宗交易／流转的资产，房地产服务公司围绕写字楼资产的大宗交易构建能力（咨询、评估、经纪、资产管理、设施管理等），期待获取资产流转带动的经济收益。在中国，写字楼资本循环／流转的能力有限，要突破租金限制，就要做"垂直领域"的生意，从公域做到私域。

写字楼的公域和私域是什么？

公域即写字楼全体租户／使用者共享的基础设施，包括大堂、电梯、楼梯、停车场、卫生间等共用的物理空间，各种机电（排水、暖通、空调、通信、新风、照明）、消防、人防、安保/智能化以及办公/商业配套设施用房等。写字楼的基础物业管理往往都是围绕公域展开的，例如前台、保安、保洁、基础设备维护等。

私域即每个写字楼租户使用的办公空间。形象的理解就是，各家办公的地方，刷卡才能进。一个企业/机构不是租赁了办公空间就可以"拎包入住"了，私域也有私域的基础设施，例如基础装修、办公家具、办公设备、绿植、茶水间/休息区等。企业/机构的员工每日花大量的时间（甚至超过居家的时间）在办公空间里生产作业，并会利用工作之余做一些其他活动，例如社交、消费等。

做私域的生意，即洞察客户（包括企业/机构和个人）在办公空间内对产品与服务的需求，并构建相应的能力。

2. 从"2A"到"2B"与"2C"

2A泛指基于资产、围绕资产做生意。生意的对手方固然通常是企业/机构，但生意是围绕一个特定不动产来做的，譬如将该不动产的部分空间出租给对方，形成租赁交易，为租户就这项物业提供管理服务，为一个金融机构管理其旗下的某一项资产等，都属于广义的"2A"或基于资产的生意。

2B（to Business，面向商家）则是围绕企业/机构客户做生意。这里的2B是广义的，不仅对企业，也对其他机构、政府单位等。2B业务的内涵是，不能局限于单一资产，而是为了满足企业/机构客户的某一类型需求，譬如办公需求。

把旗下的一个资产租赁给一家企业进行办公，这是2A。为这家企业提供一体化的办公解决方案，包括但不限于向其租赁自持的写字楼空间、协助该企业管理该企业自持的总部楼、协助该企业寻觅并管理其在市场上租得的办公空间、为其办公私域提供办公解决方案等。

再通过一个形象的例子来区别二者。可以以联合办公的生意为例——前两年风靡业界及资本市场的创业公司 WeWork。

如果它的业务模型是把自己各种单体项目上的工位分别租赁给有需求的企业，那么它就是一个 2A 的生意。2A 的生意一定是基于特定资产的，从特定资产的视角出发。

如果它的业务模型是先布局建立庞大的工位网络，然后与企业签订合同，约定企业可以使用的工位数量及时间（但不限定特定的资产），那么它就是一个 2B 的生意。2B 的生意不局限于特定资产，是围绕企业需求出发的。

有些行业虽然做的也是不动产，但客户主导特征非常强，譬如仓储物流，有时会迎合特定客户的特定需求，定制开发建设及持有仓库，这都属于 2B 服务。

企业办公市场远比写字楼租赁市场要大——这包括前面所有在办公空间私域里产生的需求，如从办公室的装修（写字楼业主通常只提供毛坯空间，租户需自行装修）、办公软装（办公家具、办公电器及基础设施、绿植、装饰挂画摆件等）、员工所使用的办公用品（包括个人使用的电脑设备及文具等），以及所有对这些硬软设备的日常维护，还有私域内的保洁、保安、保绿等。显而易见，这些都属于企业从事办公活动必需的行政开支，而租金只是其中一个组成部分。

与办公场景相关的需求就更多了，包括各种行政开支 / 管理开支，例如交通用车、食堂/团餐、茶水饮料、会议、差旅、团建/拓展、培训等。另外还有一大类是与智能化/数字化办公相关的硬软件解决方案，这些解决方案往往与企业的数据/IT（信息技术）基础设施相连。

企业有相当一部分行政开支/管理费用是与基础办公相关的。这是一个巨大的市场，其中许多产品与服务大多由各种细分领域的专业公司提供。

2A的思维是资产出发、资产导向的，往往只能看到空间租赁，看不到庞大的企业办公服务市场。

那么房地产企业有没有可能触达广义的"办公市场"呢？并非没有可能，因为房地产企业有一些天然优势，即拥有公域入口：其可以通过基础物业管理及资产管理服务触达资产，并在此基础上进一步深入贴近租户的办公需求。租户的许多基础需求其实是开发商可以建立能力以满足的，譬如办公室装修——通过办公室装修切入私域，并切入软装、设备及其他涉及持续维护的办公空间服务。

除了2B外，还可以进一步开发办公空间里"人群"的生意。

2C（to Consumers，面向消费者）则是面向个人客户/消费者的。写字楼生意如何2C呢？在垂直领域/私域是可能的，因为企业员工每天会花费大量时间在办公空间里，把这里当成半个家，不仅在这里工作，还会社交、消费。许多消费场景可能与办公场景高度关联，例如餐饮、零售/购物（上班时间买点东西）、健身（中午或下班后就近健身）、培训（个人职业发展等）、娱乐等。这部分消费不仅与办公场景相关，还有一定的社交属性（单位同事共同选用一些产品与服务）。2C业务的核心就是挖掘、捕捉这部分机会。

美国联合办公创业公司 WeWork 做的是围绕办公空间的服务，本质属于大的不动产服务行业，但却提出了一个很好的商业发展模式：围绕办公空间做 2B 和 2C 的生意。一方面为企业和机构提供"企业服务"（办公空间），另一方面又尝试为办公空间里的人群直接提供服务（健身、培训、社交等）。

因此，写字楼和酒店、租赁住房、住宅社区物业一样，要突破传统的不动产业务模式，打破租金瓶颈的限制，就需要通过为空间里的机构与人群提供更多的增值服务，触达更大的市场。

未来的中国一定会有若干家房企能够在写字楼/办公领域里发展出垂直能力，向更广义的"办公解决方案"市场纵深发展。

3. 将不同的资产、空间及客户拉通

如果我们用空间的角度去看待办公楼，会发现这里只是同一群人聚集、停留的某一种空间：人们每天花费很多时间在这里工作（用时不亚于在家）。在办公时间以外，这些人又会与城市里其他的物理空间发生互动。在不同的时间里，人群可能处在不同的空间，利用不同的空间满足不同的需求。但空间并非彼此隔绝的，人们从事的活动也可能是交叉的。譬如，在办公室里，人们会工作，但也不仅仅是工作，也会进行社交及其他活动，包括娱乐、购物/消费等，并且还会在社交活动中做出消费/生活选择（比如研究晚上去哪里吃饭，周末去哪里聚会等）。

用空间的角度去理解办公室里的人群对其他空间的需求。譬如：他们是否要购房（对购置居住空间及房产交易的需求）？他们是否要租房（对租赁住房空间的需求）？他们是否要找餐厅

吃饭（对购物中心的需求）？他们是否要去消费、采购生活用品（上班时，网购；下班时，对购物中心的需求；居家时，网购或社区零售）？他们是否要去健身（对购物中心的需求）？他们是否要在平时或周末陪子女参加亲子活动或学习班（对购物中心的需求）？他们是否要为家里安排一些到家服务，例如保洁（住宅社区的生活服务）？他们是否要安排周末出游（与同事，则为办公场景的活动；与家人，则为住宅社区的活动）？

可以看到，这种产品与服务场景是无限的。作为人们每日驻留大量时间的地方，办公空间是做出消费决定的重要场景。这里拥有大量具有社交互动属性的人，可以触达各种其他空间与网络，需要各种线上、线下的产品与服务。

当房地产企业所管理的线下业态足够多（例如涉及住宅社区、租赁住房、购物中心、写字楼等各种与人们的生活息息相关的业态），将企业所管理及服务的不同业态/部门贯穿、打通，在一个城市服务面积/社区/空间达到一定的广度与密度时（使不同的业态彼此相连、距离较近、交通可及，甚至连成一片），就可以做一些物理引流了（例如鼓励办公楼用户到邻近的购物中心去消费）。如果再构建一体化的会员体系，使不同业态里的消费/服务均可进入同一积分体系，并能够用积分兑换优惠服务，再辅以科技手段（例如安全便利好用的小程序），就有可能把客户人群进一步拉通，在不同的业态之间做交叉引流。

此时，在写字楼上班的员工的功能就是为一个更大的生态体系贡献会员数及流量。这一点留在后面与大会员体系相关的章节再细说。

五、仓储物流——从单纯的仓库到物流及供应链解决方案提供商

接下来讲讲仓储物流,也就是俗称的"仓库"。这是一个非常重要的不动产业态类别,但相较于住宅、购物中心、写字楼、酒店等,与一般百姓的生活距离较远。

但是仓库与人们的生活息息相关,它是用来存放流通中的货品/生产资料的,是物流中一个非常重要的组成部分。今天日常生活中所需的电商、第三方物流及零售、餐饮等,高度依赖仓储体系。

这里说的仓储物流,主要指市场化的高标仓。目前全中国有大约11亿平方米的仓储设施,其中可供租赁的(即对市场供应的)高标仓面积不到10%,即7 000万~8 000万平方米。市场化的竞争者,包括房地产企业、专业的仓储物流投资企业、电商等,投资、竞争的就是这部分市场。

近几年,全国大部分核心城市的仓储用地供应都非常紧张,因为仓储的占地面积大,却不易带来税收贡献。地方政府(特别是核心一、二线城市)不愿再在自己的核心地域规划仓储用地,而倾向于规划产业园、商业等其他能够带来就业、税收、消费、提升城市活力的业态。这种政策取态,会导致物流用地规划指标的高隐性成本,譬如投资强度、税收贡献、容积率等。开发高标仓不易在一线城市和核心区获得新增用地,就逐渐向周边卫星城市和地区转移。

随着经济结构的变化及经济持续发展,仓储现在是供不应求的,也导致重要的物流节点城市的仓储租金水平常年稳步增长。

同时，如图 13-10 所示，仓储空置率不断下降。

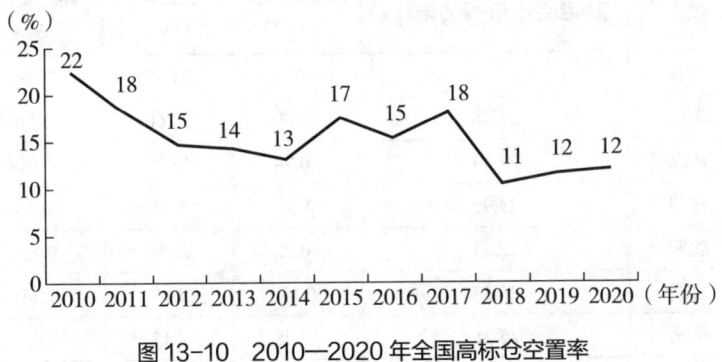

图 13-10　2010—2020 年全国高标仓空置率

如表 13-3 所示，再看 2019 年末全国范围的一个统计。

表 13-3　2019 年末全国 32 个城市平均租金和空置率一览

城市	平均租金（元/平方米/月）	环比变化（%）	空置率（%）	环比变化（%）
北京	46.03	1.34	7.34	-0.02
上海	45.68	4.65	11.52	-1.39
深圳	41.04	2.11	10.08	1.60
苏州	33.48	2.07	2.34	0.04
杭州	32.70	2.60	9.37	0.97
宁波	29.91	-0.73	5.17	-1.74
广州	31.72	0.95	7.61	1.17
东莞	29.74	1.40	5.73	0.11
南京	30.41	4.65	11.20	2.37
佛山	28.88	2.30	18.34	12.81
嘉兴	31.17	-1.70	15.29	-3.72
长沙	26.43	0.23	12.18	-0.33
天津	31.35	2.79	12.88	3.56
无锡	29.22	1.85	8.96	0.73
大连	25.86	0.86	37.61	1.41

续表

城市	平均租金（元/平方米/月）	环比变化（%）	空置率（%）	环比变化（%）
长春	23.16	-1.07	21.79	2.76
重庆	25.56	0.87	20.60	-1.50
武汉	25.34	-0.24	16.20	4.18
郑州	23.95	0.46	7.31	-0.43
沈阳	22.83	-0.52	20.54	0.72
合肥	24.57	0.45	9.49	1.44
昆明	25.28	-0.08	8.13	1.42
哈尔滨	24.07	0	7.65	0.00
成都	24.89	0.12	18.89	1.40
青岛	22.67	-0.87	6.68	0.45
西安	25.58	0.31	9.10	-1.30
贵阳	22.64	-0.22	6.11	-0.49
太原	17.68	-0.45	4.31	0.12
济南	25.38	1.89	7.48	2.65
南昌	21.00	2.99	18.98	1.68
石家庄	19.43	0.05	17.46	3.23
兰州	21.29	0	4.83	0

资料来源：物联云仓。

可以看到，全国仓储空置率常年保持在15%以下，目前约为12%。高能级核心城市的空置率则非常低，实际上已经是一库难求，尤其在好的地段。

这说明开发/供应节奏是赶不上市场需求的。

作为一类不动产业态，从经营的角度看，仓储显然比购物中心、写字楼等业态好多了。

（一）仓储的业务特征

第一，建造工艺比较简单（相对于其他业态而言）。说白了就是造一个大盒子，供租赁方在里面存储及作业。

第二，造价可控（只是相对于购物中心、酒店、写字楼等业态而言），一个库的建筑面积在5万～10万平方米，同时由于可租赁面积占总建筑面积的比率非常高（至少90%，95%～98%都是常见的），使单位造价更低。一个库包含的土地成本与建安成本（房屋建筑成本和房屋设施设备安装成本的简称）是几亿元。

第三，"培育期"极短（或者几乎没有培育期），建成后很快就可以产生稳定的现金流，这和购物中心完全不同。

第四，运营/管理比较简单。仓储企业的人均管理面积可以很大，几十个人就可以管理很大的片区。因为传统上仓储供应商只管公域，不管私域——都是交给租赁方自行运营的。

第五，注重网络效应。仓储的难点不在于建造、培育、管理，而在于规模，在于网络，即能不能在区域或全国范围有足够的广度与密度。广度与密度越大，议价能力越强，越能给企业客户提供一体化的仓储解决方案，自然就越能引入好的租户。这一条特性，使仓储物流从先天看，2A的特征要弱于其他不动产业态，如果要比，那么更像零售网店、加油站、酒店。

第六，先天具有2B的特性。许多仓储需求都是来自电商、第三方物流、传统消费/零售企业机构的。仓储物流企业反过来去满足这些客户的需求。仓库很多时候是单一租户，而且是"定制库"，就是只给一家企业租用。很多物流、零售及制造业企业都希望轻资产化，选择租赁而非直接持有资产，因此也需要仓储企业去帮助持有资产。这种企业客户需求主导的特征，使仓储行业先天具有更加浓厚的 2B 色彩。

第七，驱动因素大多是内需，与新经济挂钩比较强。绝大多数不动产业态会受到经济产业结构调整的影响，或周期性业态比较强。例如，购物中心，会受到电商冲击；写字楼，会受到产业结构调整及经济周期的影响（例如互联网金融、教培行业被整顿）；产业园，会受到产业结构调整、国际贸易等的影响；酒店，受经济周期影响。但经过这么多年，仓储受到的影响非常小，因为驱动仓储需求的都是反映新消费需求的新经济，例如电商、第三方物流、零售及餐饮、高端制造等，而且基本都是内需、内循环。各种新的消费趋势对仓储都是利好（譬如大众对高质量生鲜食品的偏好，提升了对冷链仓储的需求等）。总之，多年看下来，经济社会越发展，人们对仓库的需求越大。这是一个非常好的行当。其实不仅集中式仓储发展很好，分布式仓储——从短期暂存的（前置仓）到个人储库——的未来前景也很好。

综上，可以看出，仓储物流是一个比较简单、易懂的行业，生意逻辑非常好。这也是国际资本市场特别青睐仓储的原因。企业只要达到一定的管理网络/规模，就可以快速发展。初期的瓶颈就是原始积累，投资建成一定规模数量的库，是要砸钱的。

（二）仓储业态在政策及资本领域的特征

仓储业态在政策及资本领域的特征也是最为核心的，本书不断讲到商业地产业态受住宅地产调控影响的问题。

在国家的行业分类里。仓储物流隶属单独类别，不属于房地产。

根据《国民经济行业分类》，各类仓储都放在"装卸搬运和仓储业"内[①]。根据证监会/交易所口径，仓储属于"交通运输、仓储和邮政业"一级行业分类下的"仓储业"二级细分行业分类[②]。这种分类使仓储物流不受房地产行业调控的影响。

并且，仓储物流属于大类基础设施，一直是政策高度鼓励的行业。所有落在房地产企业和资产上的限制，都没有影响到仓储物流。

前面说了这个业态在生意上的种种好处。现在发现，它还得到了政策鼓励，既有房地产/不动产的好处，又（正确地）没有被纳入房地产调控的大范畴，这就使仓储物流成为极少数广获资本市场追求的业态——无论是国内的，还是国外的，无论是权益的，还是固定收益的，无论是私募的，还是公开市场的，无不中意仓储物流。仓储物流的特征是：它是所有不动产业态里最容易撬动金融资源、构建"资本循环"的；生意模式没毛病，简单易懂，各种好；有不动产特质，仓储的租金可以抗通胀、抗周期，资产还能升值，适合长期持有，是险资最中意的；在核心城市与区域，基本是存量市场，资产高度稀缺，价值不菲；单个项目规模不大，比较容易处置，也容易为接手者管理，使得流动性好（大把人买）；受政策鼓励，不仅不受房地产调控限制，还符合政策导向，国资金融机构也愿意介入；被纳入中国公募REITs试点范畴，为构建完整的"资本循环"链条打通了最后的通路。

由于上述特征，使这个行业高度市场化，不仅如此，那些熟

---

① 参见 http://www.stats.gov.cn/xxgk/tjbz/gjtjbz/202008/P020200811606493723477.pdf。

② 参见 http://www.sse.com.cn/assortment/stock/areatrade/trade/detail.shtml?csrcCode=G。

悉金融/基金化运作的外资/国际背景机构，因为善于撬动金融资源及资本力量（譬如引入第三方股东、成立各种基金、利用REITs退出等），快速占据了先发优势。

过去一段时间不少人认为，仓储物流业的成功经验可以被复制到中国其他的不动产业态。当然这是没有看到仓储行业与其他业态的差异，以及中国房地产调控的政治政策复杂性。

（三）仓储行业的问题：租金收入的瓶颈问题

仓储行业并非没有挑战——还是我们讨论的老问题：光依赖租金收入，是否会遇到瓶颈？

从本质上看，仓储业态租金的收取逻辑还是偏2A的，这与库的地理环境有很大关系，同时，租金是固定的，与租赁企业动态经营情况无关。这与一般房地产业态，例如写字楼、酒店、公寓，都是一样的。购物中心能根据商家的营业额提成，只是一个特例，不具备普遍意义——因为商家将购物中心作为自己最主要的经营场所，购物中心实际上是一个"渠道"或"平台"，商家要对渠道支付"渠道费"或"过路费"。但其他业态不同，只是借个地方而已，不是面对终端客户的一线生产经营地。

因此，经过多年的发展，尽管高标仓储供不应求，租金连年上涨，但总体水平依然比较稳定。我一直有个印象就是高标仓的租金是1元/平方米/天。过了10多年，从全国平均水平看，还是1元左右（见图13-11）。

企业对物流成本是比较敏感的，仓储租金高，就会吃掉其利润，总体来说，负担能力是有限的。企业与仓储提供商签订的租约，其实也就是打败通胀而已。仓储提供商光靠收取租金，很难获取更多的经济收益。

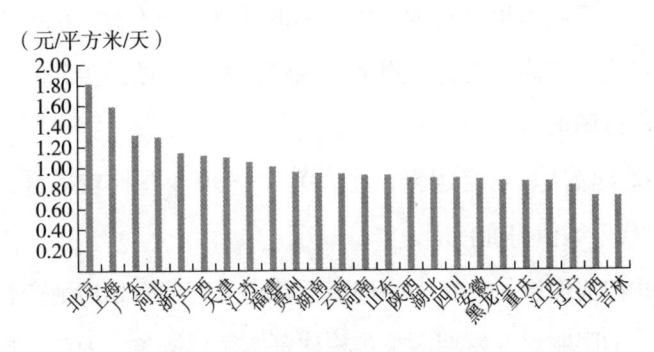

图 13-11　2020 年北京等地高标仓租金水平

对每个行业和赛道，总体市场规模都很重要。前面提到了全国 7 000 万~8 000 万平方米市场化高标仓的概念。如果每平方米每日租金 1 元，那就是 300 亿元左右的规模。相比可知，租赁住房市场规模是 2 万亿元，零售商业 1 万亿元，写字楼 1 万亿元，房地产开发 18 万亿元。这些年，全国范围的高标仓还是在增长的，每年在 20% 以上，但因为基数太小，使 20% 的增长显得"微不足道"，在很长一段时间里，总体规模还是非常有限的。

（四）突破仓储行业租金瓶颈的办法

具体而言，会有两个路径。

第一个路径是突破业态的限制，认为仓储物流领域行得通的经验，可以适用于其他不动产业态，可以利用金融化/资本化的方式，开拓新的不动产业态。

首先，这本质上是一种"美国式"的道路。资本是没有红绿灯的，可以随处通行，对任何一个资产或业态，都不需要考虑政治政策的限制，只要底层资产有现金流，就可以想方设法打通从融资、投资到退出的资本循环。哪怕国内短期不行，也可以通过离岸结构，在离岸进行，用美元融资，利用接续的美元基金或境外资本市场退出。

这个做法、这套逻辑，在"第二个30年"比较适合，但在"新时代"就值得商榷了。

我们前面讲了，在中国许多不动产业态都面临房地产行业调控带来的限制，在短期内很难构建资本循环链条。因此，投资的资产不一定能够顺利退出。一旦不能在一段时间内有效退出，就会影响整个投资逻辑（譬如流动性、资金长短期配置、IRR等）。利用离岸结构退出（例如境外REITs），不是一个很好的方式。一方面，这不符合不动产投资的货币、现金流、上市地、投资者匹配的基本逻辑。另一方面，还会面临政策监管风险。

其次，这种金融/资本驱动的思维可能会使企业进入自己本来并不熟悉的不动产业态及领域。说白了，隔行如隔山，中国每个不动产业态都有自己的特殊历史情况及政策背景。在一个赛道成功，不一定在其他赛道都成功。所有这些领域都是重资产的，一个赛道投不好，就可能影响全盘。这些年，许多中国企业集团出现问题，就是因为过度投资与扩张。

上面这些，不仅限于仓储物流，而适用于所有投资不动产的房地产企业。进入任何一个赛道都必须谨慎，要研究资本能否循环、政策环境如何、生意模式到底是什么、是资本导向还是运营导向。

最后，从投资者的视角出发。本来，仓储物流是一个非常完美的业态，简直是完美的生意模式，人们投资仓储物流项目、基金、平台，就是为了享有这个业态带来的诸多好处，但如果跨界，投资不相关、驱动力不同、政策环境不同、要求不同、能力不同、背景不同的业态，故事就不一样了，就不如专注于仓储那么有吸引力了。

总而言之，通过"增业态""跨业态"的方式突破传统高标仓的租金收入瓶颈，是一个要三思而行的路径。

第二个路径是做垂直，以仓库为原点和基础，在物流领域构建垂直能力，以触达更大的物流/供应链市场。

这个时候，仓储的运营商会看到，仓库就是一种空间、一种工具、一个场景，是更广泛的一体化供应链体系的组成部分。运营商可以围绕库的场景，从公域切入私域，为企业租户提供一切围绕"库"可以开展的广泛的产品与服务。

通俗地说，不仅是建盒子、造仓库后出租了事，而是发现库是租赁企业一个非常重要的业务环节，围绕库的场景，企业需要在库内做很多事情，并且库不仅是一个存储空间，还可能是一个生产空间/环节。

这些需求，并不是仓储运营商发明的，而是企业客户提出来的。仓储运营商要做的是挖掘、洞见这些客户需求，然后看看自己能够提供什么样的服务。

如果能够为租赁企业提供其所需的"增值服务"，就能帮助仓储提供商触达更广泛的物流/供应链市场。以物流为例，这是一个规模达15万亿元的市场（相较高标仓租金300亿元的市场）。仓储物流提供商要做的是参与和仓库相关的这部分物流业务，包括库内运营及库的周边活动。

相关的服务包括：一般仓储运营（一般的保税/非保税仓储、货运代理、出入库管理、库存管理、退货管理、不良品管理等），冷链服务（包括库内运营、运输及直销等），库内增值加工（贴标/换箱/质检、分拣、加工、包装、进出口管理、保管清关），库内运营的"BPaaS"（帮助租户选择、对接库内运营及服务各类第三方供应商），供应链集成（代/集采、渠道、跨境供应链解决方案），科技（适用于库内外管理的大数据、物业网等应用工具及平台），金融（代采、融资租赁、数字仓单），新能源（围绕仓储空间构建光伏发电能力，提供新能源解决方案，帮助企业完成"双减"）。

总之，凡是租户希望在仓储这个环节和场景中得到的服务，都是仓储供应商可以探索提供的。亦如前文提及的，围绕每个不动产业态做垂直，都要先构建核心能力，可以从客户的刚性及痛点需求开始，例如冷链、所有的库内运营、供应链金融等。

如果不能构建垂直能力，则可以考虑建立BPaaS平台（引入好的第三方服务机构），并开展生态体系投资，投资与库场景相关的企业、技术、解决方案。

仓储企业致力于发展基于"库"的物流垂直能力，不断迭代，最终会成为广义的物流及供应链解决方案提供商，在价值链上，做围绕"库"的生意。到那个时候，仓库将只是一种空间，一种基础设施，是整体物流/供应链解决方案的一个组成部分。对于仓储提供商而言，它的核心价值在于提供场景，利用库（及库的周边），帮助仓储运营商切入企业生产经营的私域，在私域里为客户提供增值产品与服务，获取更多的收益。

而从仓库租赁企业的角度看，如果仓储提供商能够不断提供库内服务，为库赋能，则仓库的功能也会逐渐升级：从简单的物流存储环节，拓展为生产经营的一个环节，即将一部分生产经营功能在这个阶段完成。

最后，有垂直能力的仓储企业自然就会变成物流/供应链解决方案提供商。到那时，自然会突破租金瓶颈限制。

中国一定会诞生若干家发端自仓储或房地产的综合物流解决方案提供商，构建出基于库的强大的垂直服务能力，以及基于库的服务体系。

笔者以为，从各个角度看，上述第二个路径（发展物流/供应链垂直服务能力）都远远优于第一个路径（寻求以金融化/资本化的方式扩大到不熟知的领域）。第二个路径也是符合中国国情的。

笔者以为，中国仓储物流行业的发展故事，将与中国所有不动产领域的故事一样，它将遵循"中国道路"，而非"美国道路"，即在垂直领域做服务，而非利用金融/资本无限扩张，将自己局限于投资及资产管理领域。

六、主题公园——运营极度复杂的行业，迭代需要IP

（一）旅游地产的分类及主题公园的特殊性

本章主要是写房地产行业及房地产企业的，所以在主题公园这一部分，主要还是从房地产企业的角度看，另外也会结合投资者及消费者的视角。

首先看看所谓"旅游地产"或"文旅地产"，这是一个大标签，涵盖了许多细分业态。先稍微排除一下。

一类是依托自然景区（例如海滨），打着文旅/旅游的旗号卖住宅地产的（而且市场定向卖给老年人，又套上"养老地产"的标签），还有打着"特色小镇"旗号进行地产开发的。这类模式，与传统房地产开发（通过住宅开发销售驱动商业地产）是一样的，就不讨论了。

一类是大型度假区（通常也依托自然景区），这类业务和酒店属于一个大行业，逻辑和酒店一样，只不过业态更复杂一些罢了。另外，一些设施项目可以纳入业态，例如配备一些游乐、水、雪等设施。但总体而言，这类业务是由酒店属性主导的，也不讨论了。

还有一些业态比较特殊，比如动物园（野生动物园、海洋动物园）。市场很大，面向亲子及教育，但属于更加细分的业态，有特殊的行业、市场、监管规则及国际标准，很难大规模开发，也不讨论了。同理适用于教育场馆（科学馆、博物馆等）。

同时，传统景区（譬如公园）里的游乐设施也不在讨论之列。

这里只讨论封闭的大型景区和园区，它们可以有配套的酒店及商业街，但业务模式是由景区和园区门票主导的。

大家可以想到一些品牌，例如国际知名的迪士尼、环球影城，国内的欢乐谷、华强方特等。特别是国际主题公园"大厂"——其覆盖人群范围已经不是一国之内的区域级别了，而是国际区域级的，譬如周边邻近的多个国家。

大家一般也不会认为迪士尼、环球影城是房地产/不动产企业，确实，因为这种主题公园虽然含有不动产，但与房地产行业差异非常大，属于大的文化旅游业。

但也由于主题公园包含复杂、多样的不动产业态，需要整合大量资源，将不动产的投资、设计、开发及运营完全融合，且要求非常长期的运营，因此实际上是所有不动产项目中最为复杂的，门槛极高。发展主题公园所需的许多资源目前中国甚至还都没有发展起来——譬如 IP（知识产权）。这个后文会详细说明。

（二）在中国，主题公园／封闭园区与房地产企业的关系

主题公园是重资产的，投资额巨大，不仅要开发不动产，还要购置大量设施和设备，之后还要聘请大量的人员持续运营、维护，并且要按需进行再投资，否则园区就会日渐凋零。

光靠门票可能算不过来账，这也使中国成规模的主题公园开发运营者大多和房地产有千丝万缕的关系：通过房地产解决投资回报和现金流的问题。大概有以下两类情况。

一类是某企业在初期开发了一个旅游项目，获得了成功，后来发现各地政府都希望发展旅游，都希望引入项目，都愿意提供土地，而且附带其他用地。结果，企业通过旅游项目去"勾地"，后来一边卖住宅、一边开发旅游园区。

另一类是在房企搞房地产开发时，越搞越大，项目都是综合用地，有上百万甚至几百万平方米，需要发展各种商业娱乐休闲业态，譬如室内雪场、室内水上乐园、演艺中心之类的（都可以属于商业地产里的细分业态）——这就开始介入旅游了。

很多公司表面上看是主题公园运营商，研究一下会发现，它们一般都有地产业务的支持。但是，与地产的联合是一把"双刃剑"。

一方面，与地产联合确实把主题公园投资的财务问题解决

了：销售住宅创造了回款和利润，提前"喂饱"了需要长期持有的主题公园。这和前文提到的通过住宅销售回款哺育购物中心的逻辑一样。

另一方面，房地产住宅开发销售的业务逻辑是投资思维、产品思维、短期思维，要求快周转，赚快钱（而且是有超额利润的快钱）。"投融管退"——核心要能退，退完了再去投。一旦引入了房地产开发销售的思维与理念，就会干扰、影响对运营和服务的专注。主题公园/旅游园区是几十年磨一剑，要求能够深耕与专注，这与住宅开发销售思维是冲突的。

因此，从运营的角度看，房地产思维带来的是一种负面干扰。

房地产企业转型难，就在于从"资产/资本导向"转向"服务导向"是很难的，是先天的"基因"问题。主题公园可能是距离传统地产投资开发最远的细分行业了，转型难度最大。

房企如果没有深入的思考和积累，不在思维、理念上做好重构的准备，是不应该贸然进入这个行业的。

（三）封闭式园区/主题公园的一些特征

1. 资本很难或无法循环

这里说的"循环"，不是指把项目拿去抵押，贷一些款回来，而是真正的回款：卖掉部分的股份/权益。

第一，本来就不易循环。主题公园投资额巨大、资产很重、所需的金额很大。市场竞争环境异常复杂，业务前景不好预测（除非遇到超强的运营商，类似迪士尼或环球影城这种国际大厂），市场化的投资群体本来就极为稀缺。开发商可以出售园区外的资产（即用房地产销售哺育主题公园的模式），但园区内的业态（例如商业）需要统一管理，不宜散售，最多就是租赁给第三方（就这样，还得保证不会因此折损服务质量，影响客户体验——这和酒店管理是一样的）。另外，园区内的业态往往有各种产权及合规问题，技术上就无法实现散售。

第二，如果是房地产企业介入做主题公园项目，且没有与房地产企业的主业做充分的切割与隔离，那么房地产企业受到的调控及融资限制也会影响主题公园业态的融资。

第三，国家并非不支持"旅游景区"的融资，但按照目前公募REITs的规定（"958号文"），要求必须是"国家AAAAA级旅游景区等具有较好收益的旅游基础设施"。这个政策表述距离落地还很远。一是很少有主题公园能达到AAAAA级资质；二是对如何定义"旅游景区"不明确，是封闭园区之内还是包含园区周边，AAAAA划定的范围是什么，边界在哪里；三是"958号文"规定了酒店、商场不属于试点范围，即园区内外的配套酒店、商场按理说都不应纳入；四是产权合规问题，许多园区不动产存在很多的产权瑕疵，目前看，其只可能以门票收益权而非不动产的形式纳入；五是运营及收入具有极强的不确定性，运营情况特别复杂，还受到各种经济周期及外部因素影响；六是运营成本极大，特别是对硬件设备要不断维护、返修，而且为了改善经营，还要非常主动地进行管理，譬如进行必要的升级、再投资，而不能坐收"租金"。这些重大的主动管理、投资决策及开支由谁来担负呢？是公募REITs的投资者，还是运营方？这都是很核心的问题。

公募REITs可能更加适合自然及历史景区，但不适合人工开发的主题公园。

无论如何，在现阶段，封闭式主题公园很难构建完整的资本循环，这是一个非常缺乏流动性的资产，开发商只要一介入，就要做好重度投资、资金长期沉淀的准备。

唯一有可能的投资者就是地方政府——为了支持项目，它可能在最初即以合资的方式介入，但开发商仍然需要持有自己的投资份额。

如果项目能够全部由地方政府投资，开发商只是轻资产运营，就能解决开发商的资金沉淀问题，但从地方政府的角度，也一定会要求开发商有自有资金投入，据此形成约束，保证其对项目的长期承诺。

2. 属地性/地域性非常强

主题公园这个业态，可能会有一些规模效应，但很难有网络效应，因为它完全是属地性的、地方性的、区域性的。这和购物中心等物理消费场所比较相似。一个深圳人平时去深圳欢乐谷玩一玩，还买了年卡，但当他到北京旅游时，应该不大会去北京欢乐谷玩。如果我们发现同一个人在同一年既到深圳欢乐谷又到北京欢乐谷游玩，那么这个人大概率是华侨城的员工、欢乐谷的供应商、调研人士，或监管部门、行业协会、专业机构的人，而不是普通消费者。

主题公园讲的是覆盖半径，覆盖周边客群的范围。不同园区的辐射力不同，譬如环球影城和迪士尼乐园的覆盖半径是全国性、国际性的，长隆这样的超大型景区可以覆盖珠三角地区乃至周边省份，一般的大型器械乐园、雪主题公园、水主题公园也就覆盖周边1.5小时车程的人群及来访本市的游客（但往往不足以吸引游客为此专程来访本地）。

中国的市场很大，但有个特点就是蓝海很快会变红海，开始在低维度"内卷"。游乐园市场也是这样，虽然还处在发展阶段，但各种陆上、雪及水主题的公园发展得也很快，开始出现阶段性饱和，内卷已经很严重了。即便不考虑疫情影响，大部分园区出于各种各样的原因其实也处在盈亏平衡或亏损的状态。

如果拟转型的房企此时还完全没有进入这个行当，没有构建过任何能力，从零开始，那么再进入就已经有些晚了。其实，除了与居住相关的租赁住房外，房企在绝大多数业态（如购物中心、写字楼、酒店等）面临的问题都是一样的，每个业态都是饱和的，有了头部企业，如果没有前期积累，现在很难起来。再者，中国的房地产已经进入下半场，也就是所谓的"青铜时代"，再想利用丰厚的住宅开发销售利润从零开始培育一个重资产赛道，是很不容易的。

3. 仅靠门票收入，每个主题公园都会面临收入瓶颈

门票属于"一次消费"，游客买了票就能进来玩，可以玩各种项目，以及看各种表演，这些都是门票的权益。如果再对游乐和演艺项目收费，会降低游客的满意度（有些园区还会把园内的一些项目承包出去再收园中园的门票，面对这种情况，客户的体验都很差）。

如果仅靠门票，那么收入瓶颈就是"门票 × 游客数"（哪怕游客里包含重复游玩的）。

对于门票，原来看过统计，大概是说，国际主题公园行业，门票瓶颈在 90 美元左右（500~600 元人民币），大部分园区就收 60 美元左右（300~400 元人民币）——这应该主要还是发达经济体里的园区。反正就是收个几百元人民币的门票，很难再多。收这几百元，还得让游客觉得物有所值，性价比可以接受，否则下次就不来了。

对于游客数，每个园区的接纳能力都是有限的，往往与其覆盖半径及规划的客群相关。游客数不可能无限上升，总有瓶颈，到一定数量就上不去了，而与此同时，景区也逐渐进入生命周期的后半段，需要大量的再投资和翻新才能重新振兴。国际大厂的园区（如环球影城、迪士尼乐园）的特征是有"撒手锏"能力，能够覆盖极广的人群（全国性和跨国性），长期吸引大量人群前来观光，且园区和单个项目的生命周期非常长，可以维持 10 年甚至更长时间。这些都是靠巨大的投资、超强的 IP、超强的运营支持的。

但即便是国际大厂，也面临门票瓶颈的问题，门票价格到 80～100 美元就收不上去了。这其实就是如何增加到访游客的"客单价"的问题，也是所有不动产业态运营中遇到的问题——酒店运营商希望突破基础房费，租赁住房运营商希望突破基础房租，住宅物业管理者希望突破基础物业费，写字楼和仓储物流业主希望突破基础租金，大家都希望利用自己的空间，为客户提供更多的产品与服务，从客户身上赚到更多的钱，获取更大的收益。

对于主题公园，解决方案就是给游客做"增值服务"，促使其进行门票以外的"二次消费"，扩大运营方的收入来源。

(四)提升游客消费水平及 IP 的价值

1. 收入构成

景区门票 = 基础服务 = 流量 = 一次消费。

门票以外收入 = 增值服务 = 流量变现 = 二次消费。

国际上的主题公园排名主要是基于游客数的,通过游客多寡评价一个主题公园的价值。

表 13-4 是 2019 年全球主题公园游客数排名。

表 13-4　2019 年全球主题公园游客数排名

排名	乐园名称	所在地	同比变化（%）	2019 年游客数（人）	2018 年游客数（人）
1	迪士尼神奇王国	美国佛罗里达州	0.5	20 963 000	20 859 000
2	迪士尼主题公园	美国加利福尼亚州	0	18 666 000	18 666 000
3	东京迪士尼乐园	日本东京	0	17 910 000	17 907 000
4	东京迪士尼海洋	日本东京	0	14 650 000	14 651 000
5	日本环球影城	日本大阪	1.4	14 500 000	14 300 000
6	迪士尼动物王国	美国佛罗里达州	1.0	13 888 000	13 750 000
7	迪士尼艾波卡特	美国佛罗里达州	0	12 444 000	12 444 000
8	长隆海洋王国	中国珠海	8.4	11 736 000	10 830 000
9	迪士尼好莱坞影城	美国佛罗里达州	2.0	11 483 000	11 258 000
10	上海迪士尼乐园	中国上海	−5.0	11 210 000	11 800 000
11	环球影城	美国佛罗里达州	2.0	10 922 000	10 708 000
12	环球影城冒险岛	美国佛罗里达州	6.0	10 375 000	9 788 000
13	迪士尼冒险乐园	美国加利福尼亚州	0	9 861 000	9 861 000
14	巴黎迪士尼乐园	法国巴黎	−1.0	9 745 000	9 843 000
15	好莱坞环球影城	美国加利福尼亚州	0	9 147 000	9 147 000
16	爱宝乐园	韩国首尔	12.9	6 606 000	5 850 000
17	乐天世界	韩国首尔	−0.1	5 953 000	5 960 000

续表

排名	乐园名称	所在地	同比变化（%）	2019年游客数	2018年游客数
18	长岛温泉乐园	日本长岛	0.5	5 950 000	5 920 000
19	欧洲主题公园	德国鲁斯特	0.5	5 750 000	5 720 000
20	香港海洋公园	中国香港	−1.7	5 700 000	5 800 000
21	香港迪士尼乐园	中国香港	−15.0	5 695 000	6 700 000
22	艾夫特琳主题公园	荷兰卡茨赫弗尔	0	5 400 000	5 400 000
23	巴黎迪士尼影城	法国巴黎	−1.0	5 245 000	5 298 000
24	北京欢乐谷	中国北京	29.6	5 160 000	3 980 000
25	长隆欢乐世界	中国广州	4.8	4 905 000	4 680 000
2019年排名前25的乐园游客总数			—	253 864 000	251 120 000

资料来源：国际主题娱乐协会（TEA），AECOM经济咨询团队。

长隆、欢乐谷亦在其列。但大多由两个坐拥IP的国际大厂——迪士尼、环球影城主导，在前15名中占据了大多数席位。北京环球影城是一个新的目的地，等疫情影响消退后，国际旅游行情变好，应能够跻身国际前10甚至前5。

游客可以带来门票（一次消费），但门票只是收入的一部分。首先，如果园区够大，那么游客一天玩不完，要在园区附近住宿，这就有了酒店/度假的需求。我们前面关于酒店的内容讲了，酒店收基础房费，此外还有围绕住宿场景的大量增值服务。其次，游客进到园区里，还要消费餐饮、买商品，进行各种"二次消费"。总之，运营方要在每个游客（流量）身上赚到更多的钱。

有句话说，"迪士尼乐园收1元门票，要赚9元其他收入"。实际情况大概如图13-12所示。

	财报年度（百万美元）		
	2019年9月28日	2018年9月29日	同比（%）
收入			
主题公园门票	7 540	7 183	5
公园里的商品、食品、饮料	5 963	5 674	5
酒店与度假	6 266	5 938	6
特许经营的商品及零售	4 519	4 249	6
特许经营的公园及其他	1 937	1 657	17
收入总额	26 225	24 701	6
营业费用	(14 015)	(13 326)	(5)
销售支出、一般性支出及管理支出	(3 133)	(2 930)	(7)
折旧与摊销	(2 306)	(2 327)	1
被投资方亏损的权益	(13)	(23)	43
营业收入	6 758	6 095	11

图13-12　迪士尼2019年财报——主题公园、体验和产品业务情况

资料来源：迪士尼。

从图13-12可以看出，2019年迪士尼主题公园相关板块的年收入为262.25亿美元，其中：主题公园门票，75.4亿美元（约29%）；公园里的商品、食品、饮料，约60亿美元（约23%）；酒店与度假，62.66亿美元（约24%）；特许经营的商品及零售，45.19亿美元（约17%）；特许经营的公园及其他，19.37亿美元（约7%）。

前面三项是直接对C端（终端消费者）收取的，合计约200亿美元，后面两项主要是对B端（企业/合作机构）收取的，合计60多亿美元。穿透看，无论直接还是间接，最后的收入都来自C端，门票仅占总收入的三成。

迪士尼有一个特点是园区都比较大，人们可以多玩几天，因此就有了酒店业务，占收入的1/4。如果把酒店剔除，门票约占收入的四成（37%）。

再看看人均支出情况，2019年排名前10的全球主题公园集团的全年游客数如表13-5所示。

表 13-5 2019 年排名前 10 的全球主题公园集团游客数

排名	乐园名称	同比（%）	2019 年游客数（人）	2018 年游客数（人）
1	迪士尼集团	-0.8	155 991 000	157 311 000
2	默林娱乐集团	0.9	67 000 000	66 400 000
3	中国华侨城集团	9.4	53 970 000	49 350 000
4	环球影城娱乐集团	2.3	51 243 000	50 068 000
5	华强方特	19.8	50 393 000	42 074 000
6	长隆集团	8.9	37 018 000	34 007 000
7	六旗集团	2.5	32 811 000	32 024 000
8	雪松会娱乐公司	7.8	27 938 000	25 912 000
9	海洋世界娱乐集团	0.2	22 624 000	22 582 000
10	团聚公园集团	6.2	22 195 000	20 900 000
全球排名前 10 的主题公园集团		4.0	521 183 000	501 228 000

资料来源：国际主题娱乐协会，AECOM 经济咨询团队。

从表 13-5 可以看出，2019 年迪士尼全球游客合计约 1.56 亿人。如果简单地按收入 262 亿美元计算，可以得出人均开支 168 美元。如果把酒店板块的 60 多亿美元剔除，得出人均开支 127 美元。

按大数基本如此，迪士尼的乐园，人均开销 100 多美元，其中三成至四成为门票，其余购买商品和餐饮。

所以它们的模式很清楚，先提高游客量，游客量就是流量，有了流量再通过二次消费变现。

为了提高游客量，主题公园运营商会推出各种折扣票，例如年票。游客虽然是买了打折票进来的，但由于商业逻辑是基于二次消费变现的，所以只要把客人带进来就有好处。

国际上对主题公园都是按照游客量进行排名的，国内一些运营商为了提高主题公园的国际排名，会把游客量作为 KPI，变成目的而非手段。这时,不仅会提供年票等折扣票,甚至会在淡季对特定人群(例如老年人)免费开放,以提升游客量,帮助提升排名。

但这是有问题的。一方面,不能把提升游客量作为单一目的,游客量太大,就会产生拥挤,其实是不利于二次消费的,甚至会影响游客再次游玩的意愿。富有经验的国际大厂都会试图寻找一个比较理想、"均衡"的游客人数,最终目的是最大化单一游客的消费。另一方面,如果运营商缺乏挖掘二次消费的能力,那么带进来再多的游客也没用,相反,还会降低游客的体验。

因此,从表面上看中国本土主题公园的游客很多,但和国际大厂做的其实不是一种生意。

举例而言,榜上排名第24位的华侨城北京欢乐谷,2019年游客数为516万人,全年的营业收入大概是5亿元,人均开支是100元。这是比较有代表性的情况。

排名第21位的香港迪士尼乐园,2019财年(2018年9月至2019年9月)游客数650万人,收入60亿港元(2019年下半年受香港"黑暴"违法事件影响较大)。人均游客开支923港元(根据当时的汇率约为118美元或830元人民币)。

这和前面估计的迪士尼乐园人均100美元的数字大致对得上。

可以看出,同样是500多万名游客,同样是主题公园,在排名上处于接近的位置,但大家做的其实并不是一种生意。

从财务的角度,确实可以说迪士尼乐园的投资额远比欢乐谷大,日常运营开支也很大,培育期很长,所以尽管人均消费比较高,但回报不一定好,短期内单店可能会亏损,而欢乐谷单店是有盈利的。

但迪士尼乐园是更大的投资，金额大，周期长，乐园持续经营的生命力强，项目的生命周期也长。迪士尼也不会再在中国修建第三座，上海、香港迪士尼一北一南，再加上东京迪士尼，足以覆盖整个东亚区域市场。迪士尼乐园一定是高度稀缺的，可以长期维系。而无IP的大型陆上器械游乐园，在消费升级及激烈的文旅竞争下，如果不持续做升级改造，会发现游客逐渐遭遇瓶颈并下滑，而如果缺乏IP的支持，在生命周期内通过二次消费做流量变现的能力也不强。如果园区表现下滑，二次消费能力提高不了，再通过折扣票、免费票刷单提升游客量以保住排名，那么这个游乐园就进入生命周期的后期了。越发展到后面，与国际大厂的差距就会越大。并不是说国内运营商不想做成环球影城或迪士尼这样的，而是因为这些运营商缺乏核心资源——IP。

2.二次消费及IP的价值

要让游客进行二次消费（流量变现），就要看主题公园的运营了，比如说服务好不好（人员培训、服务意识等）、是否满足需求。另外就是商业规划是否合理、业态是否足够丰富（譬如有丰富的零售、酒店业态），这就要求园区规模足够大，业态足够丰富、足够复杂，也是钱堆出来的。

但这些都只是必要条件，而不是充分条件。最核心的东西还是IP。

同样是餐饮，有IP和没有IP也不同，例如环球影城卖的小黄人雪糕、黄油啤酒，迪士尼乐园卖的米老鼠雪糕和唐老鸭雪糕，单价都是几十元，有非常高的附加值，利润率极高。但游客不觉得是坑钱，会自主购买，买了还很高兴，会拍照并上传到社交媒体上，觉得是一个不错的体验。

没有 IP 怎么可能做出这样的东西呢？

另外就是沉浸式体验。环球影城的餐厅，都是各种主题。比如哈利·波特园区的三把扫帚餐厅，里面有非常强的装修主题，卖各种英伦风味小吃（例如炸鱼薯条），服务员也会入戏，称呼访客为"麻瓜"。同时，菜品并不一定会比其他非 IP 主题公园的贵，还在可以负担的范围内，但提供了很好的沉浸式体验。游客觉得必须到这些餐厅吃一顿才算玩得好，这还给乐园制造了重游率/回头率。

没有 IP 是做不出来的。而如果主题公园运营商卖的东西稍微贵一点，譬如一根雪糕卖 20 元，那可能根本没人买；如果一顿饭的价格贵了，游客还会抱怨公园宰人。这是因为没有 IP，吃饭就是吃饭，吃饭本身不是沉浸式体验的一部分，游客很容易和园区形成对立关系。

再有就是商品/纪念品。

主题公园其实就是一个很大的购物场所，有了 IP，主题公园就可以围绕 IP 卖各种所能想到的商品——衣帽，玩具，各式摆件，生活用品，能想到的应有尽有。由于有了 IP，这些产品对粉丝而言就有了内容，有了收藏和纪念价值，能够卖出高附加值。

没有 IP，产品就不好卖了。从一个无 IP 的骑乘项目出来经过纪念品店，看到一大堆普通且无特色的产品，游客只想赶紧穿过。小朋友叫住妈妈说："我想要那个娃娃。"妈妈会说："这玩意儿不是哪儿都有吗？而且设计得一点也不好看。别在这儿买了，这里还老贵。"于是拉着小孩赶紧走了。

笔者觉得，以中国消费市场今天的发展水平，如果一个主题公园没有好的IP，就不要去生产那些普通商品了，最后留着一堆存货卖不掉，只会造成资源浪费。

综上，主题公园不应该着急做"流量变现"，应该先认真研究一下不能变现的瓶颈到底在哪里。

3. 重游及IP的价值

最后，就是重复性的一次消费（重游）。好的主题公园有丰富的内容，让游客一次玩不完，而且会怀念游玩时的感觉，然后不断重游。

年票就是鼓励本地游客不断重游的手段，这其实是一种所谓的"价格歧视"：对从没有来过，未来也不可能高频访问的外地游客，让他们买原价票；对已经来过的本地游客则实行降价优惠，鼓励其重复游玩。

游客每次重游，一定会带来二次消费。

像东京迪士尼，重游率非常高，一个乐园，相当于每个日本人去过4次。

前几年笔者去大阪环球影城，是工作日去的，人非常多，大部分是年轻人，估计都是本地的年票游客。他们喜欢待在乐园里面，有各种COSPLAY（角色扮演）、奇装异服，有许多人照相、聊天，把乐园变成了一个社交场所。想来人们可能觉得这里可以逃离压抑的大都市吧。

除了有折价票以外，还可以依靠什么去吸引重游呢？当然是要有好的项目、好的服务、好的体验。但关键还是IP。

骑乘/器械项目。光靠感官刺激，一个项目玩几次就腻了，而且这些设备造价昂贵，维护和运营成本不菲。但有IP就可以升华项目，将其体验由简单的感官/身体刺激提升到一种精神享受。把 IP 完全沉浸到项目里，不是贴几个形象就可以的，而是需要很大的投入，是一种需要原始 IP 大量支持的再次创作。但一旦做成，就可以延长项目的生命周期。国际主题公园大厂的项目，每个项目研发出来，都可以延续很多年（十几年甚至更长），在更长的周期及更广的范围（全球）收回投资。

环境。IP 可以让主题公园的空间及环境与游客有更好的连接。而且基于电影的 IP，不仅有物理环境，还有电影配乐，给人提供全感观的体验。比如人们一进入环球影城的侏罗纪园区，就会看到热带丛林的景观并听到电影《侏罗纪世界》的音乐；一进入哈利·波特园区，就能看到电影《哈利·波特》中的街巷、城堡，也能听到电影中的音乐。这可以立即把游客带入不同的世界，勾起各种想象与回忆。游客（特别是重游客）不一定要去玩骑乘项目，就是到处逛一逛，拍几张照片，感受一下氛围，然后在主题餐厅里吃顿饭，就很高兴了。笔者在大阪环球影城，看到很多年轻人就是纯粹来这里逛一逛，把乐园作为社交场所。

演艺。一个大型演艺节目，哪怕与大 IP 没有连接，开发成本也是很高的，耗资动辄几亿元，跟拍一部电影差不多，而且每过几年还得改版升级，每次都花不少钱，但仍然缺乏大 IP 所能提供的故事内涵和吸引力，搞来搞去也就是一些特效和舞蹈。观众可能看一两次就没兴趣了。此外，这种无超级 IP 支持的演艺节目与主题公园的环境（也缺乏 IP）很难建立联系，也很难对观众形成吸引力。如果有大的 IP 支持就不同了，粉丝可以通过观看演出，沉浸到内容 IP 里，找到看电影的感觉。环球影城有一个表演项目叫"未来水世界"，是根据 1995 年的同名电影推出的表演项目。

这是一个经典的 IP 再创作，成就远远超越了电影，简直可以说当年的电影就是为了打造这个表演而拍的。不过反过来，没有原始电影 IP 的支持，也很难做出这样一个经典的项目。

超级 IP 都是在很长时期（往往数十年）里发展积淀而成的，一般都会跨越年龄段，即父母一代（甚至爷爷奶奶一代）和孩子都知道、都喜欢、都能一起欣赏。譬如迪士尼，很多 IP 跨越大半个世纪，全家人都耳熟能详。这样的 IP，当然可以更好地吸引家庭游客。

主题公园已经变为超级 IP 生态的一部分，是既有 IP 的宣传渠道与推广工具，不断地培育年青一代的追随者，将他们始终吸附到 IP 生态里。

如果没有 IP 支持，陆上器械/骑乘游乐园是很不好做的生意，主要有以下五个原因：一是大型骑乘设备都是固定资产，需要折旧（一般要 10 年或更长），每年会折损价值；二是有比较高的持续维护和运营成本；三是如果没有 IP 支持，单靠感官体验，游客比较容易丧失新鲜感与刺激感，运营商每过几年就需要投资新的设备；四是单纯追求生理/感官刺激的项目一般可能也更危险，一旦出现事故，对游乐园的负面影响很大；五是器械/骑乘的游乐形式可能被其他娱乐形式所分流——一切新的娱乐方式、生活方式都可能是竞争者，譬如在家打网游。

如果没有国际大厂下场竞争的话还好，但如果有了比较和选择，那么缺乏 IP 的主题公园的持久竞争力就会大大下降。

没有 IP 是一个很痛苦的状态，投资方花的钱并不少，还要保养设备，不时投资新设备，要构建和维护一个庞大的服务团队，要不断开发新的演出项目。有可能之前的投资还没回本，为

房地产转型与重塑 / 332

了应对竞争，吸引游客，又要进行新的投资，周而复始，永远没有止境。

（五）IP：国内主题公园的瓶颈

中国经济不断发展，人们的消费需求也不断发展，过去的形式慢慢就不能满足人们日渐增长的需求了。这些年，人们意识到"有IP很重要"；逐渐地，会进一步认识到，IP可不是一个"有"或"没有"的问题，而是需要有什么样的IP的问题，是IP好不好、厉不厉害的问题。

何为好的IP？笔者认为，好的IP应该是"内容IP"，不能是简单的形象/造型（"人物IP"）。内容IP就得有故事、有剧情，主角要讨人喜欢，要么可爱，要么帅，要么美，得有吸引力。现在很多国产IP的造型还是不够有吸引力，达不到人见人爱的程度。主角最好有多个，人物线要丰富一些，有前世今生，有庞大的世界，有厚度。所处的背景世界要"脱世"一些，例如历史、魔幻、虚拟主题，不能太现实，场景与现实生活不能完全一样。最好有探险、冒险、斗争等刺激性比较强的主题，或者娱乐性非常强也可以，这样才易与主题公园衔接。要有全感官性。不仅要有人物形象、故事、场景，还得有人们熟知的主题配乐。显然，只有影视作品才会有这种全感官效果。要有流传广泛的、有厚度的文化作品支持，包括小说、漫画、电视剧、电影等。要已经形成比较固定、庞大且忠诚的粉丝群体，这些粉丝可能是多年培育的，跨越年龄段的。粉丝群体规模较大，甚至超越国度，那么自然可以为主题公园吸引更多流量。如果能触达年纪更大一点的群体，则受众更多，例如青少年、青年等。他们老了以后还会喜欢。大家想想国外大 IP 如《哈利·波特》《星球大战》的受众——这样覆盖范围更广。但也不能太过成人化，比如《权力的游戏》《行尸走肉》，这种也是大 IP，但不适合全家/亲子活动。

能够带来流量的 IP，一般的"好"还不行，得是超级 IP。有了超级 IP 之后，不是贴几张照片、做几个玩具就可以了，还得做二次创作，要结合人物及剧情，与主题公园的环境布置、骑乘项目、演艺项目深度融合，这往往需要原始 IP 团队的参与。

有了好的 IP，所有的项目就都不一样了。迪士尼、环球影城摸索出这条路，也各自用了大半个世纪的时间。

超级 IP 掌握在谁手里呢？目前，超级 IP 基本都是美、日、英等发达国家"研发"出来的，掌握在国际巨头文化集团手里。甚至很多中国元素的 IP 都掌握在它们手里，譬如《功夫熊猫》《花木兰》等。

中国也有一些 IP，但深度、厚度、吸引力都还不够，很多还是面向低龄儿童的。

要看到，欧美日这些超级 IP 都是花了很长时间才养成的，基本成为所谓的媒体特许经营。大部分 IP 是无数个团队几十年努力的结晶。例如，那些时间久远的大 IP——《米老鼠》，1928 年诞生，到 2023 年已经 95 年了；《唐老鸭》，1931 年诞生，92 年；《白雪公主》（迪士尼版），1937 年诞生，86 年。

大多数 IP 发展的情况是，先有了小说或漫画，然后被改编拍成电影、动画片、电视剧等，取得更广泛的成功，获得更广泛的受众。超级 IP 作为媒体特许经营，已经变成一种可以持续衍生发展的内容平台。

举一些英美的例子（括号里一般只列出出现的首年）。

首先是电视动画片，比如《变形金刚》（1984—1987年），比较特殊的是先有玩具，再有动画片，再发展出漫画、衍生动画片、多部电影（2007—2018年），还有《辛普森一家》（1989年）、《芝麻街》（1969年）

其次是漫画，很多IP最早是从漫画开始的。《蝙蝠侠》（1939年）、《蜘蛛侠》（1962年）、《超人》（1938年）、《复仇者》（1963年）、《钢铁侠》（1963年）、《花生豆》（1950年），这些漫画都经过了大半个世纪的发展。

再次是电影，例如《星球大战》（1977年）《回到未来》（1985年）、《E.T.外星人》（1982年）、《小黄人大眼萌》（2015年）、《功夫熊猫》（2008年）、《狮子王》（1994年）、《汽车总动员》（2006年）、《玩具总动员》（1995年）、《加勒比海盗》（2003年）……数不胜数。只要电影影响力大，能够与主题公园结合，就具备转化的可能性。

然后是小说，不少影视IP最早来自小说，小说的内容功底更厚实。例如《侏罗纪公园》（1990年）、《指环王》（1937年）、《007》系列电影（1953年）、《哈利·波特》系列电影（1997年）。其中，《哈利·波特》是发展很快的一个超级IP，一共七部小说，1997—2007年推出。电影同步拍摄（2001—2011年）。但前后看，完整塑造这个IP也用了14年时间，从最初诞生到现在已经有25年了。

最后是电视剧，超级IP可以从电视剧发展起来。典型的跨媒体制作有《星际迷航》（1965年）。实际上各种热门美剧都是IP资源，也有转化的可能性。但作为主题公园的IP，内容需要大众化、健康才行，不能太成人化，另外要魔幻一些，不能太都市化。很多剧其实是大 IP，譬如《权力的游戏》《行尸走肉》，但因为内容过于成人化，不太适合主题公园。

以上只是举一些例子示意。

日本也是超级 IP 大国。因为日本文化与中国文化有相似之处，所以中国人对于一些日本 IP 有很高的接受度。举几个代表性例子，比如《哆啦 A 梦》（1969 年），先有漫画；《奥特曼》（1966 年），先有电视剧；《宝可梦》（1996 年），先有动画片；Hello Kitty（凯蒂猫，1975 年），先有形象 IP；《超级马力欧兄弟》（1981 年），先有游戏；《龙珠》（1984 年），先有漫画；《面包超人》（1973 年），先有儿童图画书；《机动战士高达》（1979 年），先有动画片；《吃豆人》（1980 年），先有游戏；《游戏王》（1996 年），先有漫画；《最终幻想》（1987 年），先有游戏。

此外，还有《圣斗士星矢》《名侦探柯南》《航海王》《火影忍者》，这类经典有很多，不胜枚举，人们可以自行挖掘。

另外，宫崎骏的电影，每一部其实都是一个大 IP，尤其是里面除了人物、剧情、场景外，还有精良的配乐。只要做，肯定能火。

日本 IP 的特征是，除了很多从动画片/漫画衍生出来的以外，有一些完全是根据形象 IP 衍生出来的，先有形象后有内容（譬如 Hello Kitty），还有一些是根据游戏衍生出来的，典型的如《超级马力欧兄弟》。

IP 就是文化旅游产业价值链的最上游，可以在维度上竞争及防守、降维打击对手。这些 IP 大都掌握在发达国家手里，这使它们可以在全球文化产业里获取最大利润。说白了，大家都是在为这些发达国家的 IP 付费而已。

而且 IP 不仅有商业价值，还是一个国家软实力的代表。每个 IP 都在对外以非政治的娱乐形式宣讲自己国家的故事，是最大的外宣。

可以看出来，超级 IP 也是国力的象征。

中国确实缺乏好的 IP。要向文化产业价值链的高端推进，就要开始发展有影响力的 IP 了。但一定要知道，超级 IP 不是一天就能发展起来的，美国和日本的那些大 IP 都有好几十年的历史，既要有创作的灵感，又要有长时间的经营与付出，是长期主义导向的事业。

随着中国文化产业的不断发展，最终一定会形成自己的大 IP。有了好的 IP，主题公园才能慢慢发展起来，甚至有朝一日还可以走向世界。

这就是美国在做的——在北京、上海、香港通过建设主题公园输出美国的文化及软力量。连北京环球影城里中国概念的"功夫熊猫"，也还是美国的 IP。不过，只要中国有了自己的 IP，就可以去竞争了，用什么样的渠道都可以，例如未来可以把中国 IP 引入国外的环球影城或迪士尼乐园项目里。日本已经做到了，环球影城如今正在多个国家的乐园里复制大阪环球影城的"超级任天堂世界"项目。

反向逻辑则是不通的：一个拥有开发商背景的企业，为了投资经营好主题公园，去投资发展国产 IP，希望一下就能做出来，马上反哺主题公园——这是投资驱动、短期主义导向的，不可能成功。没有任何大 IP 是这样做出来的。

IP 的发展，需要一个国家文化产业与能力的整体发展。

中国有没有国际能级的 IP，特别是青少年和成人喜欢的

IP？应该是有一些候选项目的。我觉得《三体》就不错，因为它先以小说的形式出现，内容有厚度和深度，也已经有了一定的基础受众，这是一个很好的基础。但光有小说还不够，还得拍成有国际影响力的一流电影才行，有了电影才会有视觉化的形象、场景以及音乐，进行进一步的传播，并为主题公园打好基础。

另外，形象IP、游戏IP可能是中国IP在短时期内可以有所突破的领域。这是可以效仿日本的，也是中国发展的方向。

到这里，可以清楚地看出，一个国家自主主题公园产业的发展与升级，归根结底依托的是本国文化产业的发展，驱动主题公园发展的也只能是文化集团。

因此，迪士尼、环球影城两个国际主题公园大厂不是不动产商，而是巨头文化传媒集团，是全球最大的内容生产者及IP资源的所有者及整合者。

对于这些集团而言，主题公园也只是更大的文化产业的组成部分之一——主题公园实际上为文化产业提供了线下场景，其功用不仅仅是把IP进行变现，同样重要的是，通过对IP的再创作，通过在IP与客户之间建立直接的物理联系，为IP培育粉丝。例如，小朋友本来没看过《哈利·波特》，到环球影城玩得很高兴，就开始看《哈利·波特》了，结果完全被这个IP吸引，开始看电影、买书、买道具，并到环球影城不断重复消费。

如果运营主题公园的企业能够完全掌握IP，那就可以对新进粉丝未来在IP生态体系里的消费实现闭环。

主题公园就是IP的线下宣传渠道。

也可以看见，房地产/不动产投资开发能力只是主题公园所处的更大的文化产业链里的一个组成部分而已：为IP的线下落地营造物理载体、空间、场景。房地产能力是文化集团需要整合、利用的重要资源，但房地产能力不能也不应成为主导的一方。

这是本节的重点。在主题公园这个高度依赖运营与服务，亟待IP赋能的领域里，房地产企业一定要看到自己的局限性，要"摆正"自己的位置。中国的主题公园行业能否发展起来，能否建成媲美迪士尼与环球影城这样的国际大厂，瓶颈不在于房地产企业/行业，而在于中国文化产业的发展。

七、冰雪——探寻不那么依赖IP的赛道

有一些细分游乐园业态，虽然也是重资产开发，但对IP的依赖更低，市场也足够大，是可以探讨的。（当然了，有IP始终会更好。）

举一个例子：冰雪主题公园。

一个大型冰雪主题公园可以包含各种细分的产品与服务，例如最基础的滑雪（偏向体育/锻炼），以及娱雪项目（偏向游玩）、演艺项目（观赏/娱乐）。

如果项目离市区较远，可以加上更多的业态，譬如水主题公园，然后再配以酒店住宿。园区要够大，项目够多，离市区够远，才能吸引游客留宿，创造更大的经济价值。

冰雪主题项目为什么好？大致原因如下。

（一）冰雪主题公园的优势

1. 国家政策支持

中国的冰雪运动是比较落后的，从官方投入到群众参与度都

比较低。2015年，北京获得2022年第24届冬季奥林匹克运动会举办权，引发过去几年冰雪行业的发展，例如，大量雪场被兴建起来。随着冬奥会的成功举办，形成了良好的示范和带动效应，政策肯定会继续支持冰雪竞技体育及冰雪行业的发展。

2. 市场潜力巨大

中国旅游研究院发布过《中国冰雪旅游发展报告（2021）》，2020—2021年冰雪季，我国冰雪休闲旅游人次达到2.3亿，冰雪休闲旅游收入超过3 900亿元。以后的方向，是往3亿人乃至更大的市场发展。冰雪旅游收入应该可以达到几千亿元。但重点发展的不是一次性体验客群，而是重复参与的核心客群。

3. 季节性弱

季节性弱主要指的是室内雪场，一年四季都可以去玩。冰雪项目的季节性主要是和水上项目比较的，一般天冷的时候，即便有暖和的室内水场，人们也不太愿意游泳。但雪就不同了，热的时候也可以去室内雪场滑雪。

4. 产品与服务的提供有门槛，且不容易找到替代品

冰雪有特殊的自然特征，人类围绕冰和雪可以产生许多休闲、健身及娱乐活动。但关键的是，大自然里不容易找到冰雪，在大多数地方，要触达这项活动，需要人为打造场景，这是有门槛的。此外，冰雪作为目的性场景的替代性不多，譬如一个水主题公园的功能可以很容易被小区或附近酒店里的游泳池所取代。

5. 滑雪可以强身健体、修炼能力，同时没有那么强的竞技性和目的性

年纪大的人滑雪可以锻炼身体，作为一种业余爱好和"修养"，小朋友可以强健体魄、锻炼意志。所有滑雪者都可以通过不断练习，实现能力与技巧的升级，但相较其他运动而言（包括滑冰），滑雪更加自由和轻松一些，没有那么强的竞技性和目的性（例如考试、比赛）。

6. 适合不同能力的人群，所有人都可以找到乐趣与挑战

不同阶段的滑雪者适合不同难度的雪道，无论能力如何，总能找到适合自己的雪道，也能在其中找到乐趣和挑战；雪道根据难度划分后，自动就将不同能力的人区分开来，互相没有干扰。这和其他个人运动（例如游泳）有很大不同。

7. 自成一个生态体系

冰雪是非常特别的自然生态，人类可以与冰雪有许多形态的互动，亦如前所述，每一个项目都缺乏替代性，都必须到冰雪场馆来，因此，冰雪乐园可以构成体系，从基础的滑雪，到各种各样的娱雪项目与表演。项目越多、越丰富，彼此的协同就越大，对游客的吸引力也就越强。

8. 全家 / 亲子活动

滑雪适合各个年龄段，尤其是家长可以带小朋友去雪场，练练滑雪、玩玩项目，家长自己也可以玩，将娱教体和培养家庭感情全面结合，是非常好的出行消费安排。

9. 增值服务潜力大，客单价高

增值服务有很多，例如直接与雪场景相关的：教练，教不同级别的滑雪者如何滑雪，一次可能数百元；装备，如果要游泳，穿泳衣就去了，成本可以降到最低，滑雪则是要行头的，初级者可能选择租用设备，发烧友可能会自购设备，如果买品牌货的话，价格还不菲，冰雪乐园可以提供触达滑雪装备等产品与服务的巨大市场的机会；餐饮；住宿（特别是边远景区／园区）。

滑雪是高消费的，即便不涉及住宿，去滑一次雪，花上千元也不奇怪。

10. 国外模式成熟

冰雪产业在发达市场已经非常成熟，有大量的成熟运营商，有可以广泛借鉴、效仿的业务模式。只要充分研究国外经验就不至于走大的弯路。

11. 非 IP 主导（不用过度依赖 IP）

有超级 IP 当然会加分（前提是深度代入 IP，而不是贴两个贴画或摆几个玩偶）。但对于滑雪、娱雪来说，雪是最重要的，IP 是锦上添花。再结合国际经营看，投资者及运营方可以放心，这个赛道与主题公园不同，不会因为缺乏 IP 而面临发展困境。

（二）冰雪主题公园的问题

当然了，对于有房地产背景的企业而言，也存在一些问题。

1. 不易构建资本循环

这类业态很难或无法构建资本循环链条，投资者投资后，基本要长期自持，这在进入行业前就要做好准备。如果是有开发商背景的企业，原始项目积累一定是通过住宅开发销售的利润/回款"养成"的。

2. 地域性比较强，彼此缺乏协同效应

一个地方不需要太多的雪场，每个雪场的覆盖范围可能也就是1~1.5个小时的车程，不同城市的项目也缺乏协同效应。另外按中国的市场特征，什么东西都容易很快进入红海——无序的内卷。因此，先做雪场是有先发优势的。后进者只能通过做好以下六个方面来参与竞争：一是更大的绝对规模；二是更多的产品，包括滑雪、娱雪、演艺等；三是更高质量的服务；四是更好的配套设施（餐饮、商业、酒店）；五是跨业态的设施，譬如在南方可以包含水、动物、陆上器械/骑乘项目；六是更强的引流体系（例如会员体系）。

这些全都需要巨大的投资，很考验开发商的综合实力，所以有利于大公司。大公司有可能打造出非常成功的雪主题公园，并一举抢占先发优势。

以上，笔者只是以冰雪乐园举例说明，有大型综合开发能力及资金实力的房地产企业，在审慎研究后是可以挑选若干重资产的文旅业态/赛道进入的。核心是成熟市场已经有了成熟的垂直业务模式，完全可以引入；中国市场足够大，进入时间较早，可以占据先发优势；项目可以通过较大的投资额及较好的运营服务"高举高打"（对较弱的竞争者构成"降维打击"），同时业务并不

依赖 IP（难以克服的瓶颈）。

但由于冰雪乐园非常"重资产",且难以进行资本循环,所以不可能不断依靠自有资金去扩建。一旦形成了基础规模,构建了成熟的模式,就要进入"轻资产"扩张模式(管理第三方投资的冰雪项目),并将外延扩张(做更多的项目)和内生增长(在一个项目里做出更大的收入)结合起来。

八、产业园——最有能力打造"双资本循环"的产业

产业园是一个国家或地区为实现经济发展目标,在规划区域内聚集若干特定产业的企业,实施统一规划、集中管理,并常有政策倾斜的区域,一般具有以下特征。

一是有产业集聚。在划定的土地区域内,为希望扶持的特定产业提供建筑、基础设施、公共服务等。特定产业,一般都是一个时期国家/地方希望主导发展的行业,譬如电子通信、信息技术、高端制造、生物医药、新材料、汽车、文化创意、外包服务……

二是有统一规划。政府会对产业园设定总体规划,对入驻企业的标准/资质、建筑环境、土地的使用都会进行规范。

三是有集中管理。一般都有管理或行政实体(管委会),对园区进行长期规划和管理,为入驻企业提供公共服务。

四是有政策倾斜。政府一般都会给有资格的园区企业提供资金/财政支持、产业扶持、税收优惠等政策支持。政策优惠是吸引企业入驻的最主要机制。

从物理形态上看,现在的产业园建筑与写字楼很相似,尤其

是距离城市中心比较近的产业园,就是看上去密度小一些、楼层矮一些而已。当前趋势是,越是接近城市中心区域的,政府越希望提高用地效率,提升单位用地创造的就业、税收、经济效益、带动效应等。因此,要规划容积率更高、密度更大的用地,即新型产业用地(M0)。这使得这些建筑在形态上更接近于商办或写字楼(而非从事生产制造的厂房)。同时,为了统一规划,保证园区的导向与质量,对资产的转售/散售也会加以限制。

这些楼宇承载的目标功能可以包括企业总部(全国或地方总部)、研发基地、中后台办公、数据中心、呼叫中心、培训中心等。由于并非处在城市核心区,是专门规划而成的,土地成本、造价、租金更低,加上又有产业扶持及税收优惠,就非常能吸引特定行业的企业入驻。

本质上,产业园是地方政府落实产业政策的一种手段、一种基础设施。借助这种工具,政府可以将"中意"的产业/企业引入,聚拢在一起,为其提供适当的优惠政策及公共服务。企业被聚拢到一个区域,除了易于管理与服务外,还能形成产业集群效应,彼此赋能,构建生态体系,带动区域的产业发展。

从一开始,产业园就有很强的公共职能、政府职能、政策职能,这种政策职能及价值要超越其单纯的不动产属性。因此,产业园要由地方政府驱动,这也是各地园区多由地方政府及地方政府平台主导的原因。

本书既然在讨论房地产企业探索新发展模式,所以主要还是从房企的角度看待产业园这个业态。在这个业态上,房企的介入方式,主要是为地方政府在投资建设及运营方面引入一些市场化的资源及能力,配合政府完成公共职能及政策目标。

（一）产业园业态的特征

1. 地方属性极强，主要依靠园区政策，与同地不动产竞争

产业园的物理形态是楼宇、厂房等不动产，但从地理位置上看，大多位于重点城市外围（只是伴随城市的外扩发展，一些老的产业园慢慢距离核心区近了，甚至呈现出被包围的态势）。这些产业园要得到发展，一方面依赖政府对园区企业提供的优惠政策支持，另一方面要看所在城市的吸引力，此外，还要看当地的商办不动产供应情况。

近年来，一些产业园区的优惠政策逐步取消，政策吸引力弱化，这就导致产业园的区位优势不再那么明显，招商的难度加大。如本章写字楼小节提到的，中国大多数重点城市的写字楼供应过剩，空置率很高，租金上不去。这时，产业园还可能与同城的写字楼市场发生竞争。

但如果真的只是政府规划一片土地，给一些优惠政策，就能把产业发展起来了，那该有多好啊。这就导致过去10多年，中国产业园供应趋于过剩状态，规划定位不准确、不清晰，"内卷"颇为严重。

因此，产业园最大的优势并不是不动产/物理资产，而是园区企业享有的优惠政策，这是由地方政府决定的，参与其中的房企只能影响不动产的物理形态，但不能影响政策。

这样，不同地方之间的产业园也很难形成网络效应，房企运营商很难将不同地区的产业园联合打通。从地方政府的角度讲，各地都要招商引资，产业园是一种竞争关系。房企运营商如果做得太大，达到了全国布局，甚至能够引导企业在自己的产业园网络里挑选、布局，那就有可能和地方政府产生冲突——因为对于地方政府而言，一个优质企业是否入驻当地，事关重大，会影响到政绩目标；而产业园运营商则会觉得，只要园区是自己开发和管理的，在哪儿都一样，只要入驻就可以了，双方的目标并不一致。

这种强烈的地方属性，也是产业园主要由地方政府及其平台企业主导的原因。

2. 园区管理者、运营者有公共职能及公共服务属性

产业园的入驻企业都希望获得各种有利于自身发展的支持政策，比如资格认定、资金扶持、税收优惠、特定的产业支持、快速响应且高质量的公共服务等。管委会往往就是企业获取公共服务的窗口，要承担公共职能。

这与一般的写字楼或不动产运营管理是不同的。因此，在地方政府引入市场力量发展产业园时，往往会变成 PPP（政府和社会资本合作），管委会与主导企业成立平台公司共同对园区进行建设和运营，后者可以帮助改善园区运营的效率及专业化水平，同时分担一些公共职能。

3. 资本循环：伴随公募 REITs 的推出，未来有很大空间

（1）过去：缺乏好的投、融、退模式

新近规划开发的产业园在不动产形态上和商业写字楼差不多，所以遇到的问题和写字楼是相似的，即前期投入大，建设时间久，回款周期长，同时因为竞争激烈，运营风险也比较高。由于其强烈的政策主导性，使产业园大多由地方政府及其平台主导开发。而地方政府的融资方式非常单一，通常都是债权融资（银行贷款、发债、各种资产证券化等），因此，很容易因为园区开发建设而将地方政府债务搞上去，这使地方政府也缺乏充足的资金持续投入园区的开发建设中。

如果由市场化机构（包括非地方国企及民企）参与，则要从房地产/不动产的角度看待这个生意了，核心是解决资金周转/资本循环的问题：如何保证项目快速回款，不至于发生资金沉淀？

无非以下四类方法。

第一，通过销售实现现金流平衡。

典型的做法有两种：一是把产业园里的楼宇整栋或分割销售掉；二是拿地时获取一些配套住宅，通过销售住宅部分回款。

问题是，不动产最核心的逻辑是看地段，而产业园在开发时一般都位处城市周边，资产的价值及潜力很大程度上取决于园区政策及地方的吸引力——这是开发商不可控的因素。同时，还要面临同城其他项目的竞争。当前，中国产业园/写字楼都存在供应过剩的问题，越来越难招商引资、找到买家，这种模式很难保证资金快速周转，一旦资金沉淀下来，就会对房企的财务状况形成较大影响。

另外，从地方政府的角度看，如果让承担核心功能的产业园资产随意转让销售，是不利于产业园区的定位与规划的。因此，政策趋势是对资产转让加以限制（包括整体销售、分割销售、股权转让等）。这都使通过销售房产实现回款的方式变得更难。

第二，PPP/政府返款。

还有一类是由政府提供返款（即华夏幸福模式），企业完成产业园的投资建设、招商引资，企业入驻落地后，政府再返款。

这就是 PPP 模式，企业相当于帮助政府垫付了资金，承担了公共职能，最后再去跟地方政府要钱。对企业而言，投资周期就变得更长了，并且高度依赖地方财政能力。在今天看来，这个逻辑是不通且不顺的，相当于地方政府在跟民营企业借钱，由民营企业承担资金及政策风险，而民营在金融、政策方面恰恰是短板。

当然，华夏幸福的产业园逻辑并不仅仅依靠政府返款，其在很大程度上依赖产业园周边的住宅开发销售实现现金流平衡，但在环京地产市场受到调控限制后，这个模式就行不通了。

第三，基金化。

园区投资开发能否用基金化的模式解决资本循环呢？所谓基金化，不是通过对单个建筑/楼宇/资产的销售回款实现资金的循环，而是利用开发基金、收入基金、REITs 等权益工具。理论上是可以的——本章前文所讲的购物中心、写字楼等业态都有基金化，差别只是难易问题。过去，中国内地还没有针对产业园的公募 REITs，用基金做资本循环最终需要通过离岸 REITs 闭环，这就变成了要利用外资 LP 组建外币基金、搭建离岸结构，最终到境外上市。姑且不论中国监管的考虑，由于不动产投资最佳的商业路径是底层现金流的币种、投资者的属地、金融产品的上市地全部匹配，因此，通过离岸结构投资中国内地的底层资产终归不顺。正如购物中心与写字楼一样，相关市场也一直没有做起来。

另外，产业园并不是一个简单的业态：投资一个特定行业和区域的产业园，其实就是以不动产为载体，投资于某特定产业领域，成长性及风险均依赖于该特定行业的底层经济逻辑。这就要求投资者不仅要了解不动产，还要对产业园所属产业、入驻企业的资质及区域经济有所了解，而这涉及产业结构、产业政策、国际经贸等广泛的问题。进入新时代，中国经济在进行较大的结构重组，也使行业面临新的不确定性，有的行业充满机会，有的行业则退出了舞台。这都增加了投资产业园经济的风险。

第四，A股上市。

有关部门多次发文支持产业园上市。问题是产业园往往是跟住宅地产联系在一起的：很多企业都需要通过出售住宅，形成资金回流，支持园区投资建设，并成为所谓的"涉房"企业。一旦涉房，资本运作就要受到限制。至于以离岸结构在境外上市，重资产的模式（投资持有产业园并收租＋销售部分物业）属于传统行业，估值水平比较低，即便上市也不易受到投资者的青睐。

上述种种原因，使产业园区的投融资模式受到比较大的制约，因此许多园区面临融资困境，也导致出现经营不善。

（2）被纳入公募REITs后，资本循环链条打通可期

产业园能够带动区域经济发展，助推产业升级，是一项重要的基础设施，所以中国基础设施公募REITs已经将产业园区作为适格资产纳入。国家发展改革委2021年发布的"958号文"列出了试点主要包括的行业，有"园区基础设施。位于自由贸易试验区、国家级新区、国家级与省级开发区、战略性新兴产业集群的研发平台、工业厂房、创业孵化器、产业加速器、产业发展服务平台等园区基础设施。其中，国家级与省级开发区以《中国开发区审核公告目录（2018年版）》发布名单为准，战略性新兴产业集群以国家发展改革委公布名单为准"。

未来，待公募REITs完全成熟，产业园资产就可以与仓储物流、租赁住房一样，在境内享受完整的资本循环链条。前文提到

了地方政府融资方式单一的问题。产业园纳入公募 REITs 试点范围，有助于为产业园区投融资引入权益资金，降低地方政府的财政压力，改善负债水平。同时，也可以为社会资本找到好的投资标的。

4. 租金收入不能捕捉园区企业的经济活动

产业园区的租金收入不能捕捉园区企业的经济活动，这一点与写字楼资产是一样的。入驻企业原则上只对园区、业主、运营方支付租金，其利用园区从事的经济活动产生的收益与园区、业主、运营方没有直接关系。

如果不寻找新的业务模式，园区、业主、运营方通过提供产业园空间，所获得的直接经济收益将止于租金。租金具有很强的不动产特征，会受到其他各种因素的影响，包括产业政策、同城写字楼及可比不动产业态的租金、企业的支付能力等。

（二）产业园突破租金收入瓶颈的方式

关于产业园如何突破租金收入瓶颈，下文只提供大致的框架和思路。首先，需要将产业园的增长具体分为外生增长、内生增长以及投资模式三种。

1. 外生增长：扩大管理园区的规模

扩大园区规模的方法有很多。由于园区建设资产很重，所以这里主要涉及利用轻资产的方式。

基金化。如果能够打通资本循环链条，即可构建从开发基金/pre-REITs 到公募 REITs 的"投融退"链条。而这里面最关键的是公募 REITs。有了公募 REITs，才有终极的退出。基金化以后，不仅可以撬动更大的权益性资本，收入来源也可以进一步丰富：在租金以外，还增加了基金管理费、运营管理费、超额收益等。并购亦可通过并购基金完成，最终通过公募 REITs 退出。

外拓/轻资产输出。通过成功的标杆项目，获得良好的市场口碑和信誉，以此吸引更多的地方政府（或其他机构）前来合作。过程中，将主要提供运营服务，收取运营管理费（类似酒店模式）。实践中，政府还是有可能要求运营商出一部分资本金，构建合资平台的，以表明长期承诺，因此，可能是采用"中资产"等折中方式。

技术输出。如果构建了比较强的、以科技驱动的园区管理基础设施（人工智能、物联网、数字化等解决方案），有可能向第三方运营商（即其他的园区运营商）提供能力，这就类似于企业服务/SaaS 的业务。

这里最重要的是基金化。谁能够打通完整的资本循环链条，谁就能够抢占竞争优势。

2. 内生增长：在同一个园区里不断做大收益

能为园区招到合适的、资质好的企业，提升租赁去化的速度，加快租金回流，缩短培育期，是讨论一切内生增长的前提。

这就需要各方面的能力，例如园区不动产产品本身质量要好（包括建筑内外的硬软件的设计），以及要有比较好的日常运营管理等。这也是有经验的头部开发商可能形成竞争优势的地方。

此外，运营商要能够结合所在城市的特征，挑选合适的产业赛道，引入合适的企业。而且，要能从细分产业找有带动作用的企业，因为引入了头部企业，就有可能吸引其他企业的跟进，并逐步形成集群效应。这就要求对细分行业有一定的深耕，了解其生态体系构成。不同的细分行业之间相距极远，运营商需要精选若干赛道进行深耕，在特定垂直领域形成专业化。

就收入来源而言，可以按 2B 与 2C 区分。

（1）2B（面向入驻企业的服务）

第一类是与办公/作业硬软件相关的，譬如装修及一体化办公解决方案等。这与前文所说的在写字楼里做租户的"私域"一样，企业入驻园区，除了交付租金外，还要进行装修，购买各种办公设备才能开张作业。运营商可以从企业刚入驻园区时就提供相关服务，并在日后持续提供售后服务。这类产品与服务比较容易直接获取收益，与开发商的资源能力禀赋也比较相关。

第二类是根据园区企业的实际需求，提供政策及行业咨询服务，有的是面向政府/监管机构的，例如申请资质认定、获取政策补贴/优惠及其他的政策咨询等，运营商可以作为企业与地方政府之间的桥梁。有的是面向行业内的专业服务机构（例如金融、人力、法律）及供应链资源的。有经验的运营商可以帮助入园企业快速连接这些合作单位。此外，在日常运营中，还有各种政策、行业交流及培训、园区社交活动等，就是给园区企业对接各种资源，譬如邀请券商或律所做专题讲课。这些增值服务能够解决企业的一些不时之需，能够提升产业园的吸引力，加强企业与运营商的相互关系，还能帮助园区运营商了解入驻企业/行业的特点及痛点，缺点是不易形成收入（难以"闭环"），效果是间接的，体现在园区出租率及租金水平上。

（2）2C（面向入驻企业员工的服务）

这与本书关于写字楼的内容所说的一样：把所有入驻园区的企业的员工作为潜在的终端客户/消费者，为其提供与工作、生活相关的产品与服务，如团餐、生活消费、培训、健身、周末出行、租赁住房等。这时，产业园区就成了触达终端消费者的线下入口。但这也要求房企具有能够在相邻业态或相关的垂直领域构建一定基础（例如购物中心、租赁住房、社区物业等）的能力。

内生增长的核心是，将出租率、续租率及租金尽可能做到最高，然后通过为园区内的企业及员工提供可闭环的增值服务，获取除租金以外的更大收益。

3. 投资模式：投资于园区入驻企业

除了外生增长和内生增长以外，还有一个方向就是利用园区运营商的优势，对入驻园区的企业进行股权投资。这也就是所谓的孵化功能。

这个模式看上去很好，有以下三个优势。

一是从行业认识和投资专业性的角度，首先，运营商可能已经在垂直领域深耕了一个细分行业，对该行业的生态体系/上下游都比较了解；其次，如果企业已经入驻园区，就可以比较近距离地观察到企业日常生产经营/作业的状况。这种知识、经验、近距离接触的条件，有利于运营商判断一个企业的资质及能力。

二是从与被投企业往来关系的角度，运营商作为产业园空间、基础设施的提供者，是"近水楼台先得月"，与入驻企业可以形成一定的往来关系，入驻企业也有求于运营商。这种关系经营得好，就有可能促成对双方都有利的投资。对于运营商来说，相当于把提供物理空间作为敲门砖，获取了入驻企业的股份。这其实就是孵化器的概念。

三是对于运营商而言，投资可以有多种功用。首先，对入驻企业的经济发展实现闭环，享受其成长潜力，这个收益就比收租金多了。而且前面提到，如果运营商努力在园区内为企业提供各种增值服务，那么还真有点"孵化器"的感觉。如果在细分产业里投资多家企业，那就有点生态体系构建者、投资者的感觉了。其次，资本是最核心的资源，运营商可以以资本驱动进行招商，通过投资，把本不愿意入驻的企业吸引过来。如果运营商希望在区域内甚至全国范围内不断外拓，那么这种能力是非常关键的。在极致情况下，运营商甚至有可能把被投企业带到自己运营的新的产业园里。

我们看到，许多地方政府主导的园区运营商其实也有产业基金，采用的就是这个模式。这并不是什么新鲜的模式。

但这个模式也要注意一些问题。

其一，产业投资和产业园的运营服务毕竟是两回事。这确实是隔了行业的，投资决策要有非常专业的团队，遵循严谨、专业、独立的投资流程去完成。负责产业园运营的团队，哪怕在主业上再专业，也不能跨界去做投资，这是基本的原则。

其二，产业投资和产业园运营是有一定利益冲突的，也就是到底谁服务于谁的问题：是产业园运营服务于投资，还是投资服务于产业园运营？这个逻辑关系很关键。

如果是产业园运营服务于投资，那么投资才是根本逻辑，投资才是主要的收入来源,而产业园运营只是用来实现投资的"敲门砖"。如果按照这个逻辑,那么收租就不重要了,为了换取投资机会,运营商甚至可以放弃或减少入驻企业的租金。其实传统的快速孵化器就是这个逻辑,孵化器运营商通过提供孵化空间,获取入驻企业的股份。但这种投资适用于非常早期的企业,孵化器运营商本质是创投机构(天使/风险投资)。这和前面讲的产业园运营不是一个逻辑。如果投资的板块很大,赚取的超额利润非常丰厚,显著盖过了辛苦赚租金收入的产业园服务,那么企业的底层商业逻辑就会慢慢偏离产业园运营服务,会真的变为投资机构。这样,未来恐怕也是做不好运营的。

反过来,用投资服务于产业园运营,也是不行的。如果投资服务于产业园,那就没有办法确保投资的专业性、纪律性及独立性了,变成了用资本驱动去扶持管理规模的增长以塑造品牌。如果投资出现失误,对运营商的影响是很大的。另外,还可能出现"招商招成股东"的问题,即因为已经犯了投资失误,把双方变成一条船上的"难兄难弟",而不得不去支持被投企业。这就使产业园运营进一步偏离初心。

总而言之,产业投资和产业园运营这两个板块,如果构建了比较强的业务联系,则哪一头发展得太大或太过强势,主导了另一头,都有可能引发利益冲突,使企业偏离初心。

因此,必须在两个板块之间构建比较强的防火墙/隔离,保证业务独立性。

目前,中国在经历一场房地产与金融/资本的"脱钩",这个"脱钩",不是指简单切断彼此的联系,不是说不动产就不可以融资了,而是系统性地减少彼此的过度依赖(金融地产化及地产金融化）——至少在居民居住的长效机制基本确立并成熟之前。如果要与美国比较，则未来中国不动产企业的模式将主要围绕细分不动产业态，在垂直领域发展服务能力。

现在能在政策上享受金融/资本支持的业态相对较少，基本就是租赁住房、仓储物流和产业园。

如果产业园模式也变成由投资孵化主导，会出现"双资本循环"的情况。

一头是基于资产的资本循环，产业园运营商可以组建各式基金及公募REITs，在产业园不动产的投资、开发、建设及退出方面形成完整的链条。彼时，一个产业园运营商理论上可以撬动庞大的金融/资本/LP资源。

另一头是基于企业投资的资本循环，产业园运营商组建各式基金，投资于产业园内的入驻企业或生态体系内的关系企业，通过上市、并购或转售来退出。同样，也可以撬动庞大的金融/资本/LP资源。

相对于其他业态，产业园领域似乎最有可能形成这种资本驱动的生意。

这样的模式，比较容易发展成为由金融与资本驱动的投资生意，逻辑会趋向资本/金融/投资导向，而不再是运营/服务导向。

这样的模式，距离金融/资本、产业政策及核心资源的配置等属性及功能比较近，最适合的主体，可能还是政府平台及国有金融机构。

第十四章

转向轻资产模式

一、何为轻资产

房地产行业/企业已经讲了很多年轻资产模式。到底什么是轻资产模式？

轻资产是相对于重资产而言的，轻资产的核心是不去持有（或仅持有极少份额）的资产。它其实可以转用于各种资产类别，除了不动产外，还可以包括动产。举例而言，如果一个家庭不买车，只是租车或打车，那么在"车"这个问题上，这个家庭就是轻资产。

采用轻资产模式，即主要通过对客户提供运营、管理、咨询等各类服务获得收入与利润。

房企为什么要采用轻资产模式？因为不动产开发是重度资金密集型的，所需资金量很大，很容易出现资金沉淀。只有少部分的业态，例如住宅项目，可以通过销售实现快速的资金回流及周转，避免沉淀。但对于大多数投资性房地产及固定资产而言，资金的周转与资本的循环比较困难。企业为了扩大业务规模，同时减少对自有资金的依赖，减少所要承担的资产负债表风险，就需要探索轻资产模式。

在房地产的语境里，"轻资产"主要界定的是与不动产之间的关系，即是否持有不动产。轻资产模式并不意味着企业不需要自有资金，不需要投资、投入，例如，企业有可能需要雇用大量人力进行运营（劳动密集型），或需要大量投资开发技术及运营能力（资本密集型及技术密集型行业）。

二、从重资产到中资产，再到轻资产

实操中，"轻"与"重"也不是绝对的，企业为了获得提供服务业务的机会，往往需要和底层资产产生某种联系，例如要合资开发、小股参与（包括以基金化的形式），或租赁等。因此，轻和重其实是一个"从0到1"的区间范围。一个惯常的日常表述是"重—中—轻"。

- 重资产——自主投资及持有不动产（1）。
- 中资产——出资参与投资（投在项目/公司/基金上）或租赁不动产，也就是"二房东"（0~1）。
- 轻资产——完全不持有不动产（0）。

在0与1之间，一个业务，越接近于1，则模式越"重"，不动产的属性就越强。

三、不同业务内涵的轻资产模式

很多企业会说："我们要搞轻资产模式了！"但轻资产只界定了与不动产的关系，不同轻资产模式的业务内涵和底层逻辑是不同的。

如果按照业务内涵及收入对象看，可以分为以下几类。

第一类，资本管理、金融资产的管理与服务（基金化、资产管理）。

第二类，围绕不动产资产的开发及运营提供的管理服务（从代建到商业运营）。

第三类，为同行或上下游企业提供技术及服务解决方案（SaaS）。

第四类，为不动产及空间内的机构和个人提供服务及解决方案（增值服务）。

（一）第一类：资本管理、金融资产的管理与服务

过去，房企说要"更轻资产化"的时候，往往指在投资过程中要引入股权合作方或第三方资本／资金参与开发业务，以减少自己的资本金投入。这是人们对轻资产模式最初的理解。这里，我们先讨论一下所谓的基金化、资产管理模式。

引入股权合作伙伴或第三方资本、实现"小股操盘"这一模式里，最高维的方式，即基金化投资模式——找寻及募集来自第

三方机构的资金，组建投资于房地产/不动产的基金，然后自己担任基金管理人，从投资者那里收取各种管理费。管理费收多少，取决于投资规模的大小及资产的表现。

一个不动产资产或赛道推行基金化模式是有许多前提的，核心是底层资产可否合法、合规、便利地进行证券化，构建完整的资本循环链条（尤其需要终极退出环节——公募REITs），以及是否受到投资者/市场的认可与欢迎。这使基金化极大受制于市场及监管等外部因素。

针对那些受到政策鼓励的业态，例如国内政策目前比较支持的仓储物流、租赁住房及产业园等，房企有可能构建比较完整的资本管理链条与能力。具体而言，房企可以根据底层资产所处的不同开发及经营阶段，组建及管理不同类别的基金，例如开发基金、增值基金、收入基金等私募基金以及REITs等，为之匹配具有不同风险偏好的投资者。如果能够构建一个完整的、覆盖不动产投资开发运营全生命周期（指从项目的开发建设、培育到成熟运营）的资本循环链条（从开发基金直至公募REITs），则房企可沿着整个资本价值链，通过对投资者提供持续的资本管理及不动产运营服务，收取各式各样的管理费用。

而当房企通过资本管理、基金化获得的管理费收入已经取代了旧时的开发销售收入及租金收入以后，也就完成了转型，成了一家所谓的资产管理公司。

但这种转型需要注意以下几点。

第一，在中国，房地产/不动产的监管限制很多。这种模式只能应用于那些容易构建资本循环的资产类别，但不适用于所有类别。（目前符合政策条件的业态包括仓储物流、租赁住房、产业园及数据中心等。）

第二，一个企业如果能够围绕一个不动产业态（俗称"赛道"）组建及管理多只基金，且这些基金是针对不同发展阶段的不动产资产，拥有差异化的投资者，且企业主要的收入来源已经由销售物业及收租转变为"基金管理费收入"（含利润分成），那么这个企业实际上也就具有较强的金融属性了，成为某种"类金融企业"。这种类金融的地产开发模式，笔者习惯称为"美国模式"——其特征是不动产/房地产与金融的高度融合，而单纯的不动产建筑建造则被切割开来成为"建筑行业"。发展到这个阶段，房企和PE等金融投资机构之间的界限也就比较模糊了，区别可能只在于，房企的优势是自主运营，PE的优势是基金/资本管理。但PE做的事，房企也可以做，房企做的事，PE也可以做，没有绝对的互相排斥。

第三，如果基金规模再进一步扩大，管理资产规模及管理费收入已经变成企业业务增长的主要来源及驱动因素，那么企业自然会寻求越来越多的业态赛道来组建越来越多的基金，从私募到公募，从一级到二级，从资产到平台，从上下游到生态体系。这时，房企就会发展转化成资产管理机构——这个转化不仅指业务形态的转化，还包括底层商业模式、逻辑、文化乃至基因的转化。而如果任由这样的业务逻辑自然发展，假以时日，企业的资产管理、投资等金融属性可能会越来越强，运营、服务的属性则有可能越来越弱。

第四，在其他条件相等的情况下（例如，先不考虑一家企业是民企还是国企），如果一个企业最初所依托的不动产赛道是比较容易推动基金化、公募REITs，比较容易构建资本循环的，那么这个企业就更"容易"朝着资产管理和金融的方向发展；如果条件相反，则这个企业更有可能"被逼"朝着运营及服务的方向发展。

第五，这种模式，虽然更加轻资产，但在底层逻辑上，还是有浓厚的不动产行业色彩的，只不过是通过金融能力进行了赋能。具体而言，即使这样的房企已经发展成为基金化的资产管理企业，即使其还会努力经营底层资产，想方设法提升资产的租金和现金流，但其底层逻辑依然是希望通过提升资产的估值与规模，获取更多的管理费，以及在资产的出售、流转、退出中通过资产增值获利。本质上，这还是传统的房地产/不动产生意逻辑。

第六，在基金化的模式里，企业还是要有资本金投入的，只不过现在不是投在底层资产或项目公司上，而是投在基金上，只是形式上的不同。这种投资可以被理解为一种跟投，是确保管理人与投资者利益一致、稳定投资者信心的必要手段。这部分的投入，其实属于"轻"与"重"之间的中资产模式。但随着企业的不断发展，资产管理规模越来越大，优异的业绩越来越多，投资者关系越来越好，那么理论上，它的议价能力也会更强，有可能逐渐在未来的新募基金里减少投入/跟投规模。发展到极致时，可能只需要象征性出资（例如投1%~5%）即可。到那时，企业和金融机构的界限就更加模糊了。

在很长一段时间，发展和探索基金化模式是中国房地产企业普遍非常关心的问题，公募REITs则被认为是帮助这个链条实现终极闭环的最关键组成部分。也由于这是最发达的市场——美国——所采取的模式，所以很多人从"线性发展"的角度看，也认为美国的这种模式就是中国房地产/不动产行业未来发展的方向与终局。

基金化、资产管理的业务逻辑本身并没有问题，但要看到，美国与中国还是有很大区别的。

1. 美国：金融与地产发展匹配

美国的金融市场从一开始就比较发达，例如有巨大的资本和财富积累（转化为投资基金及投资需求），有既具深度又具多样性的资本市场，有成熟的投资机构，有国际主导货币及来自世界各国的投资者，有比较完善的金融产品（例如 REITs）及金融监管体系，等等。同时，房地产/不动产经历了渐进的、漫长的建设和发展周期，这就使金融与房地产在发展阶段比较"匹配"，甚至金融发展实际上是先行于房地产的，许多业态（例如集中式的长租公寓）从一开始就能够依托资本市场构建资本循环（例如通过私募基金及 REITs），而不需要通过散售解决资金沉淀的问题。这些都让美国不动产的"形态"与"格局"与中国有很大不同，例如美国有很多金融机构持有集中式租赁住房，而中国基本是散售后的分散市场。

2. 中国：金融落后于地产，导致住宅与其他不动产业态高度绑定

中国的商业化房地产行业的历史很短，20 世纪 90 年代到现在，就是二三十年。在这短短的二三十年里，基本完成了城镇房地产/不动产基础设施的建设。这在人类历史上是前所未见的。

这段时间，一是人们对住宅改善的刚性需求极大，又有置业及财富积累的客观需要，因此鼓励了房地产（特别是住宅地产）的加速发展。二是地方政府急于发展城市建设，发展区域 GDP，

碍于自身的财力及能力，势必会将许多职能"转给"开发商，一方面允许开发商通过销售住宅获利，另一方面要求开发商建造购物中心、写字楼、酒店、产业园、旅游、文化教育等城镇基础设施。三是金融产品及资本市场的发展显著落后于不动产及固定资产投资建设的需求，使开发商没有能力借助金融/资本市场为不同的业态构建资本循环，而只能用住宅销售收入平衡投资性房地产及固定资产建设投入。这就使住宅地产与其他不动产业态有了深度"绑定"，难以切割。

3. 中国的房地产调控

过去几年，中国政府在推动对住宅房地产市场的重构（"房住不炒""长效机制"），包括适度减少房地产（特别是住宅地产）与金融的相互依赖与绑定（"金融去地产化""地产去金融化"），将其作为维护房地产市场长期稳定健康发展，以及国民经济调整和改善结构的重要手段。又由于房地产企业/开发商是联结住宅地产与其他不动产业态的纽带，使对住宅地产/开发商的调控很容易落位，并影响到其他不动产业态（例如，限制住宅开发，结果同时也限制了购物中心）。这些复杂的因素使国家在针对"非住业态"松绑调控、打通资本循环方面十分谨慎，除非这些业态已经被纳入战略性基础设施（例如产业园、仓储物流及租赁住房等）。这并不是说监管机构以后就不会放开对这些不动产资产类别的限制（例如，金融监管机构将购物中心、写字楼等各种业态均从开发商的"三道红线"计算中剔除），而是说整个过程不会太快，一定会比照住宅市场的"重构"及长效机制的建立逐步发生。

4. 中国对金融行业的监管

金融是与所有行业都有密切联系的，是现代经济里最为核心的"资源"，是公共政策里最为重要的政策工具，决定了国民经济的安全、稳定、健康发展。也因为金融与"资本"和"钱"高度相关，其一旦与权力、腐败或犯罪发生联系，将对经济、社会甚至政治造成难以估量的巨大影响。因此，对金融行业进行规范与监管是中国当下极为重要的政策课题、政治课题。这都导致金融在中国是一个非常敏感的行业。一方面是房地产敏感，另一方面是金融敏感，如果一个企业的业务模式及发展壮大的逻辑完全依托两者的高度融合，那么未来是有可能遇到挑战和不确定性的。（国有企业和民营企业也会有区别，原因显而易见，不再赘述。）

笔者认为，在可预见的未来，房地产企业将各类不动产投资及运营模式"基金化"变成"资产管理"的难度是比较大的。在特定的业态上有可能部分实现，但不是一个根本的方向。如果资产管理及金融化的规模做得太大，还可能带来其他模式。

在房地产企业/房地产市场探索新发展模式时，金融、资本管理、资产管理可以作为一种辅助手段，一种助力支持转型的解决方案，但不是终极目的。

（二）第二类：围绕不动产资产的开发及运营提供的管理服务

房地产企业轻资产模式的第二类，即在不动产及固定资产的建造形成及后续运营中为资产的所有者/业主提供的服务。以下列举几类比较典型且人们比较熟知的业务。

1. 酒店管理（2B）

酒店管理公司/品牌集团为酒店资产所有者（业主）提供管理服务，并收受品牌及服务费用。业主是重资产的，要承担酒店资产的开发建设投入，并持有资产，还需背负酒店日常运营的基础人力与开支；而酒店管理公司是轻资产的，负责引入建造标准、管理标准、管理流程、软硬基础设施、品牌及会员体系、各类垂直或上下游"增值服务"等。

在第十三章已对酒店管理行业的转型进行了较为详细的介绍。酒店行业是不动产领域里最早完成由重资产向轻资产模式迭代转型的细分行业。

不仅如此，一些公司还实现了资产管理与运营管理完全、彻底的分离，甚至分家。以喜达屋为例，"资产端"有喜达屋资本，专事不动产资产投资的 PE；"服务端"则为喜达屋酒店及度假酒店国际集团，专事酒店管理服务。两者股权分离，并且喜达屋酒店在 2016 年出售给万豪国际。

在酒店行业已经发展成熟的模式，也可以逐步推广至其他行业，例如购物中心/奥特莱斯、租赁住房、仓储物流、旅游地产，以及住宅物业等。

许多房地产背景的轻资产公司（例如商管/物管公司）都在致力于对外拓展第三方管理能力。

2. 住宅物业管理（2C）

房地产开发商投资建造了住宅项目，将物业项目散售给小业主，之后持续对住在小区的业主提供物业管理服务，并收取一定的物业费作为报酬，就是物业管理业务。这是房地产开发商最熟知、最"古老"的一种轻资产模式。只不过在早期，开发商多将优异的物业服务（以及高性价比的物业费）作为一种促销手段，但没有将其视为一个独立的业务、赛道、模式。一些开发商甚至直接将物业外包，还有把物业板块整个出售的。这种情况直至2019年末至2020年初，物业管理行业受到国家政策鼓励及资本市场追捧后才发生改变，房地产企业到那时才发现，住宅物业管理是它们留下的一个"后门"，可以帮助它们连接新经济、探索新发展模式。

住宅物业管理行业这两年的主要变化有两个方向：一是并购，一些房企因为困境和出险，将物业管理出售给其他同行企业；二是外拓，一些房企旗下的物业管理公司经营不善，导致"丢盘"，所管理的小区转选其他物业公司来管理。这就使房企旗下的物业公司得以管理其他开发商开发的物业。过去两年，行业处于快速集中通道中。

3. 代建（2B/2G）

如果一个非地产企业，比如互联网企业、高科技企业或金融企业，在自主需求或政府政策的鼓励与支持下获得了一块土地，可以用于建造总部大楼，应该怎么办？是需要从房地产企业招聘一大堆人，成立一个事业部去做这件事吗？或者，如果一个政府或事业单位需要建造一个公建项目（例如体育场馆、会议中心、办公楼宇），或者建造人才宿舍，要从房地产企业招聘一大堆人，专门成立一个单位去做这件事吗？没有必要。委托一个房企做就可以了，房企可以帮助对接、管理、管控庞大的供应商群体及复杂的流程，完成从设计到建造的全部烦琐工作。最后，会根据项目的规模、复杂性、完成度给房企支付一定比例的费用。对房企而言，这就是所谓的"代建业务"。

当前，许多地方政府都将土地出售给企业而非开发商，希望它们建造全国或区域总部，创造税收与就业，同时弱化项目与住宅地产的绑定。同时，在大环境下，房地产企业（尤其是民营企业）也在着力探索轻资产模式，希望系统性地减少业务对自有资金及资产负债表的依赖，寻求对业主输出自己的执行经验及管理能力。这就让代建成为一个非常有潜力的模式，一些房地产企业甚至将其视为一个"独立"的业务板块及产业，推动其分拆上市。

在笔者看来，代建只不过是轻资产模式的一种，在轻（0）和重（1）的划分维度上，它偏重于轻（0），在不动产的生命周期里，它处在早期——房地产/不动产的开发、建设期。正如合资、小股操盘、基金化都只是投融资的解决方案，而非独立的板块或细分行业一样，代建也不是一个独特的板块或细分行业，它只是房企在房地产开发阶段中采用的一种轻资产模式，一种应对未来的经营模式。对于管理能力、人力资源、金融能力较弱的民营房地产企业而言，代建是应对未来的一种非常重要的模式。

我们可以将酒店管理、住宅物业管理、代建等典型的、易于理解的模式"串"起来，总结轻资产模式可以如何运作。当然我们只讨论理论上的可能性。

一个互联网企业在某一线城市以较低的价格拿了一块综合用地，地方政府的用意是将项目用于企业的总部建设，但为了带动周边发展，也为项目配备了少量的住宅（人才公寓）和部分配套商业。

该互联网企业研判自身没有能力开发这样的复杂项目，遂选择某大型房企，委托其从事代建业务。房企需制定整体设计方案，对接建筑单位及其他供应商，负责配套商业的规划、招商运营，以及整个项目后续的整体维护及运营，特别是住宅（人才公寓）部分。

首先，该房企已经承担了代建功能，需要完成项目的物理空间营造（盖房子）。

其次，该房企需要（或可以）对企业的总部办公、住宅（人才公寓）、配套商业提供从初始到持续运营所需要的全部服务。

所谓全部服务，范围非常之广，包括总部的办公解决方案，住宅/人才公寓的物业管理、到家服务及其他"增值服务"，配套商业的招商及后续维护，等等。

代建并不是一个板块，它只是房地产开发阶段中房企所采用的一种轻资产模式。它是一次性的、非持续的，因为房子建造完毕后，不再需要重复建造，也不需要反复大额投入加以维护。代建的核心价值，在于提供场景，帮助引入其他持续性业务。

房企可以从代建（或"空间营造"）业务开始，切入不动产空间运营的所有环节。可以把代建看作一个切入点，一个"流量"入口，一个"场景"入口。

又因为代建涉及建筑物理空间的营造，房企是有一定先天优势的。房企可以通过代建业务，与资产及空间建立"亲密"、持续的联系。基于此，房企可以谋求"流量变现"，建立一些满足痛点、刚需的能力，为所管理的资产与空间内的机构及个人提供其所需的服务。

从代建到后续的运营及服务，一切皆可贯通——它们所反映的，只是空间的业主及空间使用者，在空间的不同发展阶段里，围绕空间所产生的不同诉求。

以上，即我们总结的轻资产模式的"第二类"——"围绕不动产资产的开发及运营提供的管理服务"。

如果说第一类轻资产模式（基金化、资产管理）的对标企业是国际 PE（例如黑石集团、科恩－斯蒂尔斯金融）及资产管理类企业（例如易商红木），则本节所述的第二类轻资产模式，可以对标酒店管理企业（从国际酒店集团到华住集团）。

第一类企业更偏重不动产与金融，也更加传统，第二类企业则可以服务更广泛的经济体，可以整合房地产企业所服务与管理的不同业态及赛道，可以促成各种协同，同时更偏重消费。在中国的大环境下，笔者必然相对更加看好第二类轻资产模式的企业。

（三）第三类：为同行或上下游企业提供技术及服务解决方案

再次说明一下，轻资产模式并不意味着没有重资源投入，例如，它依然可能是资本密集型或劳动密集型的。轻资产界定的只是和房地产／不动产资产的关系。

举个例子，一家全国性的快餐连锁店，或超市连锁店，或房地产经纪企业，可能拥有数万名甚至数十万名员工，拥有商品存货，拥有自建的数字化系统。它的实体经营空间广布全国，但都是从别人手里租赁的，它自己不持有资产。这样的公司，根据本文诠释的概念，就是轻资产的。房地产企业实现了轻资产化，就弱化或脱离了房地产／不动产属性，企业的业务模式也会从依靠土地、资产增值赚取收入，转化为通过服务赚取收入。

一个企业在生产经营的过程中，有可能会围绕自己生产经营的痛点——例如生产经营环节或价值链里的某个关键链条或场景，内部管理、客户管理、供应商/供应链的管理手段，经营数据信息的收集及分析，等等——发展自有的、垂直的能力。企业可能认为，这些领域触及业务经营的核心痛点，是"卡脖子"工程，不能简单地委以第三方。如果自己去研发，构建垂直能力，将有利于实现业务的能力迭代，拉大与同行的差距，并构建坚实的"护城河"。于是，企业针对这些领域做一些投资，聘请一些专业人员去研发自主的核心工艺，以及整合上下游资源，构建一揽子解决方案（并非所有工艺都需要自主提供，企业可以整合各种供应商、上下游资源，提出解决方案）。

经过长时间的投资、运行、打磨、优化，企业可能在细分领域"跑通"了模式，发展出了核心能力与工艺。这就是所谓的做出了"垂直"。

最初，这种垂直能力都是服务本企业的，它往往只是企业内部的某个部门或业务单元，为其他部门提供业务支持。这种服务可以在内部做一定的核算，但由于它并不会在社会上承揽业务及提供服务，所以本质上只是"成本中心"，而非"收入中心"。从这个角度看，它其实是某种"中后台"，甚至和IT、法律、人力资源之类的部门类似。

但有没有可能在未来的某一天，企业将自己的专业垂直能力对外"输出"，即向同业、同行提供所培育的专业化能力，并对其收取一定的费用呢？如此，昔日的"成本中心"就可以变为"收入中心"，为企业创造收入来源。

这里有两个核心概念。

第一个核心概念是"企业"——服务对象是企业（或机构、法人、单位），而不是个人。

第二个核心概念是"同业""同行"，提供服务的对象是同一个行业的，甚至可能是理论上的竞争对手。在提供服务的时候，实际上是在给同行/竞争对手赋能，帮助它们优化生产经营，获得更高的收入和利润。此时，实际上改变了同行关系，把竞争对手变成了客户。在赋能同业、同行的同时，得以从它们的价值链里"切"了一部分出来（即分走了一部分收入和利润）。

这本质上是一种典型的合作共赢模式，而非零和博弈模式。零和博弈模式下，企业都希望建立高维能力，对同行实现"降维打击"，最终最大化自己绝对意义上的市场份额。同时，合作共赢、非零和博弈则是大家一同将"蛋糕"做大，在不同的业务场景里，"你中有我，我中有你"，不是绝对相互排斥的。

这里先举几个容易理解的例子，这几个例子和前述的第二类轻资产业务——代建、代运营——其实是相关的。

大型房企垂直发展出来的建筑设计、工程总承包（EPC）、数字化流程管理、建筑信息模型（BIM）解决方案、装修装饰以及特定领域（例如绿色建筑）的解决方案，能不能对中小规模房企输出？大型房企在细分业态发展出来的垂直能力，例如住宅物业管理、购物中心、酒店、租赁住房等，能不能对中小规模房企输出？

当然可以！答案是肯定的。而且实际上，这并不是什么"新事物"，一些大型房企早已经在做了，向自认为不存在"竞争"或"威胁"的中小房企或地方房企提供服务。

要看到，在上面的大多数领域，其实都存在专业化的、不隶属任何大型房企集团的独立的、第三方的供应商/产品与服务提供商或平台型企业，这将是大型房企对同行（特别是中等规模以上的房企）输出能力时所要面对的重要挑战。

这里，我们再看看大型房企集团相对于垂直领域供应商及中小房企的一些优势和劣势。

大型房企集团的优势如下。第一，有钱。科技和能力投入是需要持续性的资本投入的，房企可以利用传统业务的现金流，支持新技术、新产品、新服务。对于中小房企来说，这基本是不可能的。第二，真正拥有、运行并了解自己的业务。相对于那些跨界的第三方企业，房企对自己业务的内涵与痛点肯定是最了解的。第三，庞大的业务规模可以带来庞大的数据及信息来源。这在住宅物业、商场管理中十分明显。在其他条件相等的情况下，管理的面积越大，触达和服务的人群及机构越多，对行业和市场的理解就越深。第四，规模效应。包括规模经济——企业业务规模越大，科技和能力投入的平均成本越低，以及网络效应——企业业务网络越是庞大（例如覆盖的区域规模、项目数量、服务人群及客户数量等），收益可能也就越大。第五，"试验田"。可以在自己的业务里不断应用与改善。企业发展出能力后，可以直接在自己的业务里应用，寻找欠缺之处，不断完善。而且企业盘子大的话，容错能力也会提高——可以在部分区域、领域、赛道里试点应用新的产品或手段，成功了再推广。

大型房企集团的劣势如下。第一，文化与基因。大多数房企是缺乏科技、运营、服务的基因的，还是建构在不动产思维及业务逻辑上。很多企业自上而下的文化是根深蒂固的房地产开发商思维，即说来说去还是要通过土地/资产的增值/差价获取思维，这样自然很难发展出技术与服务能力。第二，收入贡献不足的业务容易不受待见，大多数房企的激励机制建立在收入与利润上（说白了就是依据住宅销售回款计算奖金）。对那些收入利润规模尚小的新赛道，对前景不明朗的新技术及新能力，激励是不够的。第三，房企集团缺乏"独立性"问题。房企集团发展出了垂直能力，在尝试输出服务时会发现，同行的大型企业可能并不愿意用自己的能力，因为都将彼此视作竞争对手，所以只能对中小企业、地方性企业或关系比较好的企业（例如老板之间私人关系较好）输出能力。但这一条可能也会伴随未来中国房地产行业格局的改变而改变。

可以看到，垂直能力更有可能在大型房企下发展出来。这些垂直能力可能处于非常细分的领域，也符合"专精特新"的特性，但往往隶属大型房企下的一个部门、中心或事业部。

等到这样的能力与资源积累到一定程度的时候，大型房企会考虑更多的对外输出能力。输出能力的好处有：一是可以获得更多收入与利润；二是通过将能力推向市场，进一步增加其市场化能力及竞争力（例如，推动自己的装修装饰公司到市场上承揽第三方业务）；三是可以扩大业务及收入多样性；四是间接扩大市场份额；五是改变与市场/同行的关系，彻底实现升维，为进一步迭代（脱离资产）做好准备。

看到这里，有读者会问，这一类轻资产模式和前述第二类不动产及空间的委托运营、代建、代运营业务有什么不一样？

第三类模式与第二类模式的主要差别在于，第三类模式不回避同业/同行，甚至主要就是面向同业/同行的，把同业/同行变成客户；它不是大包大揽式的，而是"局部赋能"的——不是让对方把一切都交给"我"管理，而是由"我"为客户提供其所需的一些细分领域的服务，譬如某个硬软件系统或解决方案，某个依托会员体系的增值服务引流方案；它可以带有"平台"（BPaaS）属性，旨在帮助客户接入一揽子供应商库，获得供应链解决方案；它应当带有更多的科技/技术属性，所以笔者使用了 SaaS 的字眼。

为方便理解，可以举一个具体的例子。A 是一家大型房企下属的全国性住宅物业管理公司。A 成功说服了另一家房企，入股其旗下的住宅物业公司。往后，它们交付的楼盘都会交由 A 进行实质管理。在终端客户的界面里，A 会在楼盘小区里贴上物业合资公司的"厂牌"标志，小区居民会清楚地看到 A 的物业品牌，A 也将这些小区全都视为其垂直管理的面积。这个模式，接近于前述轻资产模式里的第二类。

如果这家房企希望继续全资运行它自己的住宅物业公司，不希望将其委托给第三方或合资股东代运营，但乐于付费购买某些硬软件服务或解决方案（例如数字化门禁系统），通过对这家物业公司提供技术服务，A 公司等于是间接地为它所管理的住宅物业面积提供了服务。但这是一种后台企业服务：在终端客户（小区居民）面前，A 公司可能是没有存在感的。这种服务，就接近本文所说的轻资产模式里的第三类：对同行/上下游企业提供的基础设施、技术及服务解决方案（SaaS）。

从垂直到平台的最经典案例，不是来自传统的房地产企业，而是来自房地产经纪/流通行业，即从链家到贝壳的转型：开放自己多年来研发出来的垂直解决方案及数据库，在业内构建一个更大的共享平台与生态体系，为接入体系的中小企业赋能，并整体提升行业标准。这个模式是可以在其他房地产细分行业里被效仿的。

仅仅对同行输出/提供硬软件服务或解决方案,可能还不是业务模式的"终局",毕竟硬软件服务、解决方案、SaaS 本身的收入是有限的。最后,房企可能转变思路,将这种 SaaS 服务免费化,而将其更多地作为连接实体社区、空间、场景及终端客户的手段。真正的经济潜力,其实来自工作、生活在这些空间、社区里的机构与人群产生的服务需求。这就涉及后文会介绍的轻资产模式里的第四类:为不动产及空间内的机构和个人提供服务及解决方案(增值服务)。

(四)第四类:为不动产及空间内的机构和个人提供服务及解决方案

人类绝大多数经济、社会、居住活动都是在人工建造的不动产/物理空间里进行的。在这个过程中,房地产企业的角色主要有两个。

第一个角色是空间营造者,即盖房子——房地产企业投资开发建设不动产/物理空间,在这个过程中,房地产企业主要通过开发销售物业获得收入与利润。

第二个角色是空间提供者,即出租房子——房地产企业将所持有的物理空间租给需要利用这些空间从事生产经营或生活的机构或个人。在这个过程中,房地产企业主要通过收取租金,以及为不动产及空间提供基础服务(基础物业服务)获取收入。

传统概念上的房地产业务边界是局限在空间营造与提供上

的。房地产企业通过出售及出租房屋赚钱。最简单粗暴的不动产逻辑，就是依靠地理位置：在所有人的运营能力都一样，对运营要求并不高的情况下，地理位置最能决定不动产的价值。

房地产企业做的是资产的生意，是不负责"运营"的。因此，空间营造后，空间入驻者（私域内）的经济活动、社交活动、居住活动、消费活动，是超出房地产企业或房地产行业的范畴的。

当然，也不能简单地一概而论，就空间提供而言，针对不同的业态，房地产行业的业务边界也会有所差异。比如，首先是写字楼，传统上，房企只提供商业写字楼空间就可以了，毛坯交付。其次是仓库，仓储物流企业传统上只提供仓库，库内运营是不需要管的。再次是租赁住房业态，房企就不能只提供空间了，还要提供家具、电器以及社区 / 到家服务。最后是购物中心，房企仅仅把购物中心在物理上营造出来是不够的，要负责整个商场的定位、招商及整体运营。但购物中心运营商仍然只是物理空间的提供者与维护者，不会进入商家的私域（例如接触商家的客户及货品）。

1. 房地产企业：在不动产与运营之间，总是偏向不动产

有的不动产空间比较简单（例如写字楼或仓库），对房地产企业运营能力的门槛要求比较低。这种业态其实也具有更强、更纯粹的不动产属性。业务模式和驱动因素相对比较简单，资产交给谁去管理都可以。那些偏好纯粹不动产逻辑的投资机构，例如更加关注底层资产长期稳定的现金流的保险公司，就特别乐于投资这种"简单"的业态。

有的不动产空间就比较复杂了，例如购物中心，其实已经进入广义的消费零售行业。一个商场管理得好与不好，完全看房地产企业的运营能力。由于对运营能力的要求非常高，也使整个市面上真正好的运营商屈指可数。我们看到，这种业务纯粹的不动产属性实际上已经"减弱"了：一个商场的价值不完全取决于其地理位置，还在于运营，很多价值从不动产转向了运营。如此一来，偏好不动产投资的机构，在进入这些业态时，就会更加谨慎：必须充分考虑房企运营商的能力。

还有一些不动产空间及业态是特别复杂的，譬如酒店、主题公园、康养/医养等，这些业态对运营的要求就更高了。这时，不动产（例如楼宇）只是基本的生产资料与固定资产，资产/业务的核心能力与价值都掌握在运营商手里。同一个不动产资产的价值在两个运营商手里会有天壤之别。运营商也都隶属与房地产全然不同的服务行业。这种业态的底层资产对"纯粹"的不动产投资者的吸引力也会更弱。

大多数房企的先天基因和底层逻辑是围绕不动产资产的，因此也发现，培养、发展运营能力是很不容易的，需要长期投入，而且需要一些企业管理和文化的改变。这种变化很难在短期内培养。如果市场比较好，仍能支持简单粗放的外生增长，那么大多数房企乐于留在"舒适空间"，继续通过空间营造（盖房子）和空间提供（出租房子）赚取收入，这样，自然也就不能在细分业态发展出很强的运营能力。

但如果中国的房地产市场发生了重大变化呢？如果企业都需要摸索新发展模式呢？那可能就需要培育发展新的能力了。

2. 对不动产、空间、社区内的机构与人群提供多种多样的服务

首先请注意，这里所说的"服务"，是指排除了"空间提供"（出租房屋）的其他服务。

为什么要做这种突破房地产企业传统业务的增值服务？前文已经围绕不同的业态进行了很多探讨，核心有三点。

第一，不能一辈子只做"空间营造"的生意。空间营造属于"一锤子买卖"，规模不会永久持续增长。总有一天，社会就不需要再建造这么多房屋了。对于房地产企业来说，如果所有的房屋都建成卖掉，与自己无关了，那以后做什么生意呢？

第二，仅仅做"空间提供"的生意是不够的，还可以更进一步，因为对大多数业态来说，租金收入也会有瓶颈，主要表现为三个方面。一是可能受到政策限制。例如租赁住房，租金增长及绝对水平都有可能面临政策限制。二是许多业态的内生增长潜力是有限的，租金未必能无限、超速地增长，不少空间也有替代的业态类别，另外与租户的支付能力息息相关。三是在大多数业态里，房企收取的租金与租户在空间内进行经济、社会、居住、消费活动无关，无法"连接""挂钩"，房企除了坐地收租之外，得不到更多的经济收益。

第三，通过提供不动产空间，房企与空间的使用者（机构或个人）其实是可以近距离接触的（掌握"场景"），有可能"近水楼台先得月"，在痛点领域提供一些服务。一旦突破，就可以将空间作为"入口"，扩大自己的业务范围，扩大收入来源。这里举一些例子。

住宅社区物业管理。住宅物业管理，原本只提供"基础物管"（保修、保绿、保安、保洁），局限在公域。现在，则发展管

家模式，积极探索对社区内的居民（包括业主及租住者）提供各类增值服务，包括各类生活到家服务。从定期保洁及设备维护、家政、经纪、装修装饰、社区零售/团购、宠物，都是"赛道"。

租赁住房。为租住者提供各类到家服务，例如家政、清洁维修、搬家、社区零售乃至出售家居用品等。

仓储。对仓库使用者提供仓库内或与仓库场景相关的运营服务，从冷链、智慧/数字化管理、分拣与加工、金融到供应链管理。

写字楼。为企业提供设施/资产管理及一体化办公解决方案，以及其他与办公场景相关的工作或生活服务。

购物中心。依托会员体系及线上数字化体系，为商家引流，增加其经营面向的物理覆盖半径，扩大收入基础。

这些在本章前面围绕各业态的文章里均有简单探讨。针对每一个自己持有、管理、对外提供的不动产业态与空间，房地产企业都可以研究探讨围绕这些不动产与空间，针对里面的机构、人群有可能提供哪些服务。

背后的本质是把不动产空间变成"场景"，变成了线下"流量"的"入口"，变成业务经营的"手段"（而非"目的"）。

房地产企业需要从过去的"空间营造者"和"空间提供者"，发展成为依托物理空间为客户及消费者提供服务的服务型机构、运营型机构。如果能够完成这种发展转型，房地产企业的业务也会从过去简单的不动产逻辑，转型至运营与服务逻辑；房地产企业可以与实体经济、新经济、新发展模式及背后一系列有利的监管资源及资本市场资源实现对接。

四、轻资产模式全贯通

本章我们总结了四种轻资产模式。一个探索新发展模式、寻求转型迭代的房地产企业（我们叫它"A公司"），理论上可以同时具备各种能力，并把这些业务都"串"起来。

第一步，基金业务及资产管理。A公司组建专门投资于不动产业态的基金——A基金，自己担任A基金的GP（普通合伙人），并引入若干大型金融机构作为LP投资者。所选的不动产业态，应当是易于构建资本循环的政策鼓励业态，例如租赁住房、仓储物流、产业园等。A公司可以围绕不动产业态的不同阶段，组建不同的基金，并基于基金收取管理费及超额收益。虽然A公司在基金组建时需要付出部分资本金，但在后续基金存续阶段，与基金管理费相关的收入都是轻资产的。

第二步，不动产的委托建设及运营管理（代建、代运营、委托管理）等。A基金选择A公司负责不动产业态的建设及持续运营。A公司可以在开发阶段分走与开发建设相关的咨询及服务费用，在持续运营阶段分走与运营相关的委托管理费用。付费方是A基金。同时，A公司的代建与委托运营管理服务对象远不只A基金，还会向各种其他市场机构（包括政府、企业、同行等）提供服务、收取费用。这些服务是A公司重要的业务板块。

第三步，提供SaaS/BPaaS等企业服务。A公司还可以为A基金投资的项目提供各种服务，例如，付费购买A公司自主研发或参控股的内部管理、用户界面、物联网、智能与数字化、绿色、硬软件产品及服务解决方案，将A基金的项目纳入自己的上下游供应商体系内（BPaaS），将A基金的项目总体纳入A公司一体化的科技体系、会员体系、平台内,并收取服务费用等。

第四步,为 A 基金不动产项目内从事经济、社交及生活活动的机构及个人客户提供增值服务。这时,A 基金投资的不动产项目变成了"场景"和"入口",A 公司可以为不动产项目里的机构或个人客户直接提供其所需的增值服务。

对于住宅社区、租赁住房等面向或触达终端消费者(2C)的业态而言,将第三步与第四步结合起来是很关键的。例如,A 公司可以先对第三方的住宅社区及租赁住房运营机构或业主提供能够满足其日常运营所需的科技基础设施/SaaS 服务,然后导入 A 公司建立的成熟的会员体系及 2C 增值服务解决方案,譬如,可以对居住在社区内的终端消费者提供一些已经"跑通"的社区团购、到家产品及服务解决方案。这时,SaaS 就只是一个提供"流量"的基础设施而已,可以以较低的费用提供,甚至免费提供。长期看,A 公司更关心的其实是如何转化终端消费者背后的经济潜力。

房地产企业最后的转型迭代,是一环套一环的。原本以为盖房子就是终局,后来会发现,原来盖房子(空间营造)只是创造了线下(实体店)的"场景"和"流量",真正的下半场是利用这些线下场景去做产品、做服务。

在全链条里,都可以采用轻资产模式。用轻资产去做开发,用轻资产去做管理和运营,用轻资产去做科技,用轻资产去做服务。房地产本来是资源整合型的行业,属于"赚快钱"。要看到,后面第二类、第三类、第四类的轻资产业务,对企业的持续投入及长期主义理念都有很高的要求,成功实践出来并不容易。

而且,在真实世界里,轻资产的第一步基金化/资产管理与后面几个步骤可能是有"矛盾"的——A公司可能会发现，自己做基金化/资产管理的能力越强，就越有可能把业务止步于资产管理，而没有动力再在垂直业态里发展运营能力。这时的房企，只是发展成某种带有"类金融"属性的企业，没有脱离不动产的逻辑，也没有真正"脱虚向实"。在获得了金融资源的支持后，如何继续保持定力，遵循长期主义，发展垂直领域的运营及服务能力，也是企业要面临的挑战。

下一步，我们再探讨如何拉通看似不关联的不动产空间、整合企业内部资源。

第十五章

拉通各种不动产业态、空间、赛道

房地产企业在"空间营造"（盖房子）的历史发展阶段中，出于各种各样的原因，会投资、开发、建设并管理许多不动产或空间业态类型。其中包括主动原因——自身业务发展诉求，也包括被动原因——政府在土地出让时可能规定了特殊的条件，典型如购物中心、租赁住房、写字楼、酒店等。前文写过，地方政府是将房地产企业作为城市发展建设的工具和手段的。

经过十几年甚至 20 多年的发展，大多数全国性房企都会发展出若干不动产及空间管理下的业务部门，其中有的可能比较成熟，是成规模、成体系、成品牌的，在全国范围拥有行业竞争力，例如住宅物业管理、购物中心、写字楼、租赁住房/长租公寓等。有的则可能规模不大，尚不成规模体系，收入和利润贡献有限，还属于尚在培育摸索阶段的"长尾"业态。

早些年间，大多数房企都将不同的业态划至不同的、独立的板块事业部门管理，例如住宅物业、购物中心（或商业运营）、写字楼、酒店文旅、长租公寓等。同时，绝大多数房企在划分事业部时，都按"轻重结合"的原则去做。例如，购物中心板块/事业部旗下一定是既拥有商场的产权，也负责商场的运营。业主和运营团队是"一体"的。板块必须是"重资产"的，业主和经营不能分开。迄今为止，很多企业还按照这个原则去运营。

几乎所有的房地产企业过去"默认"的操作都是，房地产母公司的主要收入来源还是住宅开发销售，而所有这些涉及持有型商业或重运营、服务的板块，都属于新板块，在相当长的一段时间内都需要在集团的支持下孵化发展。这些板块未来如果能获得资本市场的助推更好，可以考虑"成熟一个，上市一个"。因此，集团会单独为这些板块分别打造专门的控股实体/平台，安排管理层激励（以激励投身到新板块的创业经理人），并积极在上市前引入外部投资者。

这会带来多个方面的问题，早些年是看不见的。

其一，由于每个板块的平台都持有资产，所以都是重资产的。在资本市场看来，这些板块如果上市，都属于房地产/不动产行业，虽然隶属不同的细分领域，但底层估值逻辑是近似的。而资本市场上，无论是一级还是二级，房地产相关投资都是非常专业、非常细分的专门领域，是一个小的"圈子"、小的"泡泡"、小的"宇宙"。从买方到卖方，都有常年积累下来的极度顽固、几乎不可能改变的底层商业思维和估值逻辑。2010年后，投资中国内地房地产行业的专业投资者对房地产企业平台做股权投资时，不会给业内企业很高的估值倍数，通常对于一次性的、非可持续的开发销售类业务，给个位数的市盈率（3~6倍）；对于可持续的、底层资产有增值潜力（排除二房东模式）的收租型业务，可以给10倍至十几倍不等的市盈率。

一家房地产上市企业如果分拆、派生出一家隶属同行业的房地产上市子公司，追寻同样的投资者，只会带来一种结果，即"过度资本化"，或通俗地说，资本市场"内卷"。还有一种说法，是"自相残杀"。为什么？因为投资者还是原来那拨人——投资房地产的基金经理。分拆本身很难带来新进的增量投资者。分拆上市后，确实总会有些人愿意更加"贴近"资产与现金流，转而投资分拆上市的子公司。但也有人不看好单一业态，希望把投资留在集团。无论如何，拥有多个隶属同一行业的上市公司，会分摊、稀释现有的存量投资者资源，使各个平台都要忍受所谓的"估值折价"。这就是一加一小于二的问题，分拆并没有创造价值。相反，有可能在削减价值。

突破这种困境的唯一办法，就是"错位"：从集团里分拆出来的子公司，应当是轻资产的，不带资产，只做运营，因此也会脱离房地产/不动产属性，也有可能吸引来自地产圈以外的投资者，如消费、科技等新经济行业的增量投资者。

那么有没有成功的案例呢？有的，从2019年末开始，至2020年新冠肺炎疫情暴发后"井喷"的浪潮——房地产企业分拆物业管理公司上市。物业公司完全是轻资产的，被认为具备消费和科技属性，同时符合国家数字化治理的大方向，一度吸引了大量非地产领域的投资者。物业公司的估值（按市盈率）一度也达到了最有吸引力的互联网、消费、科技公司的水平。当然，伴随许多房地产企业在行业调控和重组下出险，潮水已经退去，许多新进投资者表示看不懂，暂时退出了这个行业。但对于房地产企业而言，方向是非常清楚的：必须脱离不动产/房地产的经营思维，拥抱消费，拥抱科技，拥抱新经济，才能获得监管支持，才能受到资本市场的青睐，才能在未来的 20 年里找到新生。

在这股浪潮里，不少头部公司也借势将住宅物业管理以外的其他板块，例如购物中心的运营管理或写字楼的基础物业管理等，一并打包纳入住宅物业管理公司里一起上市，让其他业态也"坐享"住宅物业管理拥有的较高估值。

这一资本市场主导的现象，打破了许多公司原来的业务组织架构：把业态按照不动产/空间业态类别去划分，每个板块都是轻重结合的。

新趋势下，对每个经验板块都要做"轻重分离"：业主一个"团队"，运营一个团队。业主要对分离出来的运营团队收取一定的"管理费用"。这就和开发商在聘请国际品牌酒店管理公司管理自己投资开发的酒店时需要支付费用一样。

然后，把轻资产化的商业地产运营团队也划入住宅物业管理公司，一起组合成一个更大的公司，利用更大的收入与利润，获取更高的估值，并进行融资，支持业务发展。

在这个过程中，不仅房地产企业旧有的板块划分模式被打破了，而且人们还惊奇地发现，不同的不动产业态/空间之间是有巨大的协同效应的。只有把原本看似不相关的部门组合在一起，建成一个新的公司、新的团队，才会发现并积极利用这种协同。

其二，如果每个不动产业态/板块都分割设立，有各自独立的法人实体及平台、独立的管理团队及对应的激励机制、独立的外部股东、独立的公司治理、独立的资本运作计划，那么每个业态都会形成自己的商业逻辑、自己的导向、自己的思维、自己的利益、自己的算盘。如此，可能并不利于增进彼此的协同合作与文化认同，并可能显著增大彼此协同合作的成本及挑战。

许多房企仍然存在这样的板块割据、割裂、分割的问题，部门之间难以真正有效拉通。国企有国企的问题，民企有民企的问题，具体原因不同，要么和人事有关，要么和企业领导的战略思维有关，要么和执行力有关。但无论如何，结果都是类似的：分割的局面会阻碍不同不动产业务部门之间的拉通及协作，会阻碍房地产企业在探索新发展模式阶段里的迭代发展。

一、不同的不动产业态及空间之间，到底有什么样的协同？

那些看似不相关的不动产业态及空间之间，到底有什么样的协同呢？应该如何理解呢？

我们不能把这些业态视作割裂的、不相关的、不相联系的物理空间与存在。

连接这些不动产业态与空间的纽带，不是这些空间的物理属性，而是使用这些空间的人！

我们每个人每天都在生活、工作、社交、消费、娱乐，或独自进行，或与家人一起，或与同事一起，或与朋友一起。在不同的时段，我们需要不同的物理空间。深夜，我们在家里睡觉休息。白天，我们在单位上班，这时候我们可能进行餐饮消费或网络购物。下班及周末，我们可能去商场购物。赶上节假日，我们会到旅游目的地旅行。我们在功能各异的各种物理空间里，完成自己的经济、社会、文化娱乐及居住活动与需求。

我们大量的消费活动、经济活动，都是在这些线下空间里购买并交付 / 实现的。

拉通不动产业态与空间的核心要义，就是要越过不动产／物理业态，直指那些使用空间、依赖空间的终端个人消费者／客户——他们的时间，他们的需求，他们的消费。

也因为所有人都离不开物理空间，因此，当覆盖的不动产业态／空间／场景越丰富、越广泛，广度和密度越大，就越能触达、覆盖一个消费者生活／工作周期里更多的部分。

当企业围绕各种不动产业态／空间提供的增值产品与服务越丰富、越广泛、越多元、越及时，就越能满足痛点，质量也越高，就越有可能"近水楼台先得月"，成为消费者／客户的首选。

这里，我们可以设想一些跨业态场景——假设消费者始终生活在房地产企业（Ａ公司）运营和管理的不动产业态及空间里。

- Ａ公司管理的住宅小区里的居住者，有没有可能去Ａ公司管理的购物中心消费？
- 在Ａ公司所管理的购物中心，商家能不能在Ａ公司的支持下，对Ａ公司管理的同城甚至跨城住宅小区的居住者进行定向营销，例如社区团购、过季／尾品拼购等？
- Ａ公司管理的写字楼／产业园里的企业员工，有没有可能去Ａ公司管理的购物中心消费？
- 在Ａ公司管理的购物中心，商家能不能在Ａ公司的支持下，对Ａ公司管理的同城甚至跨城写字楼／产业园里的员工进行定向营销，例如社区团购、过季／尾品拼购等？
- Ａ公司管理的写字楼／产业园里的企业员工，有没有可能租住Ａ公司管理的长租公寓？是否可以做营销或导流活动？

- A公司管理的长租公寓的租客，有没有可能去A公司管理的购物中心消费？
- 在A公司管理的购物中心，商家能不能在A公司的支持下，对A公司管理的同城甚至跨城租赁住房的租客进行定向营销，例如社区团购、过季/尾品拼购等？
- A公司管理的住宅小区及租赁住房/长租公寓客户，能否共享A公司开发出来的到家服务/本地生活服务？
- A公司能不能开发一些针对旗下全业态用户的社区零售服务，例如团购、"优选"等，并与电商平台合作？
- A公司能不能开发一些适用于在旗下管理的所有空间内推广的产品与服务，例如无人售货柜、存储及前置仓等？
- A公司能不能将旗下管理的空间的客户人群，例如住宅小区、租赁住房、写字楼等，导向自己投资开发的其他业态，例如酒店、文化场馆、主题公园、康养/医养、教育？
- A公司能不能向管理的写字楼/产业园业态里的企业员工推广自己基于住宅社区开发出来的2C家装业务？
- A公司能不能向管理的住宅小区的居住者及写字楼/产业园业态里的员工营销推广自己在租赁住房"赛道"开发出来的家居解决方案，例如智能家居/电器、生活方式设计等？
- A公司能不能向管理的写字楼/产业园业态里的企业员工推广自己在同城住宅社区及租赁住房开发出来的到家服务，例如家政、保洁、维修等？
- A公司考虑发展房产经纪业务，能否将房产经纪业务推广到自己全业态的客户群体，例如，帮助自己所管理的写字楼/产业园业态里的企业员工购买A公司开发的住宅项目，参与A公司管理的租赁住房项目或第三方租房项目？

- A公司布局了仓储物流行业，能否为购物中心或写字楼/产业园的企业租户提供物流解决方案？
- A公司管理的购物中心的商家客户、写字楼企业客户，有没有可能成为A公司管理的租赁住房的机构客户？
- A公司开始布局健身、宠物之类的赛道，可否在自己所管理的全业态终端用户中推广？

可以看到，这种跨业态的协同合作是没有边界的。人们所缺乏的往往只是想象力和执行力。

所有看似不相关的不动产业态与空间，都可以通过终端使用者（包括机构和个人）连接起来，都可以找到彼此之间的业务逻辑。不同业务部门的人，只要坐在一起头脑风暴，就会想到无数的协作可能。

房企要追求的是，所管理的不动产业态与空间类别要更广，密度要更大，数量要更多；所提供的满足消费者痛点需求的垂直产品与服务要更多，质量要更高，口碑及品牌效应要更好。都做到了，房企就可以获得很大的客户忠诚度与黏性，在客户的经济生活中（及可支配收入里）获取更大的份额（"分得更大的一杯羹"）。

在房地产行业的上半场里，房地产企业已经学会了在一些特定的不动产业态，例如购物中心和物理相连的综合体里，为终端消费者提供"一站式服务"。

在房地产行业的下半场里,房地产企业要学会在所有不动产业态里——甚至那些看似不相关,也没有物理联系的业态之间找到协同,为终端消费者提供更加广泛的"一站式服务"。

二、如何才能拉通不动产业态与空间?

首先,要有好的企业内部管理体制——能够把不同业务部门的融合、拉通、协同作为企业管理的重要目标。

能在"下半场"取胜,甚至最终对"线上经济"发出挑战的房地产企业,一定是内部融合协作做得好,不动产业态/赛道充分拉通、打通,业务理念及管理目标高度一致的公司。那些战略上想不清楚,人事上摆不平,内部诸侯割据、壁垒重重的公司将被甩在后面。

理念上的一致是重要起点,房企要实现对所有业态的拉通与协同,还需要好的工具手段——那就是建立在科技基础上的会员体系。

第十六章

构建大会员体系，实现不同业务与业态的融合贯通

一、问题的背景

中国房地产行业的新发展模式里，业务逻辑会由土地与房产的投资开发建设（空间营造），逐渐转向管理、运营（空间提供），并进一步迭代，转向为空间内的机构与个人客户提供各式服务（基于不动产/空间等物理场景为终端客户提供服务）。

房地产企业也将看到，自己所持有及管理的各种看似不相关的不动产业态、空间与资产之间，是存在内在联系的：它们都是人们每天生活、工作、消费、娱乐、社交所需要依赖的"物理"场景。也正是这些空间使用者，能够把这些看似不相连、不相关的空间"串"在一起：他们晚上在住宅社区居住，白天在写字楼或园区上班，午间和晚上在购物中心消费。对于人们来说，这些空间，就是最真实、最直接、距离最近的场景。

在新发展模式里，一方面，房地产企业要尝试在不同的业态里突破基于不动产租金（及固定收费）的束缚，"破位"思考，把不动产空间看成某种"场景"及"入口"，利用所掌握的得天独厚的场景优势（"近水楼台先得月"），触达空间里的机构与个人客户，为他们提供所需的产品与服务。另一方面，要以客户的生活习惯、需求、视角为导向，为理解、挖掘不同的物理空间之间可能存在的联系创造更多的业务协同与生意场景。

二、问题的提出

在实际操作里，不同的不动产空间虽然存在某些协同联系，但从运营效果的角度看，可能彼此还是割裂的。举几个例子。

情景1。C女士在A公司管理的品牌租赁住房里居住，或在A公司管理的住宅小区里居住，在A公司管理的写字楼里上班。C女士有固定的消费需求——到购物中心就餐、购物、看电影等。C女士生活及工作的周边区域有好几个购物中心，包括A公司及其他竞争企业管理的购物中心。同时，由于A公司管理的购物中心的位置稍微远一些，隔了一条大马路。为了方便，C女士可能会就近选择其他购物中心。因此，虽然A公司管理的购物中心、租赁住房、住宅小区及写字楼的客户人群有一定的协同效应，但在现实世界里，因为存在竞争，所以这些物理空间仍然是割裂的。为了吸引C女士克服不利的地理条件到A公司管理的购物中心消费，A公司只能把自己的购物中心做得比周边更好。

情景2。C女士在A公司管理的写字楼里上班，平时就在写字楼旁边的一个购物中心消费。购物中心也是A公司管理的。现在，C女士突然有一个诉求：需要租房。她有两个选择，一个选择是A公司管理的品牌长租公寓，另一个是X公司管理的品牌长租公寓。A公司和X公司的长租公寓都不错，价格也差不多，区别在于，如果坐地铁上班，A公司的长租公寓要比X公司的远两站地。那么C女士如何选择呢？大概率会地理优先，选择X公司的品牌公寓。除非A公司公寓的性价比显著优于X公司。

情景3。C女士在A公司管理的住宅小区里居住，也经常去A公司管理的购物中心消费。这时，C女士在生活居住场景里遇到了具体的产品与服务诉求：厨卫浴改造，希望把家里的总体装修质量提升一下。这时，C女士发现A公司管理的小区物业也能提供类似的服务，质量与同行相比，是可圈可点的。优点在于，这是物业公司提供的服务，物业总是跑不掉的吧，出了问题总能找到。如果说劣势，就是小区物业提供这项服务的时间还比较短，周围用的人少，相较于大的家装品牌（有些还是上市公司）可能还有差距。C女士一时拿不定主意。这时，物业公司也在努力争取：由于产品服务相对比较同质化，如果没有特别明显的性价比优势，可能并不容易拿下这单生意。

情景4。C女士在A公司管理的小区里生活，也在A公司管理的写字楼里上班。C女士知道，A公司与某品牌合作，推广无人售货柜生意，卖一些饮料和食品。这在A公司管理的小区及写字楼里都可以见到。某一天，C女士来到一个高速公路服务区，或者一个异地的电影院，打算买东西，看到了A公司的无人售货柜——同时，旁边并排还有两个其他公司的无人售货柜。A公司售货柜里的商品是她熟悉的，但两个其他公司的无人售货柜里的商品不同，而且好像还挺便宜。这时如何选择？要不要图个

第十六章 构建大会员体系，实现不同业务与业态的融合贯通 / 399

新鲜？

情景 5。D 公司租用了 A 公司管理的写字楼，采用了 A 公司所提供的一揽子办公解决方案——从前期的装修，到办公硬软件设备的提供，再到持续运营维护，甚至还有 D 公司提供的一些企业及员工服务（例如员工团餐）。现在，D 公司又有了几项新的需求。一是跨城的办公解决方案，需要在全国若干其他重点城市提供方便的差旅工位；二是要签一个全国范围的酒店协议计划，享受优惠；三是在总部的同城周边租用一些集体员工宿舍，让初级员工使用，作为公司福利。行政部门可能需要依据每项需求逐个寻找供应商/合作伙伴。A 公司在每项业务里都有布局，都能提出有竞争力的解决方案（虽然未必就是同行里最优的），但各个事业部并没有拉通、打通，未上升到总对总，也没有提出优惠计划，只是分别且独立地与 D 公司洽谈，安排各自的投标。

这些场景遇到的问题，是共性的，都是如何吸引、绑定消费者，提升其黏性、鼓励其重复消费的问题，都是如何拉通、协同不同业态、空间内产品与服务的问题。解决方案就是：会员体系或忠诚计划。

情景 1 的解决方案。A 公司要发展 C 女士成为住宅小区的会员，通过住宅小区的所有产品与服务和场景换取积分——从门禁、物业费到各式到家服务及本地生活服务；同时，要发展 C 女士成为写字楼用户会员，在写字楼区域内的活动也可以换取积分，从停车场到大堂里的咖啡厅和其他写字楼内的商家，再到在写字楼里推广的消费活动。A 公司的购物中心隶属同一个体系，也可以积分。这些消费积分可以用来兑换各种优惠与服务，譬如住宅小区里一小时的家政服务、一次遛狗服务，或写字楼里的一杯咖啡或一次免费停车。这样，C女士就有动力去A公司的购物中心消费了——通过积分提升自己的等级与权益。这时，穿过一条大马路又算什么呢？

情景2的解决方案。C女士是A公司的购物中心及写字楼的会员，已经拥有了不少积分。如果住在A公司的品牌公寓，能在同一个会员体系里利用租金换取积分及权益，不就很方便了吗？以后，C女士可以换A公司管理的购物中心及写字楼的消费权益，再用购物中心及写字楼的积分换取公寓的消费服务（例如家政及社区团购），那岂不是非常方便？这时，C女士会心甘情愿多坐两站地铁，住到A公司的公寓里。

情景3的解决方案。C女士被告知，使用A公司小区物业提供的厨卫浴改造可以积累积分，提升自己的会员权益。往后，C女士装修的售后服务肯定是有保障的，除此之外，还可以兑换A公司小区物业提供的其他到家服务，并可以在A公司管理的购物中心、异地酒店及其他所有业态里享受消费权益。C女士毫不犹豫地会选择A公司小区物业提供的服务。

情景4的解决方案。C女士发现，A公司的无人售货柜是可以利用其会员体系积分的。这就意味着，在异地的一个高速公路服务区获得的积分——这样一个小小的消费行为——未来也可以帮助她获得在A公司住宅小区或办公室里的消费权益。因此，每一次积分都是有意义的，都可以转化为某种权益。这时，C女士会毫不犹豫地选择A公司的无人售货柜。其他无人售货柜一点机会也没有。

情景5的解决方案。之前4个情景都是2C的（面对个人消费者），只有情景5是2B的——A公司要把D公司作为一个"企业会员"看待，在总对总的基础上谈一揽子合作。在各个业务线上，A 公司都要给 D 公司这样的大企业客户优惠，以在多业态、多场景、多城市、多产品与多服务的基础上服务 D 公司为目标。最后，A 公司要算总账，算一算在这个企业会员上获得了多少收入，这些收入都可以归入 2B 的企业服务。然而，A 公司的目标绝对不应该止于 D 公司的机构本身，而要看到 D 公司背后更大的客户群——D 公司的员工，要把 D 公司的员工都转化为 A 公司的会员。这时，D 公司作为一个 2B 的机构客户，其实也是 A 公司 2C 业务的"渠道"。

当年获得资本市场（主要是一级市场）超高估值的 WeWork，就是把 2B 服务与 2C 服务高度融合，建立在"二房东"基础上的空间服务以及企业服务 /2B 业务，只是一切 2C "流量"的入口。更大的生意最后其实是 2C。

三、会员体系的本质

综上分析，会员体系的本质可以归纳为三个方面。

第一，会员体系是联系、连接各种不动产空间 / 业态的"纽带"，是各种不动产空间 / 业态突破各自物理及时空束缚的关键所在。

第二，会员体系是提升客户黏性与忠诚度的核心——鼓励他们重复消费。

第三，做大会员体系的核心，是要突破特定物理场景的约束，要丰富积分兑换及使用的场景。

而我们发现，除了个别天然具备网络效应的业态（例如酒店）之外，依赖单一业态去构建强大的会员体系是很难的，几乎不可能。

这里举个例子：购物中心。我们每个人都会去购物中心消费。但是，有多少人会真的加入单个购物中心的会员体系呢？因为你知道，这个会员体系只和这个特定的购物中心有关，而你周边有好几个购物中心，并不是非得去这个购物中心消费；单个购物中心的积分场景太少，优惠活动也很有限，你想了想，加不加入会员都无所谓了，加了没看到有什么好处，还麻烦，无论是App还是小程序，都不下载了，是不是会员都一样；会员体系也不强大，看了一下，发现哪怕是在这个购物中心内，有很多地方也不认会员；购物中心里换的积分，最后还得在购物中心使用，还是得买东西，如果不买东西，这些积分就花不出去，没有其他的兑换场景，而且还有使用期限，所以这种积分就是忽悠客户的噱头；和许多餐厅的会员体系与积分一样，客户说他总共也来不了几次，还要办个会员、搞个积分（也积不了多少分），多麻烦啊。

因此，会员体系的核心，是要能真正贯穿各种业态，全场景适用，并实现全场景应用。

四、酒店及其他传统会员体系的启示

在本书第十三章就提到了酒店品牌集团特别善用会员体系／忠诚计划，通过对核心客户予以奖励，不断提升其忠诚度与黏性。我们可以参考酒店及其他一些线下行业，分析一下当会员体系做大做强到一定规模的时候可以实现的效果。

（一）突破物理与空间局限

强大的会员体系是可以帮助每个酒店"弱化"或"突破"其所面临的物理或空间约束的。举个例子，本来，一家酒店的位置可能不是最好的，但因为它所属的会员体系足够强大，就可以让会员放弃那些从区位上来看更有优势的酒店，从而转到这个酒店来消费。这就突破了物理和空间约束。

（二）通过返利，增加消费意愿与消费频度，并增加新的业务场景

会员体系的核心是权益和返利，通过返利，对忠诚用户予以奖励，鼓励其在体系内重复消费。很多行业都会对会员客户进行返利，这里可以再比较一下。

对个人消费者的让利，例如航空公司允许会员用累计的积分兑换机票。这就是对核心客户的让利，相当于买多少张机票就送一张机票，对他们的总体消费打了一个折。当然，航空公司的生意逻辑还不仅限于此，因为大多数核心客户都是商务差旅客户，是单位/机构付费的。对这些人来说，剔除基本的服务质量与安全因素，选择哪家航空公司都是一样的，反正都是单位付费。但兑换机票通常是个人诉求。允许个人利用公务差旅飞出来的积分去为个人出行兑换机票，其实是让个人享受了好处。从经济学（而非法律的）角度来看，这其实是商家对个人的一种"收买"。通过此举，航空公司可以将个人锁定在自己的体系内。而在这种会员积分兑换机票的行为早已成为行业的普遍操作之后（"内卷"

的结果），对于航空公司来说就不是选择了，而是要提供的刚性福利。

创造新的客户及消费场景，例如餐馆给客人送代金券。到一家餐厅吃饭，饭后，餐厅会给客人送一堆代金券，表示客户在指定日期内再来消费，可以使用这些代金券。客人觉得菜还可以，可能为了图这个折扣，在指定日期之前又来消费了。消费完，餐馆又送新的代金券。餐馆等于为单次消费支付了一点额外的营销成本，却提升了客户的满意度，创造了新的消费场景，并增加了客户黏性。在新的场景里，客人有可能会带上之前没来过的朋友（新客户），同时点单的总价可能也不菲，最终增加了餐厅的收入与利润，因此这是一件很划算的事情。

酒店的积分融合了对个人消费者的返利及创造新的消费场景与客户。酒店和航空公司的共同点在于，一方面，很多高频核心客户都是商务客户，积分是机构/单位付费的，但会员权益和返利又是对个人进行的，所以可以视作某种"收买"。另一方面，星级酒店收入的一半来自房费以外的增值服务，例如餐饮和其他娱乐。因此，送出一两晚的房费或升级优待，却可以鼓励消费者发生其他的消费活动，可以带来新的客户（例如会员的家人），可以增加会员对品牌的总体体验及满意度，最后都是划算的。

（三）增加客户重复消费的意愿

会员体系/忠诚计划的核心是奖励忠诚客户，通过给予他们一些特别的权益，进一步培养他们对体系的忠诚度，鼓励他们不断在体系内消费。实际上，消费者也普遍认为自己的忠诚应该换来某些特殊待遇。因此，会员体系/忠诚计划针对不同的会员一定要提供具有等级差异化的权益，例如，要设定不同等级的会员（银卡、金卡、白金卡等），为不同等级的会员匹配不同的"专属权益"。这其实也是在挖掘和利用人类的心理机制。实践证明，这种体系对鼓励人们重复消费（甚至是"成瘾"消费）有很大的促进作用。

（四）建立网络效应及竞争"护城河"

网络效应的核心是，网络越大——包括更大的广度、更大的密度、更多的会员数量、更广泛的合作伙伴、更丰富的产品与服务等，就越能赋能网络内的每个单位。网络内，每增加一个新的业务单位（例如酒店），每增加一个新的客户（酒店住店客人），都是对网络全体成员的赋能。网络效应是一种极强的、难以取代的"护城河"。很多网点型、分布型、连锁型的行业/业态，都非常依赖网络效应的赋能。除了酒店外，还可以列举无数的例子，例如便利店、航空公司联盟。

便利店。例如，每增加一个全家便利店的店面，或者每发展一个新的会员，都是对全家便利店网络的增强，都是对网络其他成员的赋能。具体而言，新发展出来的会员，在跨区活动（例如游玩或差旅）时，到任何其他一家全家便利店消费的可能性都增加了。另外，全家便利店的店面越多，消费者就越有可能加入会员体系，产生重复消费的可能性也就越大。同理，酒店也是一个典型的依赖网络效应的行业。

航空公司联盟。航空公司联盟是典型的规模越大越强，单个航空公司的航线有限，会员积分因为兑换场景少，所以意义不大。但加入联盟就不一样了，可以享受到网络效应：所加入的联盟内的航空公司越多，联盟所覆盖的区域、航线、机场数量越多，会员的基数就越大，则网络效应赋能越强。每个加入联盟的航空公司及每条航线，都可以受到联盟的赋能。这就是典型的网络效应。

（五）品牌效应

当会员体系大到一定程度时，会员本身就成为一种品牌的化身，而且具有很强的规模效应。

酒店行业。各种国际酒店品牌都有忠诚计划，例如万豪、希尔顿、洲际、凯悦、雅高、华住会等。这些忠诚计划的知名度可能远远高于酒店子品牌，客户也是被大的酒店品牌集团及会员计划吸引到子品牌来的，进来之后，才增加了对子品牌的了解及体验。

航空联盟。每个区域都有自己的优势航空公司，但离开了自己熟悉的区域，可能更熟悉的就是航空联盟——天合联盟、星空联盟、寰宇一家，人们有可能优选那些自己熟知的、有会员积分基础的航空联盟的航空公司。因此，在全球范围，航空联盟是超越具体航空公司的更大的品牌及忠诚计划。

当会员体系规模及影响力大到一定程度的时候，实际上就是一个平台、一个品牌，可以为加盟的商家和品牌赋能。所有标示这一会员体系的品牌，其实也都是对会员体系/忠诚计划平台本身的宣传与赋能。换句话说，每一个商家和子品牌都在为共同的会员计划/平台做宣传。体系内每一个商家也都可以受益于其他商家对会员平台宣传的成果。这种品牌效应，背后也有网络效应及规模经济等机制的作用，也只有会员体系大到一定程度，才能发挥作用。

（六）在不同消费行为与消费场景之间进行交叉赋能

消费行为可以根据不同的"维度"去归类，举几个例子。

因公与因私。出差坐飞机、住酒店属于公务，自己出去休假、探亲、旅行时坐飞机、住酒店则属于私事。

高频与低频。经常进行的消费属于高频消费，典型如购买生活用品、出行、餐饮等，买房、买车属于低频或超低频行为，购买奢侈品（例如包、表等）等属于低频或中低频行为，因私旅行、探亲（酒店、机票之类）属于中频行为。

高单价与低单价。依照消费或经济活动的单价来划分。买房、租房、买车、买奢侈品，都属于高单价。日常消费一般是低单价。酒店和航空属于中间水平。

可选消费与必选消费。必选消费（或刚需）一般都和基本生活有关，例如衣食行和居家生活；可选消费则一般都是"可做可不做"的消费，例如买奢侈品之类的（炫耀性消费），往往是单价更高，频度更低的消费行为。

这些都是对消费行为的描述维度。这样的维度还可以有很多。

我们发现，越是低频的、单价高的、可选的、因私的，个人买家/消费者的"选择权"作用就越大：他们可以选择买或不买，消费或不消费，以及什么时候消费。正因为是可选消费，因此即使不消费，也不会有什么后果。但对卖家/商家而言，能够确保买家做出消费决策，并在做消费决策时选择自己，就至关重要了——这关乎自己从事生意的存在与发展。

越是这样的消费，就越需要卖家能够提供高质量的产品与服务。但光有好的产品与服务可能还不够，最好还有平台、品牌、会员体系提供的渠道和流量支持。

酒店和航空行业都特别需要会员体系平台提供的支持。

会员体系提供资源共享的一个核心，是以会员权益为纽带，在不同的消费行为及场景之间进行交叉赋能。因公赋能因私。让因公消费场景产生的个人会员，在其因私消费场景中回到同一体系。如此一来，可以实现因公/商务消费对因私消费的"导流"。从酒店行业的角度来看，也是2B赋能2C：将2B业务（与企业客户的协议价格）转化为2C业务（客户员工的因私行为）。

高频场景赋能低频场景。有的消费目的地和场景是高频的，譬如涉及一线城市及核心旅游目的地的航线及酒店。有的目的地和航线则是低频的，譬如二线及以下城市旅游、跨境旅行、非热点旅游目的地的酒店等。会员在高频场景消费，积累了会员权益，当他们需要到低频场景消费时，就可以通过在同一会员体系内的酒店或航线消费兑现权益。这就实现了用高频场景赋能低频场景。

必选消费赋能可选消费。也是同样的道理，因公/商务差旅是必须进行的。有了积分后，可以派生出一些可选消费，例如全家去异地旅行，然后可以用会员积分换取几张机票，或一两晚的酒店住宿。

以上这样的例子，可谓不胜枚举。会员体系可以带来很多商业可能性。

（七）通过会员体系，增加对核心客户消费习惯及偏好的了解

这其实和我们开一个路边餐馆一样。偶尔来一次的客人，我们对他的偏好是不了解的——也许可以凭借"大数据"，从他的衣着、打扮、气质、年纪、谈吐等推测他是怎样的人，但我们终归对他的个性是不了解的，无法建立更有"颗粒度"的画像。但如果这位客人经常来消费，久而久之我们就会对他形成了解，比如了解他的家人或特定的朋友、他的饮食习惯、他的生活时钟，他甚至会与我们攀谈。对这样的核心客户，我们会日渐形成清晰且有颗粒度的画像。会员体系/忠诚计划也是一样的，企业可以逐渐建立对忠诚会员的了解：他的各种需求与偏好，他的消费习惯与趋势，他喜欢或不喜欢的方式与事物，等等。企业也不需要通过获取数据隐私的方式获得会员的偏好，只需要在授权的前提下对会员进行访谈，建立会员档案就可以。例如，航空公司会建立对高级常客机上餐饮偏好的档案。会员体系越大，提供的产品与服务越多，与会员发生互动的方式及场景越丰富、频率越高，就越能增进对会员的了解。只要增进了了解，就可以提升对会员的服务质量，并尝试进行交叉销售。

以上，都是会员体系/忠诚计划的好处。

（八）酒店及航空行业的不断整合及联盟

由于大型会员体系/忠诚计划对支持业务有如此明显的好处，而且这种能力需要规模优势，很难单凭一家公司的业务支撑起来，所以我们看到酒店、航空等行业的企业在不断地整合、融

合，以追求更大的集合效应。

一是酒店。全球星级酒店行业不断合并，整合成了若干超大型酒店品牌集团，每个酒店品牌集团都掌握着强大的会员体系/忠诚计划，控制着大量的子品牌，并成功地将酒店行业价值链里的大部分价值攥在自己手里（酒店业主/资产持有者则成为相对弱势的群体）。

二是航空公司。民用航空属于关键的基础设施，有特殊的军事、政治、战略及安全价值。许多航空公司是由政府持有的（所谓的"载旗航空公司"或"国家航空公司"）。这就与市场化经营的酒店行业有很大不同。尽管航空公司不能像酒店行业一样自由地进行市场化整合，但仍然可以通过组建及加入商业联盟解决会员体系的问题：这就是所谓的全球三大联盟（天合联盟、星空联盟、寰宇一家）。

（九）进一步扩大会员权益兑现场景，增加会员体系吸引力，增强网络效应

酒店及航空行业发现，光在自己的行业里构建会员体系还不够，因为用于兑换权益的消费场景还是太单一。坐飞机获得积分，到最后还是得靠坐飞机兑换权益；或者住酒店获得积分，到最后还是得靠住酒店兑换权益，那就没意思了。为了增加会员的体验度，增强其忠诚度及黏性，就要进一步扩大会员权益所兑换产品与服务的广度。

酒店和航空都和出行相关，消费往往匹配进行，具有天然的协同性，因此，酒店集团很容易就和航空公司集团发展出会员积

分兑换计划：入住酒店消费后，可以兑换特定航空公司或联盟一定数量的飞行里程。例如，国航凤凰知音与品牌酒店集团的会员权益兑换服务、万豪酒店与航空公司的会员权益兑换服务。

租车及网约车等与出行场景相关的服务也往往被酒店绑定在一起。

在此基础上，还可以在酒店或航空会员体系与其他的会员积分体系之间建立互换机制，形成协同。

常见的体系有信用卡积分体系（信用卡联名卡）、电信会员体系。

这些积分体系的共性是，各自的权益兑换场景都过于单一，一定要与其他的会员体系联合绑定在一起，连接更加多样化的产品及服务，才能增加对会员的吸引力。

一些会员体系平台还可以用积分兑换实物商品，可以形成所有与其连接的会员体系权益兑换的"终极出口"，例如国航的知音商城。

会员体系的力量是巨大的。它不是什么新东西，而是非常成熟的商业模式。

房地产企业在进入"下半场"，探索新发展模式时，是否应该充分借鉴各行各业会员体系的经验？其实，房地产企业并非完全没有任何经验，在酒店、购物中心、主题公园等领域，都有过深入接触，形成了一定的经验与能力。而下一步的关键在于，如何利用会员体系，拉通旗下不同的业务、空间、业态？如何对不同的投资、购买、消费场景进行交叉赋能及引流？如何用会员体系去吸引和绑定消费者？

五、通过会员体系融合贯通不同业务板块与业态

（一）推动会员体系时会遇到问题

房地产企业在推动会员体系时，一般会遇到以下几类问题。

超低频交易的问题。房地产企业最核心、最传统的业务板块——住宅销售，对于购房客户来说，属于超低频、一次性的经济行为。单纯在购房基础上发展会员意义不大，因为缺乏持续的应用场景。购房者需要的是立即发生的返利行为——"你还是给打个折吧"。买房、租赁住房，还有一些房企发展的经纪交易（例如买二手房和租二手房）等，都属于低频交易，传统上并不适合单就这些业务发展会员体系。

基于个别业态的会员存在权益兑现场景过于单一的问题。例如购物中心，大多数房企都会为旗下管理的购物中心建立会员体系。但有场景局限的问题，姑且不说会员权益与返利的力度到底如何，单纯凭借购物中心兑现会员权益，场景是很有局限性的：一是往往只能回到同一个购物中心，离开这个商场就没用了；二是在购物中心买了东西，积了分，要兑换积分，往往还得复归循环购物，在循环购物中找折扣，这样意义就不大了。主题公园也一样。其实，这也是绝大多数会员体系存在的问题，例如前文讨论的酒店及航空业的会员体系。提升单一业态类别的密度（例如同城的购物中心），可能会有一定的作用，譬如会员突然可以去两家购物中心兑换权益了，但还是挑战很大，因为开发商/运营商会"错位"经营，避免在同一物理覆盖半径修建多个购物中心以造成"内卷"，因此在现实世界中，一个购物中心的会员就对

应一个购物中心。

会员群体依然受制于不动产业态的物理约束。例如一座购物中心的会员，应该大部分都是购物中心物理覆盖半径内的居民，仅依赖购物中心自身的会员体系是很难帮助其突破物理局限以延伸触达更广泛的客户群体的。

会员的低活跃度问题。上述因素（例如会员权益场景单一、物理约束等）使会员活跃度有限。在不同的业态里，购物中心与生活消费娱乐相关，相对来说算是高频的，活跃度可能最高，其他业态，例如住宅物业、租赁住房、商业写字楼等业态，即便建立了会员体系，会员的活跃度、使用度也很低（很多为"僵尸"会员）。

这说明，仅靠单一的业务或业态建立会员体系是不行的。必须构建大会员体系，把所有的业务、业态聚合、拉通，联系在一起，挖掘协同作用。

（二）在房企体系内外构建大会员体系

房企要在自己的平台内构建有效的会员体系，必须实现业务板块、会员基础、产品服务等的充分拉通。

在全业务与全业态范畴内构建及联通会员体系。要把体系内所有的业务链条与业态都看作会员的渠道及"入口"，例如住宅销售、住宅物业、租赁住房、购物中心、写字楼及园区、酒店、主题公园、康养、教育等。要致力于在所有的业务板块里都构建会员体系，包括那些从某些业务中衍生出来的增值服务，例如停车、经纪、装修、到家服务、咖啡厅、健身等，甚至无人售货柜、前置仓等网点。要把每个业务、业态都看作连接终端会员客户的潜在端口和渠道。

把各业务、业态的会员体系完全打通，包括认证、积分、权益等。不少房企本来就维护着一些会员体系，例如可能在住宅物业、购物中心等业态都已经构建了各自的会员体系，只不过尚未完全打通。面对这种情况，就必须在技术底层和管理上将所有的会员体系打通：任何一个用户，通过任何一个业务部门实名认证进入会员体系，都应该自动成为该房企平台大会员体系内统一认证的会员，根据消费情况，享有对应的积分和权益。

在各个业态、空间、社区体系里发展个人客户。房企应当致力于将自己服务、触达的所有不动产业态及社区体系里的人都转变为客户。例如，房企可能管理着一栋写字楼，或为写字楼里的企业租户提供办公设施管理服务（2B）。这时，要考虑把写字楼里的企业员工（2C）也发展为自己的会员。又如，房企可能已经把自己管理的住宅物业业主都发展成了会员（每户一位），但还不够，应该把小区的所有居住者都发展为会员。再如，有的房企也为高等院校提供物业管理服务，那就可以考虑将院校师生和工作人群都转化为会员。房企需要转变思维，不仅是服务企业、服务机构、服务资产，更是服务空间里的自然人。

在各个业态、空间、社区体系里将第三方合作伙伴发展为会员计划的参与者。例如，购物中心里的全体商家，写字楼里的配套商业，住宅小区里的本地生活/底商等。鼓励它们加入会员计划，接受会员体系的积分及结算。对于一些虽然在自己的不动产空间业态里，但非常独立、未必愿意融合的会员体系，例如星级酒店的会员体系，房企作为业主，可以允许消费者加入自己的会员体系，根据消费额"手动"积分。这相当于房企通过付出营销成本，"蹭"大会员体系的流量。

覆盖体系内业态、空间、社区内尽可能多的产品与服务。会员在各业态、空间、社区里购买产品与服务，都可以获得积分；所获得的积分，也可以在各业态、空间、社区里交叉兑换权益。最后要达到的理想"状态"大概是如下这样的（以"A公司"的会员体系为例）。

积分场景：

- 在A公司的写字楼的大堂咖啡厅购买了咖啡和早点、获得了积分；
- 在A公司的购物中心的商家里吃饭，获得了积分；
- 在A公司管理的住宅小区参与A公司的社区团购，获得了积分；
- 租住A公司管理的租赁住房，获得了积分；
- 在A公司的房产经纪平台上完成了租房交易，获得了积分；
- 在A公司提供物业管理服务的高校内设置的无人售货柜里消费，获得了积分；
- 在A公司的酒店住宿及用餐，获得了积分；
- 在A公司的主题公园/景点目的地消费，获得了积分。

积分权益兑换场景：

- 在A公司的写字楼里停车，用积分抵扣部分停车费；

- 在 A 公司的写字楼里购买 A 公司提供的企业团餐服务，用积分获赠一日餐食；
- 在 A 公司的购物中心里看电影，用积分抵扣了部分电影票费用；
- 在 A 公司管理的住宅小区交纳物业费，用积分抵扣部分费用；
- 在 A 公司管理的住宅小区里使用遛狗服务，用积分抵扣一次遛狗服务；
- 在 A 公司管理的租赁住房里使用到家保洁服务，用积分抵扣部分费用；
- 到 A 公司的主题公园/景点目的地进行餐饮消费，用积分获得饮品；
- 使用 A 公司提供的厨卫浴改造服务，用积分获得优先权益并获得折扣；
- 在 A 公司管理的住宅小区底商理发，用积分抵扣部分费用。

可以看到，会员权益所能触达的产品与服务一旦能够跨业态，交叉进行，突然就极具吸引力了。因此，要努力实现积分可以在所有的业务/业态里兑换权益，要为每个场景都想出权益兑换场景。

与其他大型会员体系或项目合作。当体系足够成熟后，还可以考虑与酒店、航空公司、银行、电信、零售、电商、出行等行业的积分体系联合。这就可以让会员体系凭借广泛的权益兑换能力而具备更大的吸引力。

此外，会员体系不一定都要兑换成商业化的产品与服务，还可以对接公益项目（比如利用积分做捐赠），使其获得社会价值。

（三）构建大会员体系的好处

构建这种跨业务、业态、空间、社区、产品与服务的大会员体系，有显而易见的好处。

第一，帮助更进一步地了解核心客户。为会员客户提供的产品与服务场景越多，与会员客户线上及线下互动的场景越多，越能跨越时空（长时间、跨地区），对客户画像及习惯的了解也会越深，有利于为客户提供更好的服务，进而增加客户的满意度、忠诚度及黏性。

第二，极大丰富会员权益的选择。拉通会员体系后，能够打破单一业态/场景的局限，极大增加会员权益的产品与服务选择，并大大增加会员权益的实用性、丰富性、灵活性、吸引力及趣味性，进而也能够增加会员的忠诚度及黏性。

第三，突破不动产的物理/空间局限。把所有的社区、空间及背后的客户人群连成一片，当广度、密度足够大，会员数量足够多时，就可以帮助个别业态项目（例如购物中心）突破原有的地理/空间局限，获得引流，触达更广泛的客户群体。

第四，线上、线下交叉赋能。会员都是穿梭于线下及线上空间场景的，只要抓住会员，就可以突破空间边界。例如，可以用手机App等移动互联网手段，向住宅社区里的会员推送社区零售/团购（背后可能是同一体系内的购物中心商家），推送酒店目的地或其他生活方式产品与服务选择。

第五，高频服务赋能低频服务。例如，用购物中心、住宅社区增值服务/本地生活等高频服务所积累的会员权益去赋能主题公园、酒店等低频服务。

第六，低频服务赋能高频服务。例如，用买房、租赁住房、经纪等低频业务发展会员，转化、赋能购物中心、社区零售等高频服务。

第七，通过聚合各种业态，增加会员的总体活跃度。如果只有低频服务，甚至只有一项相对高频的服务，会员的活跃度不会太高。直观地说，给会员提供一个 App 或小程序，他们都懒得安装或打开。解决办法就是把各种业态与服务聚合到一起。包括 App，房企应该打造一个能够聚合旗下所有产品与服务的核心 App，功能多了，才有机会提升流量和活跃度。

第八，突破时间及消费周期的界限。会员体系是针对自然人的，每个自然人在自己的生命周期的不同时段里，需要围绕不同的不动产业态及空间获得不同的产品与服务。理论上讲，发展会员后，可以做会员一辈子的生意。例如，在高校学习阶段，F 女士就因为 A 公司的高校物业管理服务加入了 A 公司的会员体系，平时也经常去 A 公司管理的购物中心购物。毕业后，她选择租住 A 公司管理的租赁住房，使用 A 公司管理的到家服务。之后，她通过 A 公司旗下的经纪公司购买了一套 A 公司管理的住宅小区的二手房，并继续开始使用 A 公司提供的到家服务。F 女士结婚后，在 A 公司会员体系的合作医院里生了孩子，并让孩子就读于小区周边 A 公司合作的幼儿园。假日时，他们最喜欢到 A 公司的酒店及冰雪乐园旅行。F 女士的父母也搬到小区里共同居住，成为 A 公司的会员。年纪大了以后，他们使用 A 公司在社区提供的社区养老到家服务，并在更年迈的时候搬入了A公司运营的机构养老。这就是全生命周期的需求。强大的会员体系及产品服务能力可以一以贯之，为客户提供全生命周期的服务

第九，网络效应（及其对会员忠诚度及黏性的提升）。强大的会员体系能够将会员客户吸引到体系内，针对不同的产品及服务进行重复、持续的消费。会员体系所覆盖的不动产业务、业态、空间、社区密度和广度越大（连成一片），参与的商家（包括第三方商家）越多，提供的产品与服务越丰富（同时质量也要有保证），会员的数量就越多，会员体系也就越强大，越有能力将会员吸引到体系内进行重复消费。这种所有参与者都能为整体赋能的效应，这种越大越强的效应，就是所谓的网络效应。

第十，品牌效应。当会员体系足够大的时候，即自成品牌，具备对外影响力（参考品牌酒店集团的会员体系及航空联盟）。此时，会员体系可以将房企自身不同业务线的子品牌"串"起来，一一赋能（尤其是那些品牌影响力不够大的"长尾业务"或"孵化业务"）。此外，会员体系还可以延伸至第三方的合作商家与企业，构建更大的体系，赋能参与的商家

第十一，促进业态拉通，加大内部协同的管理手段。房地产的下半场，需要将不同的业务、业态进行拉通。不是把它们都看作独立的、割裂的、不相关的不动产资产及项目，而是要看到，它们都是机构或个人客户所要依赖的物理网络及实体生态体系。房地产企业希望在新时代实现迭代、发展转型，就需要理顺旗下不同业务、业态、部门之间的业务逻辑关系，实现业务部门的融合贯通，挖掘协同效应，并实现从单纯的资产服务或资本服务导向，转向或增加终端客户服务导向。横向拉通的会员体系本身也

是促进内部协同的一种管理手段。

房地产企业的短板是没有线上流量，无法跨越实体资产的物理边界。但房地产企业的优势恰恰又在于线下流量。这几年，商业管理、物业管理行业大发展，使头部房地产企业能够获得更大规模的城市不动产空间，触达更广泛的机构与人群，也为转型迭代提供了新的机遇。在这个过程中，各种业态的横向拉通是重中之重，会员体系是拉通业态的重要手段。新科技的应用，也能为会员体系插上飞翔的翅膀。

未来，头部不动产企业有可能既可以做到用大会员体系联通线下业态、空间及产品服务，又能进一步嫁接传统体系（例如酒店、航空、银行、电信、零售、互联网等），构建出一套融合线上线下的最强会员体系。

最后，在构建会员体系的过程中，也要注意，必须做好合规与风控措施。例如，严格控制积分生成场景——会员只能通过消费场景，按规定的比例获得积分，不能充值。同时，要管理好权益兑换场景——消费者只能用积分做返利/抵扣，但不能返还现金。这些并非新事物，在传统会员体系/忠诚计划里已经有十分成熟的实践，借鉴即可。